帝国主義と知識人

帝国主義と知識人

イギリスの歴史家たちと西インド諸島

E. ウィリアムズ
田中 浩 訳

岩波書店

BRITISH HISTORIANS AND THE WEST INDIES

by Eric Williams

This book is published in Japan by Iwanami Shoten, Publishers, Tokyo
by arrangement with Andre Deutsch Limited, London.

何世紀にもわたって
キューバ人ルーシィ・カバリェーロの言葉通りに
奴隷制下で暗黒この上なきは
黒人ではなかった、と信ずることのできた
すべての人びとへ

序　文

ウィリアムズ博士の著書を拝見するまえに、そのイギリス版序文を書くことを引き受けましたのは、わたくしが、西インド諸島史についてなにか特別な知識をもっているからではなく、博士が、名誉評議員として、セント・キャサリン・カレッジに関係されているという事情によるものであります。

しかし、博士の著書を読み終えたいま、それとはきわめて異なる理由を付け加え、このイギリス版著書を推薦するものであります。

まず第一に、本書は、西インド諸島の読者を対象とし、情熱を込めて書かれておりかつ明確な目的をもっております。すなわち、その目的とは、「著者の同胞たる西インド人たち——著者が本書のなかで吟味の対象にしている〔イギリスの歴史家たちの〕歴史叙述のねらいは、西インド人たちを軽視し、劣等な状態に終始閉じ込め、かれらがそうした状態にあるのはかれらの責任であるとすることにおかれていた——を、精神的に解放すること」であります。こうした目的のために、ウィリアムズ博士が、歴史的著作を利用したのはけしからんと非難するまえに、博士の引用した歴史家たちが、〔西インド人にたいして〕なんらの偏見ももっていなかったとの主張を検討してみるべきであります。

西インド人はだれしも、ウィリアムズ博士が、かれの理論を立証するために収集した資料に、ことさら驚きはしないでしょう。なぜならその資料は、せいぜい、西インド人が本能的に知っていることがらに確証を与えるだけのものにすぎないからであります。しかし、イギリス人読者の多くは、博士の提示した証拠から、ヴィクトリア朝期イングランドで最も著名な人びとのなかに、人種的優越性の確固たる信念をもち、またそれを公言してはばからない人びとがいたことを知り、深刻な衝撃を受けるにちがいありません。ドイツ人が、ユダヤ人その他の「非アーリア人種」にたいして同様の見解をのべたとき、大半のイギリス人は、そうした考えに不快の念を表明いたしました。しかし、わたくしたちの態度が、しばしば公言されてはばかられなかったこうした考えに、いまなおどの程度無意識のうちに影響されているのかについては、わたくしたちは十分に自覚していないのであり、この点、わたくしも例外ではありません。

エリック・ウィリアムズの著書は、公正さに欠け偏向しているとの批判を受けるかも知れません。しかし、かれは、その〔立論のための〕資料を、自分が批判した著作家たちの実際の著述から多数引きだしているのですから、この多くの裏付けによって、かれの批判者たちは、逆に博士から批判されているのであり、したがって、かれを批判するには、その資料選択の一面性を突く道しか残されておりません。たとえ、この一面的との批判が正鵠をえたものでありましても――わたくしとしては、たとえば、総督エア〔一八一五―一九〇一〕論争にかんするかれの記述〔を一面的とする〕批判は当たらないと考えております――、わたくしが本書の真価と考えていること――イギリスの支配を脱して、その独立達成を目指す国民運動を成功させた一人の人間が、わが国の歴史とわれわれ自身について他民族の眼を通して熟視する機会を与えてくれたこと――は、いささかもそこなわれているとは思いません。まさに、この点こそが、なかには一面的見方もありますがそれをもすべて含めて、ウィリアムズ博士の著書に、れっきとした信頼するに足る歴史的文献としての性格を与えているのであります。

そもそも歴史が、一面的な記述以上のものでなければならないとすれば、たとえそれがいかに苦痛なことであれ、他の人間の視点から歴史を熟視する必要があります。そして、このことは、現実離れした学者の見方が必要だというのではありません。つとにウィリアムズ博士が把握されてきたように、自国の歴史を人民の立場からみることは、その国民意識の確立という点からいって、本質的なおそらくは決定的な要素であります。新しい国民意識の確立を求めているのは、西インド人ばかりではなく、イギリス人もまた同様なのであります。そして、そのための重要な手順としては、フランス人やドイツ人のばあいもそうでありますが、イギリス人にとっても、自国の歴史を異質の世界的環境のなかにおいて再評価してみることが必要であります。たとえ、ウィリアムズ博士の著書が、わたくしたちに、自分自身を振り返えらせ、みつめさせてくれるだけのものにしかすぎないとしても、わたくしたちは、博士に感謝する理由があります。なぜなら、本書を読み終えた人が、依然として従来通りの観点からそこに書かれていることがらを見続けることができるとは思えないからであります。

一九六五年四月二日

セント・キャサリン・カレッジ
アラン・L・C・バロック

序　言

一九六二年一一月に起こったある事態が、過去一二五年間にわたり、西インド諸島にたいしてとってきたイギリスの態度を分析してみることの重要性をわたくしに痛感させた。しかしここで、いま、それについてのべることは適当ではない。

わたくしは、ただちに、すでに一九四六年から着手していた研究を取りだし、それを、さらにくわしく展開させようと決意した。一九四六年には、わたくしは、合衆国のアトランタ大学に招聘され、三学期間にわたり、歴史上のある問題をテーマにしたゼミナールを指導した。わたくしが選んだテーマは、「イギリスの歴史叙述と西インド諸島」であった。長年にわたり、折にふれて注解を付け加えてはきていたものの、前記ゼミナールが本書の基礎をなしている。

通常、首相の職責にある者が、この種の歴史叙述を書くことはとうてい不可能であろう。しかし、イギリス連邦の他の多くの首相とは異なって、トリニダード・トバゴの首相には、次の二つの利点がある。第一に、これまでの長い植民地支配の生みだしたはなはだしい物質万能主義のなかで、たんに自分の精神状態を健全に保とうとするためだけであれ、首相には、日々の重圧から気分転換する切実な必要があるということ、第二に、トリニダード・トバゴでは、年に二回、カーニバルとクリスマスの時期に、全住民がかけ値なしの「お祭り騒ぎ」に熱中するので、首相は、通常また正当にも、公務にわずらわされない時間がもてるということである。本書の執筆は、一九六三年二月二五日のカーニバル第二夜の月曜日から開始され、その作業は、人びとがカーニバルの疲れをいやしている翌週一杯かかって続けられた。しかし、その後は、公的な日々の業務やさまざまな首相の職務にともなう仕事や、シリーズの『西インド諸島資料集』第一巻の編者としてその作成に専念したことなどから、執筆は一時期中断され、クリスマスに再開され、一週間後の元旦に完成した。この間、人びとは、お祭り騒ぎに夢中になっていたのである。

歴史的諸著作を研究対象にすえて、二週間とちょっとの間に集中的に執筆したため、不備な点が生じたのはやむをえない。しかし、著者としては、本書が、わが国の同胞に自国の過去の歴史を教え、また西インド諸島人民のたぐいまれなる歴史を広く世界の人びとに示すという二重の積極的意味をもっていることを考えるならば、この不備な点がとくに致命的なものとは思われない。

この点について、著者の見解に賛成しかねるという読者があれば、著者として、次のような釈明をせざるをえない。それは、純然たる研究者とはいえないこのわたくしが、公務の合間を縫って執筆した本書は、わたくしが自己の見解にたいして責任をもつという点において、本書で分析を試みた著作の執筆者たる歴史家たちの大多数の研究と比べてみてなんら遜色がない、ということである。この点で、わたくしは、余りにも自己過信に陥っているといわれるかも知れない。しかし、よしんばそうであれ、歴史研究において究極的に重要なことは、頭脳よりも情熱である。著者の基本的目標は、著者の同胞たる西インド人たち――著者が本書のなかで吟味している〔イギリスの歴史家たちの〕歴史叙述のねらいは、西インド人たちを軽視し、劣等な状態に終始閉じ込め、かれらがそうした状態にあるのはかれらの責任であるとすることにおかれていた――を、精神的に解放することにある。

最後に一言のべたい。これまで一般に西インド人たちは、過去数世代にわたる衛星国という従属的地位を無批判に受け入れ、自国の過去の歴史を正視することを回避し、その歴史のもつ重要性を過小評価してきた。なんらかの学問を修得する機会に恵まれたごく限られた少数の西インド人たちも、ある人は、西インドの歴史研究の意義を正しく捉えることができず、またある人は、そうした研究をしても金銭的利益の面で期待できないと考えて、ほとんどの人が、その関心を歴史学以外の学問に向けてきた。またたとえ歴史家という職業を軽蔑しなかった人でも、宗主国の人びとと同様に西インド諸島を蔑視し、歴史学以外の職業についてきた。一人の地元批評家は、最近ある西インド人作家についてのべ、この作家の関心がイギリスをテーマにしたものに移ってきたのは、かれの西インド人的創造性が底をついたためであるといいきった。

著者は、このような奴隷根性に強く抗議する。そして、かかる奴隷根性が、西インド人でありながら西インドを離れた批評家連中に呼応したものであるとすればきわめて腹立たしいことである。

一八四五年に、ジャマイカ総督エルギン卿〔一八一一—六三〕は、奴隷解放とは、知恵と仁愛にもとづく偉大な事業の端緒であり、その終結を意味するものではないとの理由から、奴隷解放にたいする大農園主たちの態度に抗議した。同じ論法を用いるならば、独立とは、国民意識の確立を求める偉大な事業の端緒であり、独立しただけでは、植民地支配の下での長年にわたる衛星国的地位を解消したことにはならないのである。独立とは、古きものを使い果たすことではなく、むしろ、新しきものの創造なのである。

新しきものは、国の内外《うちそと》において、ともに創造されるものである。自分の力にはじめて自信をもち、またその努力によって新しい価値観を獲得したトリニダード・トバゴのような新生国家は、疲弊し退屈きわまる旧世界にとって、重要な意味をもたざるをえない。旧世界の最高学府の看板教授である代表的歴史学者たちは、弁護の余地もないものを正当化しようとしたり、予断に満ちた時代遅れの偏見を支持してきたにすぎない。トリニダード・トバゴの独立を発展させるにあたっては、植民地支配の時代に宗主国の学者たちが作り上げた知的観念や態度をその基礎とすることはできない。古びた知的世界は、みずからその手によって首をしめ滅《ほろ》びてしまっているのである。新生国家のまえに開かれている新しい知的世界は、新生国家がすでにあとにし、またそこにたちかえることもない世界に、それをつなぎ止めている鎖以外には失うべきなにものもないのである。新生諸国家は、いまだ貧困でとるに足りない国々であるかも知れない。そして、かれらが、真にその独立を達成するチャンスを摑むかどうかは、かれらの独立を目指す精神いかんにかかっているのである。
世界史の発展においては、己《おのれ》を高うする者は卑《ひく》うせられ、己を卑うする者は高うせられる(マタイ福音書第三章一二節)のである。

一九六四年一月一日

ポート・オブ・スペイン
トリニダード・トバゴ
エリック・ウィリアムズ

目次

第一章　奴隷貿易時代とイギリスの歴史叙述

一八世紀のはじめからその第三四半世紀にいたるまでは、重商主義哲学が、政治的実践と経済思想の基調をなしていた。

重商主義理論の核心は、国家の繁栄は自国に有利な貿易収支の達成にあり、ということであった。すなわちそれは、輸出が輸入を上回ることを意味し、この理論には、一方では市場の確保を目指しながら、他方では、輸入品に代わる国産品の使用、外国製奢侈品の使用制限、あるいはなによりも、どうしても輸入せざるをえないばあいには産地それ自体を支配するという考えが含まれていた。

その結果、植民地の重要性が強調され、かくして、一八世紀には帝国主義がいちじるしく伸張した。植民地は、本国以外の諸外国からの輸入制限に加えて、宗主国たる本国にたいしては大量の第一次原料を提供すると同時に、国内産業が発展する基礎を与えた。このことはいずれも、本国の輸出の増加と有利な貿易収支の達成に役立った。

したがって、一八世紀は、植民地獲得とくに熱帯地方の植民地獲得にたいする夢をしだいにふくらませていったのである。なぜなら、植民地産品は、本国産品と競合せず、また植民地における天然資源の開発は、本国における資本と労働、船員と船舶への需要を増大させたからであった。

一八世紀の一七七六年までは、植民地貿易にさいして一つの必要不可欠な条件——植民地貿易は本国が排他的に独占し、〔植民地による〕外国貿易はいっさい禁止されなければならない——が確立していた。

植民地貿易の理論と実務にかんする大綱は、新世界の発見を直接的契機として、一六世紀に、スペイン人たちによって作成された。このスペイン方式は、一八世紀のはじめからその第三四半世紀にいたるまでの間に、その内容を充実させ、全ヨーロッパの準拠すべき基本方式となった。そして、旧体制下のフランスほどにこの方式を率直に内外に宣明した国はなかった。

フランスの大貿易都市の一つであるナントの貿易商人たちは、一七六一年の意見書において、以下のようなことをずばりとのべている。すなわち、本国と植民地間の通商においては、本国の排他的通商が認められなければ、以後、商館を次々に開設し、それに援助を与えてみても、しょせんその利益は外国人に帰するので無駄である、と。一七六五年のボルドー商工会議所の覚え書には、植民地貿易における本国の独占が廃止されたばあいに起こりうる恐るべき結末がのべられている。

「もしも禁止法が廃止されれば、そのさい恐るべき空白がわが国通商に生じることを思うと慄然とせざるをえない。禁止法の廃止は国産品市場と製品販売高に甚大な損失を与えるだろうが、そういう事実を平然と受け止められようか。わが国の海運業が衰微し、これまで海運業で訓練された水夫を補充してきた王室海軍が、その補充にもこと欠き、他方、わが国の建築業や武器製造業が雇用してきたあらゆる部門の職人たちは失職しあてもなく埠頭をさまよい、祖国ではえられない職と生計の道を求めて、おそらく国外にでていってしまうさまを正視できようか。つまり、貿易業によって生計をたててきた多数の職人や労働者たちが、ぎりぎりの貧窮状態にまで追い込まれるというのに。」

植民地貿易の本国独占というイギリス人の考えについては、こまかい点は別として、その基本原則は、フランス人のそれと同じであった。一八世紀の第三四半世紀にいたるまでのイギリス経済にみられる輝かしい統計数字と目もくらむばかりの成功は、植民地貿易が、宗主国にとって途方もなく価値あるものであったことを示している。イギリス産業革命の財源の大半は、まさに、アフリカの奴隷貿易とそれに関連した植民地貿易からの利益に負うていた。他国にたいするイギリスの産業面での優越こそが、イギリスの開拓者的資本家たちに、最終的には、自国の植民帝国の枠を超えて、イギリス経済を展望させるような大きな自信を与えたのであった。

一七七六年までに、イギリスは鉄製機械をもつにいたり、木製機械で対抗する大陸諸国を圧倒した。パリからセント・ペテルスブルグまで、アムステルダムからスウェーデンの果てまで、ダンケルクからフランス最南端部まで、旅行者はどこに宿泊しようが、イギリス製陶器でもてなされたのである。マシュー・ブールトン〔一七二八―一八〇九〕は、ジェイムズ・ワット〔一七三六―一八一九〕の蒸気機関を、イングランドの二、三の州だけではなく、全世界向けに生産する考えを早くから抱いていた。同じくウェッジウッド〔一七三〇―九五〕も、水道の土管を、まずはロンドン向けに、次いでは全世界向けに生産する計画を立てていた。

一七七六年に、アダム・スミスが『諸国民の富』において打倒しようとしたものは、まさに上記のような重商主義体制であり、事実かれは、この経済体制を打倒したのであった。まさにこの同じ年に、アメリカの戦場では、ジョージ・ワシントン〔一七三二―九九〕麾下の軍隊が、この体制を打破しつつあった。

アダム・スミスは、自己の課題を果たすにあたり、一九世紀イギリスにおける一群の歴史家たちとは違って、そのすぐれた知力をいかんなく発揮した。かれは、グラスゴー大学とオクスフォード大学に学んだのち、グラスゴー大学の論理学および道徳哲学教授となった。かれの『道徳感情論』は一七五九年に公刊された。「司法・警察・歳入・軍備」について、かれが大学で行なった講義は、のちに『諸国民の富』の基礎となった。

一七六三年に、アダム・スミスは、ヨーロッパ大陸巡遊旅行《グランド・ツアー》にでかけた。この旅行中にかれは、ヴォルテール〔一六九四―一七七八〕、テュルゴ〔一七二七―八一〕、モルレ師〔一七二七―一八一九〕、エルヴェシウス〔一七一五―七一〕、ケネー〔一六九四―一七七四〕ならびに重農主義者たちとの交友関係を確立した。高名な哲学者デヴィッド・ヒューム〔一七一一―七六〕とは友人で、ベンジャミン・フランクリン〔一七〇六—九〇〕とも親交があり、バーク〔一七二九—九七〕、レイノルズ〔一七二三—九二〕、ギボン〔一七三七—九四〕とも親しかった。

アダム・スミスは、当時における最高の教養を備えた人物の一人であり、ヨーロッパ的視野で事物を考察していたから、のちの時代の、かれの後継者たちが抱いたような偏狭なナショナリズムには、おそらく軽蔑の目を向けたであろう。かれは、過去数世紀にわたってヨーロッパで発展してきた〔経済的な〕基本構造を問題として取り上げ、それを全世界的視点から考察するのに最適な人物であった。

この意味で、『諸国民の富』は、政治経済学の分野の里程標であるばかりではなく、アダム・スミス自身が、近代イギリスの歴史叙述の父なのである。かれの労働価値説は、リカード〔一七七二—一八二三〕やマルクス〔一八一八—八三〕のようなのちの世代の経済学者たちにその理論的な基礎を与え、またかれの教育にかんする章のなかで暗示的に語られている人間性を喪失させる分業についての分析は、現代の経済学者や心理学者によって、それが人間性に与えるマイナス面の研究の背景となり、さらには、かれの人間生来の自由・正義・神聖な権利に寄せる関心は、かれを、かれの時代の代表者とした。しかし、それにもまして、アダム・スミスとその有名な著作が、帝国主義や本国・植民地関係についての分析を行なったという点からみて、歴史学上の栄誉を受けるにふさわしい地位を占めているのである。

アダム・スミスは、独占体制の打破を決意し、そのためにかれは、重商主義体制の「卑劣で有害な方策」と、イギリスの既得権益によって植民地に課せられた「奴隷制という不合理な象徴」とを攻撃した。なぜならこの奴隷制こそ、実際、イギリスおよび植民地双方の生産の発展を遅滞させていたからであった。したがって、かれは攻撃の的を、植民地を支えている奴隷労働に向けたのである。一八世紀最後の二十五年間に、独占業者のなかで最も非難されがちであった人びとは、西インド諸島の砂糖園主であった。なぜなら、その独占は、イギリス人の朝食に欠かすことのできないものとなっていた砂糖価格を釣り上げ、その生産は、〔奴隷労働という〕人権保障の立場からみて弁護の余地ない体制のもとでなされていたからである。アダム・スミスは、奴隷労働は、他の人間にたいして好んで権勢を揮いたがる人間の傲慢さに起因すると考えていた。

アダム・スミスによれば、そもそも、新世界に植民地が確立された原因は、金銀鉱山を漁《あ》さろうとした愚行、また、無辜《むこ》の原住民がもっていた土地を無理矢理に奪い取ろうとした不正行為にあった。ところが原住民の側は、ヨーロッパ人を傷つけるどころか、その最初の冒険者たちをできうる限り親切に歓待したのである。英領西インド諸島の砂糖植民地は、イギリスには損失をもたらしただけであった。なぜなら、その地を防衛するためには戦争が必要であったし、本国のより生産的な企業に投下されるはずの資本が、植民地に流出したからである。奴隷労働は、不経済であり、非能率的で、経費もかさんだ。

「時代と国を問わず、経験の示すところによれば、自由民による労働のほうが奴隷労働よりも結局のところは安価にすむ……と思われる。特殊技能を必要としない労働者の賃金でさえきわめて高額であるボストン、ニューヨーク、フィラデルフィアといった都市をとってみても、そういえるのである。……時代と国を問わず、経験の示すところによれば、奴隷労働にかかる経費は、かれらの生命を維持するだけのものですむように思われるが、結局のところ、他のいかなる労働とくらべてみても高くつく。蓄財の可能性のまったくない者にとって、その唯一の関心事は、できる限りなまけ、できる限り胃袋を満たすことにあるからである。」

アダム・スミスの視野の広さは、植民地分離にたいするかれの態度のなかに最もよく示されている。この点で、かれは、重商主義学派の著述家たちとはまったく異なっていた。かれは次のようにのべている。

「イギリスは、植民地にたいするいっさいの権能をすすんで放棄し、各植民地は、統治者を選び、法律を制定し、みずからの判断で宣戦・講和を決すべし——とする提案は、これまでに世界中のいかなる国家も採用したためしはなく、また将来とも採用しえない方策であろう。かつていかなる国家であれ、属州よりあがる収益が、その統治に要する経費と比較していかに割りの合わないものであろうとも、属州にたいする支配権をすすんで放棄したためしはない。〔なぜなら〕属州放棄は、国益に合致するばあいが多いにもかかわらず、つねに国家的誇りを傷つけ、それにもまして重大なことだが、一部の支配層の私的利益に反するからである。つまり、これらの人びとは、信用と利益をもたらす多くの地位と、富や名誉を獲得できる多くの機会を奪われるからである。〔しかし、〕国民の大多数にとっては、きわめて不穏な情勢にあり、かつまったく利益を生まない属州をもっていても、そのような地位や機会はほとんどもたらされないのである。……しかし、もしも、〔植民地と本国との分離という〕提案が採用されるならば、イギリスにとっては、諸植民地の平時編成に毎年要する軍備費がただちに必要でなくなるばかりでなく、それら植民地とのあいだの自由貿易が、望ましい効果をあげるように保証する通商条約の締結を可能にするであろう。かかる自由貿易は、商人にはさほど有益ではないにしても、国民大多数にとっては、現在イギリスが独占によって享受している利益以上のものをもたらすのである。したがって、これらのわが良き友人たちを分離するならば、近年かれらとの間に生じた不和により、ほとんど消滅しかかっている植民地の母国に寄せる自然的情愛の念を、急速に回復させることも可能となろう。またそのことが、かれらに、その分離にさいしてわれわれと結んだ通商条約を将来ともに尊重しようという気を起こさせるばかりでなく、貿易面はいうに及ばず、戦時にあっても、われわれを支持しようという気にならせるであろう。そしてかれらは、不穏な行動に走る党派争いをこととする臣民となる代りに、われわれにたいして、きわめて誠実かつ親愛の情を表わす献身的な同盟者になるであろう。」

アダム・スミスは、分離案が不採用になったさいの代案として、植民地に課税するばあいには、その代表をイギリス議会に参加させるように提案した。かれが、このような提案をしたのは、のちの時代にみられるような帝国主義的連邦制を作ろうという考えによるものではなかった。それは、厳しい現実に直面した一経済学者の見解にほかならなかった。アダム・スミスの提案は次のようなものであった。

「イギリス議会が、植民地にたいする課税権を主張しているのにたいして、植民地側は、みずからの代表が参加していない議会の定める課税を拒否しているのである。しかし、各植民地にたいして……イギリスが、本国同胞臣民と同じく課税される帰結として、また同じく貿易の自由を認められることとの代償として帝国歳入にたいする貢献度にみあう数の代表者を参加させ、また爾後の貢献度に応じてその代表者の数を増員していくことを認めるならば、各植民地の指導的立場にある人びとは、〔それぞれの植民地が〕その重要性を獲得するための新しい方法、また目もくらむばかりの新しい野心の対象を手に入れることになるであろう。」

以上のように、アダム・スミスは、幅広い国際的視野に立って事態をみていたため、かれのアフリカ黒人《ニグロ》にたいする態度や考え方は、当時の人びとや後世の人びとが抱いた黒人観とはきわめて異なっていた。ヒューム〔一七一一―七六〕は、一七五三年の「国民的性格について」というエセーのなかで、黒人は生まれつき白人より劣等であり、したがって、黒人のなかからは、これまでいかなる文明国民も出現したことはなく、また個人としてみたばあいにも、その行動・思考の面で傑出した人物の現われたこともなく、独創性に富む産業・芸術・科学なども出現しなかったとのべていた。フランクリンも、「〔白人の〕優越性という視点」から、アメリカ人が黒人と結婚することを認めなかった。これにたいして、奴隷に同情的な態度をとったアダム・スミスは、おのずと、「高貴な黒人」を力説する一八世紀の伝統的感傷を抱くようになった。かれは『道徳感情論』の有名な一節で次のようにのべている。

「アフリカ海岸から来た黒人のうちで……雅量をもち合わせていない者はいない。しかし、黒人の強欲なる主人のうちで、他人にたいして寛仁な気持をもとうなどと考える者はほとんどいない。運命の女神が、これらの英雄的国民を、ヨーロッパの犯罪者どもの手に、すなわち本国においても植民地においても美徳などいっさいもち合わせず、その軽率さ、残忍さ、卑劣さの故に、まさに被征服者から軽蔑されるような卑劣漢の手にゆだねたことほど、人類にたいして、残酷にその支配権を揮《ふる》ったことはかつてなかったのである。」

偉大なイギリスの歴史家で奴隷制反対論者トマス・クラークスン（一七六〇―一八四六）が成長し活躍した時代は、まさにこうした知的環境にあったのである。経済思想にかんしては、クラークスンは、ほぼアダム・スミスの学説を受け入れていた。しかし、アダム・スミスを哲学者とみなすならば、クラークスンは煽動者・伝道者であった。人はだれでも理想主義者であるが、クラークスンについていえば、自己の考えを表現する手段を追求し、献身すべき大義を探求するにあたり、すざまじいばかりのエネルギーを発揮した人物であるとの印象を受ける。しかし、かれがそうなった理由や経緯についてはだれにもわからない。時代がもう少し早ければ、かれは、なにか他の問題に関心を向けていったであろうし、また、奴隷制反対運動などはとうてい成功の見込みがないと考えたであろう。しかし、時代は一八世紀末であり、クラークスンは、ウィルバフォース〔一七五九―一八三三〕と同じく、奴隷制問題に気づいたのであった。なぜなら、アダム・スミスがえがきだした経済的・社会的諸関係がつくり上げた時代背景の下で、奴隷制反対をめぐる問題は、人道主義者や博愛主義者にとって、最も重要な大義となっていたからである。こうして、クラークスンという一人の人物が、この大義にめぐりあったのである。コールリッジ〔一七七二―一八三四〕の言《げん》を借りれば、クラークスンは、「道徳機関車……確固たる信念をもつ巨人」となったのである。

クラークスンは、傷《いた》めつけられているアフリカに役立つ著作を書くことが、自分の執筆動機であった、と率直に認めている。

「不幸なアフリカ人を救済する大義をみずからに課すことで、わたくしは、力の及ぶ限り、傷めつけられている無辜《むこ》の人びとを救済するという大義をみずからに課してきたのである。」

その成果が、奴隷制にかんする偉大な古典の一つ、『奴隷制と人身売買にかんする考察――とくにアフリカ人について』であった。かれ自身の言葉をかりれば、

「神の摂理が指し示めし給うところがようやくわかりかけ、アフリカに自由をもたらす暁《あけ》の明星が、いま天空にかかりはじめている、力及ばずとも、わたくしが神の手足となってその大義を推進することは許されるであろう。……そうした思いで、わたくしの胸は、いまにも張り裂けんばかりであった。」

クラークスンが、この問題にはじめて取り組んだとき、かれは、奴隷制反対の立場を公然ととり、またそうした感情がありありと態度にあらわれていた。かれは、ケンブリジ大学出身であり、「その意に反して人を隷属させることは正当なりや否や」というテーマのラテン語懸賞論文に応募することを決意した。クラークスンは、熟慮の末、アフリカの奴隷貿易をこのテーマにすべきだと考えた。しかし論文作成期間は、わずか二、三週間しかなかったし、かれの用いた資料といえば、奴隷貿易に従事したことのある今は亡き友人の手稿、西インド貿易の商船の高級船員であった知人たちからの聞き取り、新聞広告を見て買ったベネゼット〔一七一三—八四〕著『ギニアの歴史的考察』〔一七七一年〕位であった。のちにクラークスンは次のように書いている。「この有益な書物には、わたくしの求めていたことがほとんどすべて書かれていた。本書を通して、わたくしは、アダムスン、モーア〔一七四五—一八三三〕、バルボー〔一七八九—一八五三〕、スミス、ボスマンその他の、すぐれたその道の大家たちのことを知り、またかれらと近づきになった」と。

クラークスンによれば、犯罪がつきものの奴隷貿易は、それ故に巨大な悪のかたまりである。そして奴隷貿易は、貪欲な心に端を発し、名利を追求する私欲によって助長され、これ以上奇怪なものはかつて地上に存在したことはなかった。「一見しただけで……心は痛み、われわれが義憤の念を感じ、憐憫の情をもよおすのに十分である。……」クラークスンは、その著名な奴隷貿易廃止の歴史にかんする書物において、奴隷貿易廃止運動のなかに、宇宙の偉大な創造者への感謝の念を求める、キリスト教の一般的影響をみてとり、人類の未来に大きな希望をもつと主張した。

「なぜなら、何百という利害によって幾重にも守られている大きな悪〔のかたまり〕である奴隷貿易が、それを攻撃する人びとの努力のまえに屈服するならば、それよりも小さな悪はすべて、いともたやすく屈服するであろう。」

こうしてクラークスンは、のちにイギリス史家たちが活躍する精神的雰囲気を作り上げたのである。しかし、クラークスンの視野は狭隘なものではなかった。かれは、国際的な大問題を取り扱っていたし、そこでは、イギリスが最大の罪人であると考えていたからである。クラークスンのデモクラシーや進歩についての考えは、人間解放を目指していたので、現代と同様に、当時においても人びとの魂を強く動かしたのである。国内問題についてはウィルバフォースが反動的であったのにたいして、クラークスンは、進歩的であった。クラークスンは、フランス革命を熱烈に支持し、ブリソ〔一七五四―九三〕や「黒人友の会」と接触を保ち、アメリカの奴隷制廃止論者とも文通を交していた。また、ナポレオン戦争後の諸国際会議では、すぐれたロビィストとして、国際的な奴隷貿易廃止運動のために活躍した。かれの幅広い活動は、まことにすぐれたものであり、かれに続いた一九世紀の歴史家たちの活動よりも、こんにちからみて、はるかに価値あるものである。

クラークスンの人道主義とその視野の広さは、黒人蔑視問題にたいするかれの態度のなかに最もよくみることができる。知性の人アダム・スミスが、この問題では、理にかなわない見解をもっていたのにたいし、情熱の人クラークスンは、現代最良の社会学者にしてはじめてみられるような平衡感覚を有していた。かれは、この問題をめぐる論議を、以下のような言葉で結んでいる。

「なぜなら、もしも、自由が後天的な権利にすぎず、人間がなんら野獣と変わらず、すべての社会的義務は呪わしいもので、残虐行為が高く評価され、殺戮が断固として賞揚され、キリストの教えが偽りであるとするならば、なんらの良心の苛責も覚えず、犯罪呼ばわりされることもなく、アフリカの奴隷制を続行できるのは明らかである。しかし、もしも、その逆の事実が正しいとすれば——理性はそのことをただちに明らかにするにちがいない——人間の確立した因習のうちで、かつてこれほどまでに神を冒瀆するものはなかったことは明白である。なぜならこの因習は、理性、正義、自然、法と統治の諸原則、要するに、自然宗教および神の声が啓示した教えのすべてに背くことになるからである。……その意に反して、人を奴隷状態に陥し入れることを強いるばかりか、まったく野獣にも等しいものとして取り扱い、人間の生まれながらの自由を貿易の一品目とみなすかれらの行為は、まことに、理性や自然に反し、また人間と神にかかわるすべてのことに反していることは明白である！　これらの人びとは、どれひとつとってみても、自然法や神の法にたいする恐るべき侵犯とならざるをえないような奴隷貿易を、いったいどのような論法を用いて弁護できるというのだろうか。」

クラークスンは科学者ではなかったが、かれが黒人についてこんにちの最もすぐれた見解と一致する考えを展開していたことは、以上のことからただちに理解できる。かれは、ヒュームが、奴隷状態にある黒人を基準にして、黒人の能力を酷評していることにたいして、厳しく批判している。

「隷属状態にある人びとには、天才のほんのひとかけらさえもほとんどみいだせないということこそ、隷属状態の本質である。なぜなら、かれらの精神はつねに抑圧状態におかれ、自分の能力を自覚し、みずからを高めることなど一生涯望みうべくもないとすれば、かれらの性格上の特質が、いちじるしくおこりっぽく陰気くさく愚鈍であるとしても、決して驚くには当たらないからである。あるいは、自由というなにものにもかえがたい恩恵を享受しているだけでなく、努力次第によっては、いつでもその能力をひきだせるという期待をもてる人びととくらべて、奴隷状態にある人びとが劣っているようにみえても、それは当然である。さて、以上の点に加えて、不幸なアフリカ人たちは、未開状態にあるその生国から無理に引き離されたのであり、奴隷状態のままでは、一般的にいって、かれらの目指す地位の改善のまえにあらゆる障害物が立ちはだかっているということを考えるならば、かれらの能力が劣っているということをひきだしてくるいかなる議論にたいしても論駁を加えることは十分に可能であろう。」

クラークスンは、生まれ故郷に住むアフリカ人たちから、次の三つの結論をひきだした。第一に、かれらの能力は、その置かれた状況に十分に対応できる、第二に、かれらの社会の発展段階を、かつてその発展段階を経てきた他の民族の同一段階と比較してみるならば、かれらの能力は他民族に劣らずすぐれている、第三に、彼我の文明の程度を比較してみるならば、かれらの能力は、文明人の能力に劣らずすぐれている、と。かれは、ヒュームにたいして、奴隷制下にあってさえ、黒人は、これまでに、フィリス・ウィートレイやイグナティウス・サンチョを生みだしてきたことを思い起こさせた。ウィートレイやサンチョは天才と呼ばれたが、かれらとて、もしも黒人が白人と同じく平等な機会を与えられれば、毎日にでも輩出するような天才にすぎなかったのである。

「アフリカ人の精神が、奴隷制によって破壊されることなく、また、かれらが、その生涯において、他国民と同じような希望と進歩の機会を与えられるならば、さまざまなあらゆる学問分野で、かれらはヨーロッパ人と肩を並べることができるであろう。アフリカ人は、「自然の鎖のなかの弱い環であり、奴隷となるべく運命づけられている」という議論は、かれらの能力の劣等性にその論拠をおいている限り、まったくの悪意と虚偽に満ちた議論である。」

スミスやクラークスンに反対した著述家たちについて、こんにちになってもなお問題とせざるをえないとは、まことに情けない。こんにちからみれば、奴隷制擁護論者のうちで、その価値が認められるような人物、あるいはその存在が国際的にも意味のある人物はだれもいない。アダム・スミスに反対した政治経済学者に言及しなければならないとしたら、マラキ・ポスルスウェイト〔?一七〇七―六七〕だけでよいだろう。ポスルスウェイトなどという名を、これまできいた人がいただろうか。偉大な歴史家たちのうちで、奴隷制を弁護した人がいただろうか。奴隷制を支持した二人の歴史家に、エドワード・ロング〔一七三四―一八一三〕とブライアン・エドワーズ〔一七四三―一八〇〇〕がいる。ロングは『ジャマイカ史』〔一七七四年〕を、エドワーズは『西インド諸島における英領植民地史』〔二巻、一七九三年〕を書いた。いいかえれば、スミスとクラークスンが世界史的重要性をもつ〔奴隷制の〕問題を論じたのにたいして、その敵対者たちは、帝国主義史あるいは植民地史という幅広い観点から、この問題を論ずることができなかったのである。

その理由は、根本的には奴隷制が、かれらの地方的な利害と結びついていたからである。奴隷労働の非能率性を批判したアダム・スミスにたいして、ロングは、せいぜい次のようにのべることしかできなかった。すなわち、西インド諸島の奴隷制は主人と奴隷との間の暗黙の協定であり、奴隷は、「一部のイギリス臣民にくらべれば自由を制限されているが、別の観点からみれば、他の一部のイギリス臣民よりもはるかに広汎な自由」を享受している、と。一方、エドワーズは、競争心をまったく欠く野蛮人にたいして、ある程度の強制は人道的かつ慈善的な行為である、と論じている。クラークスンが、奴隷のために、人道主義的立場から宣伝活動を展開したのにたいして、ロングは、

「奴隷が、奴隷の境遇にあることを忘れるように、あらゆる穏当な手段を用いて、奴隷たちのおかれている苛酷な隷属状態を和げてほしい」と、ジャマイカの農園主たちに懇願するだけであった。他方、エドワーズは、西インド諸島植民地に奴隷を送り込むのをやめさせようとするのは、風を鎖でつなぎ止め、海洋を意に従わせようとするようなものである、と主張している。

この二人のジャマイカ植民者出身の歴史家は視野も狭く偏見を抱いていたので、黒人の性格を論じるさいにも、スミスやクラークスンの見解とは対照的であった。スミスは、黒人の雅量を強調し、クラークスンは、黒人には白人と平等の機会が与えられていないと強調している。ところが、ロングによれば、黒人にはそもそも天分など欠けているし、また、

「容姿の点で他人種と異なるばかりでなく、精神面でも異なり、他人種のばあいには、概して、たまにしかみられないようなあらゆる種類の卑劣な性格を生まれつきもち、しかも、他の人間と黒人がとくに異なるのは、そうした性格が大目にみられるような誠実な徳性をほとんどもち合わせていない」

ように思われるのである。

ロングは、黒人について、かれは知能の点でオランウータンに等しく、また容姿の点でも、黒人と白人よりも、黒人とオランウータンのほうがはるかに類似点があるということから、黒人は、「同類中の異種」であると結論づけ、続いてかれは次のようにのべている。

「黒人は文明を受け入れる能力に欠けるとはいえない。類人猿にすら、人間と同じように飲み食いし、寝ころび、衣服を着たりすることは教え込むことができるからである。しかし、これまでに発見されたあらゆる人種のなかで、黒人は、生まれつき劣等な知能しかもち合わせていないので、かれが、完全な人間と同じように行動したり考えたりする域にまで到達するということは（神慮による奇蹟でも介在しない限りは）、まったく望みうべくもないように思われる。」

ブライアン・エドワーズは、次のように主張している。黒人は猜疑心が強く、臆病で嘘言癖があり、盗みに走りがちで、残忍な暴君と同じく目茶苦茶な残虐行為に血道をあげ、獣欲を満足させるだけの乱交生活をしているといってもよい、と。黒人は、ふつう、音感にすぐれているといわれているが、エドワーズは、そのことすら認めなかった。かれによれば、

「ボーカル・ハーモニーの点で、黒人は、他の民族にくらべて天与の才に欠けているように思われる。……わたくしは、いかなる主要楽器を例にとってみても、真にすぐれた演奏者と呼ぶことのできる黒人にこれまで出会ったことはないし、またそうした黒人演奏者の名を耳にしたこともない。」

フランスの奴隷制廃止をめぐる論争にも同様な特徴がみられる。奴隷制廃止論者の知識人層の主唱者は、偉大なフランス人、レナル師〔一七一三―九六〕である。かれは、フランスのクラークソンであった。かれの有名な著書『西インド諸島におけるヨーロッパ人の植民と貿易についての哲学と政

治の歴史』は、宗教や国家の違いはあれ、人間は皆平等である、という主張を基盤にしていた。レナルは、奴隷制擁護論者を反論するさいに全力をだしきっていない――奴隷制擁護論者はそれに気づいていた――との非難を率直に認めたが、その非難を次のようにばっさりと片づけている。

「この上なくいまわしい主義主張を擁護するために、おのれの才能を売り渡す人間はだれか。また、過去になされた数多くの殺戮を正当化し、今後なされようとしている無数の殺戮を正当化するために、その弁舌を――それがあるならば――ふるおうとする者はだれか。汝《なんじ》、同胞《はらから》の死刑執行人よ。汝にして勇気あるならば、ペンを執り、良心の動揺をおさえ、罪を犯す汝の共犯者の心をかたくなにせよ。」

「反駁すべき議論にたいして、わたくしは、もっと力を込めて、またもっと丹念に論駁できたかも知れない。しかし、この問題には、それほどわずらわされるほどの価値はない。自分の考えを率直に語ろうとしない者に、全力を振りしぼって応戦したり、心のうちまでさらけだす必要があるだろうか。正義に反し、信念を曲げて自己の利害を主張する者にたいしては、論争するよりも軽蔑の意を込めて黙殺することのほうがより適切ではないだろうか。」

奴隷制を廃止し、自由労働にもとづいて西インド諸島を開発すれば、その人口と生産はいちじるしく増進するであろうと考えたレナルは、かれの著書の最も有名な一節のなかで、帝国主義的政策をとる全ヨーロッパの政府にたいして、次のように警告している。そしてこの警告は、人権問題にかんする世界の文献のなかでも名誉ある地位を占めるものである。

「さて、ヨーロッパの諸国家よ。私的利害だけが諸君を左右する力をもつものだとしても、いま一度、わたくしのいうことを聴いてくれ給え。諸君の奴隷たちは、神を冒瀆する抑圧のくびきを打ちこわすために、諸君の寛大さも、諸君との協議も必要としないのである。自然は、哲学や利害よりもはるかに強力である。逃亡黒人たちは、すでに二つの植民地国家を確立しており、条約が結ばれ、権限が与えられたそれらの植民地国家は、諸君の攻撃からまったく安全である。これらの植民地国家は、迫り来る嵐のまえぶれである。黒人に欠けているものは、かれらを指導し、復讐と殺戮に向かわせるに十分な勇気のある一人の指導者だけである。」

「かかる偉大な人物は何処にいるのか。苦悩し、抑圧され、苦吟している子等に、自然はかれをつかわす義務がある。かれはいま何処にいるのか。かれは必ずや出現するであろう。かれは、この世に姿を現わし、神聖なる自由の旗をひらめかせるであろう。この聖なるのろしは、不幸な仲間たちをかれのまわりに結集させるであろう。かれらは、奔流よりも激しい勢いで突撃し、その通過したところにはすべて、かれらの正当な憤《いきどお》りを示す拭い去ることのできない足跡を残すであろう。スペイン人、ポルトガル人、イギリス人、フランス人、オランダ人など、黒人の圧制者たちはすべて、戦禍の餌食となるであろう。アメリカの諸平原は、長らく待望していた人間の生血を無我夢中で吸い込み、また数世紀にわたって、次ぎ次ぎに積み上げられた多数の不幸な人びとの屍は狂喜乱舞するであろう。旧世界は、新世界の人びとに賞賛の意を表することであろう。人間の諸権利を回復した英雄の名は、いたるところで祝福され、かれの栄光をたたえる数々の戦勝記念碑が、いたるところで建立されるであろう。そのときには、奴隷法《ブラック・コード》はもはやなくなるであろうが、もしも征服者黒人が報復の権利をのみ主張したばあいには、〔奴隷法に代った〕白人法《ホワイト・コード》は、〔白人にとって〕恐るべきものとなるであろう。」

ロングとエドワーズがイギリス人砂糖園主を弁護したように、マルウエ〔一七四〇—一八一四〕とモロー・ドゥ・サン・メリー〔一七五〇—一八一九〕は、サント・ドミンゴのフランス人砂糖園主を弁護した。レナルが、きわめて、幅広い視野に立った哲学的言葉で語っているのにたいして、モロー・ドゥ・サン・メリー——かれの仏領西インド諸島関係の法律収集は有名であるにせよ——は、きわめて狭隘な党派的観点からしか自己の大義名分を弁護できなかった。他方、マルウエも、奴隷制は富者と貧者の労働契約に似た一種の社会契約である、としか弁護できなかった。同じく、合衆国の奴隷制擁護論者たちも、ウィリアム・ロイド・ガリソン〔一八〇八—七九〕の著作に対抗できるような所論を展開することはできなかったのである。

さて、以上にあげた四人のイギリス人著述家——二人は奴隷制反対論者であり、他の二人は賛成論者であった——は、それぞれの立場から、意識的かつ明確な意図をもって、その著作を書いているのである。アダム・スミスの著書は、いまだにその古典的価値を失わず、しばしば版を重ねてきている。アフリカと黒人にたいして関心の高まりつつある現在、クラークスンの諸著作が、他のすぐれた歴史的古典の再版にまじって公刊されているのは、なんら驚くにはあたらない。しかし、ポスルスウェイトやロングやエドワーズの著作を再版しようとする人がいようなどとはとうてい考えられないことである。かれらは、専門家以外にはだれにもその名前を知られず、忘れ去られたままである。

この事実はきわめて重要な意味をもつ。程度の差はあるにせよ、スミスとクラークスンの示した洞察力、博識、見解が、個人の枠を超えていたことはこんにち明らかになっている。ロングやエドワーズも有能な人物ではあった。しかし、スミスとクラークスンは、その個人的資質に加えて、ある明確な立場をとっていたが故に、かれらが行動したなりの成果をあげえたのであった。かれらは、それぞれの仕方である特定の社会発展の方向――奴隷による独占体制にもとづく重商主義に反対し、自由放任主義にもとづく産業資本主義発展の方向――を代表していたのである。したがって、そうしたかれらの能力をもとにして、その認識力をたえず拡大させていき、みずからを発展させる機会を摑むことができたのであった。そしてその認識力とは、かれらが代表した新しい経済的諸勢力の抱く、経済的・社会的・政治的展望が開かれていることの反映にほかならなかった。他方、ロングとエドワーズのばあいを、一般的にいうならば、かれらの抱いた主義主張の限界が、かれらの限界であったのである。

さらに次のようにいえるかも知れない。クラークスンの壮大な著作活動、たとえば、その猛烈なエネルギー、資料への精通、巧みな感情表現力は、いわば、歴史や道徳が自分に味方しているという事実をかれが自覚していたことによって、生まれまた支えられていた。奴隷制論争が進展するにつれて、かれの信念と確信は、かれ独特の著述スタイルに方向と力を与えた。他方、奴隷制という歴史的制度の擁護者たちは、経済的・社会的圧力が、奴隷制擁護論者を圧倒しはじめるにつれて、将来への展望を切り開くことができずに、つねに過去の栄光を振り返るばかりで、きわめて狭小な個人的利害に依拠するほかしかなかったのである。

第二章　世界はイギリスの儲けの種《オイスター》

一八三〇年から八〇年にいたる半世紀の間、イギリスは、世界を完全にその支配下に置いた。世界は、イギリスの儲けの種〔打出の小槌〕となったが、それは、武力ではなく機械の力によってこじあけられたのであった。ウィリアム・メイクピース・サッカレー〔一八一一―六三〕は、一八五一年の『五月の詩《うた》』のなかで、そのさまを次のように詠じている。

「見よ、かなたに、蒸気機関が力強く動いているさまを
これぞ、イングランドに覇権をもたらした武器
無血の戦いの戦勝記念碑
これぞ雄々しき果敢なる武器
勝利は海陸におよび
イングランドは蒸気機関によって、航海し、機《はた》を織り、畑地を耕し
果てしなく広がる丘陵に墜道を開削し海洋に架橋する」

この半世紀間に、イギリスは、世界の工場、世界をまたにかける貿易商、世界の船主、世界を相手とする銀行家になった。イギリスは産業革命の先駆者として、また幾世代にもわたって新技術の事実上の独占者として、世界を制覇した。

石炭こそが、この世界制覇の鍵であった。スタンリ・ジェヴォンズ(一八三五―八二)が、一八六五年に気づいていたように、石炭がたっぷりと豊富にあってこそはじめて鉄や蒸気を意のままにしえたのである。したがって、一八三〇年以降の半世紀間を支配したのは石炭であった。イギリスの出炭量は、一八三〇年には二四〇〇万トン、一八五一年には五一〇〇万トン、一八六一年には八四〇〇万トン、一八七一年には一億一七〇〇万トン、そして、一八八一年には一億五四〇〇万トンであった。イギリスの出炭量は、一八三〇年には、世界総出炭量の八〇パーセントを占め、また、のちにイギリスの競争相手となる国々、たとえばアメリカ合衆国、ドイツ、フランスなどの出炭量がかなり増大してきた一八八〇年においても、なおそれは、五〇パーセント以上を占めていた。イギリスの石炭輸出は、量的にいえば、一八三〇年から一八七〇年の間に、五〇万トンから一四〇〇万トン、金額にして一八万四〇〇〇ポンドから五六〇万ポンドに増大した。

同じくイギリスは、製鉄業でも世界を支配した。イギリスの鉄生産量は、一八三〇年から一八七〇年、一八八五年にかけて、それぞれ、六八万トン、六〇〇万トン、七二五万トンと増大した。鉄生産量の増加率という点では、アメリカ合衆国とドイツは、イギリスを上回ってはいた。しかし、一八三〇年におけるイギリスの鉄生産量は、世界総生産量の四〇パーセントをほんの少し上回っていたにすぎなかったが、一八七〇年には、世界総生産量の五〇パーセントをわずかに下回るまでに達しているのである。〔そこで〕一八八〇年には、ラスキン〔一八一九—一九〇〇〕は、『建築の七灯』（一八八〇年版）のなかで、「鉄が、陽気なイングランドを鉄仮面をかぶった人間に変えた」と満足気に書くことができたのであった。

一八五〇年には、鋼はきわめて稀少だったので、事実上、貴金属と同じように考えられていた。しかし、一八五六年にベッセマー〔一八一三—九八〕法が発明されると、鋼の安価な大量生産の可能性が切り開かれた。こうしてイギリスは、鋼時代の開始とともにその覇権を握っていったのである。一八五〇年には、イギリスの鋼生産量は四万トンであったが、ベッセマーによる技術革新により、その生産量は、一八七〇年には二四万トンに、一八八〇年には一二五万トンに増大し、一八八三年には二〇〇万トンを超えた。

革命は、重工業から輸送手段——国内では鉄道、国外では蒸気汽船——へと広がった。一八三〇年のリヴァプール—マンチェスター間の鉄道開通は、一八三五年の鉄道ブーム、一八四五年の鉄道熱の幕明けを告げるものであった。鉄道王ジョージ・ハドスン〔一八〇〇—七一〕の威光は、一八五〇年までには千マイル以上にも達した。他方ラスキンは、一八四九年に書いた『建築の七灯』のなかで、「鉄の静脈」と「鼓動する動脈」が人びとを都市へと送り込み、絶え間なく人口を密集させているとのべている。イギリスでは、一八七〇年までに、一万五六二〇マイルの鉄道が運行し、その長さはヨーロッパの鉄道全体のほぼ二五パーセント近くに及び、世界全体の鉄道総マイル数の一〇パーセントを超えた。

鉄道は、カナダ、オーストラリア、アメリカ合衆国の主要都市と、食糧産出地域の大草原地帯とを結びつけた。帆船時代の掉尾を飾ったアメリカ製快走帆船《クリッパー》と、一八四〇年にキュナード(一七八七—一八六五)が開始した大西洋航路を二週間間隔で運行する蒸気船は、イギリスとヨーロッパの人口が増大しつつある大消費中心地に食糧をもたらした。——ヨーロッパの人口は、一八三〇年から一八七〇年の間に三分の一増大し、イギリスの人口(アイルランドを除く)は、二分の一以上も増大した。海外貿易に従事するイギリス船舶は、一八二八年には二五〇万トンであったが、一八六〇年には五〇〇万トンに増大し、世界貿易に従事している船舶のうち、十隻中六隻までがイギリス船舶であった。イギリスの海港で出入港手続をとった船舶は、一八三四年の六〇〇万トンから一八七〇年には、三六五〇万トンに増大した。イギリスの輸出額は、一八五〇年から一八七〇年の間に七一〇〇万ポンドから二億ポンドへ、輸入額は一億ポンドから三億ポンドへと増大した。

このイギリス貿易の主要品目は綿布で、その原料はアメリカ合衆国から輸入し、綿織物は、世界中に、主としてインドへ輸出された。一八四九年のイギリスの綿花輸入量は、全体で三四万六〇〇〇トンであり、金額にして概算一五〇〇万ポンドであった。一八七〇年の綿布輸出は七一〇〇万ポンドに達した。一八四五年〔一八四四年の誤りか?〕、キングレイ〔一八〇九―九二〕は、その著『東方より《エオーセン》』のなかで、登場人物のパシャに次のように語らせている。

「パシャ　イギリスの船舶が、まるで蠅のように群っている。イギリス製プリント・キャラコが、世界中をすっぽりおおっている。……インド全土は、イギリス商人の台帳の一記入事項にすぎないし、かれらの蔵はインドの古い玉座でいっぱいになっている！　――ごおー、ごおー！とうなる車輪の音――しゅっ、しゅっ！　とはげしく吹きだす蒸気の音。」

イギリスは、自国の発展に必要な資本はもとよりのこと、他国の開発にも必要な大半の資本――インドの鉄道敷設、エジプトへの長期貸付け、アメリカ合衆国の開発――を準備した。イギリスの海外投資は、一八三〇年の一億一〇〇〇万ポンドから一八七〇年には概算で七億ポンドにまで増大した。

インドは別として、イギリスの恐るべき膨脹にさいして、諸植民地の果たした役割にはほとんどみるべきものはない。自由貿易論者、経済学者、政治家たちは、植民地に絶え間なく軽蔑の言辞を浴びせた。ディズレーリ〔一八〇四―八一〕によれば、カナダは、もうけにならない相続であったし、オーストラリアは、イギリスの囚人とならず者――かれらをイングランドに留めておくという不安は、一八五〇年のイギリスを恐怖に陥し入れた――の収容所として役立つという以外ほとんど価値がないように思われた。植民地省勤務のメリヴェール〔一八〇四―七四〕によれば、植民地を支配する楽しみだけが植民地保持の理由であった。コブデン〔一八〇四―六五〕によれば、植民地は、「わが国の見せ掛けの威厳を高めはするが、実際には、わが国の貿易収支の改善に役立たず、政府支出の項目を複雑にしそれを増大させる豪勢で厄介な附属物」としてしか役立たないのである。コブデンのブライト〔一八一一―八九〕宛て書簡によれば、かれは、たとえフランスがモロッコだけでなくアフリカ全土を手に入れるとしても、被害を受けるのはフランス自体であり、イギリスやその他の諸国はなんら被害を受けない、と考えていたのである。ゴールドウィン・スミス〔一八二三―一九一〇〕は、植民地体制恒久化の理由の一つとして、白人の責務があげられていることに嘲笑を浴びせ、また、かれは、〔植民地を〕文明化する使命という正当化は、「略奪の意図の別称にほかならない」と非難し、イギリスにたいする植民地の価値は、「一パイントを受けとって一クォートを支払う」にすぎない、と一蹴しているのである。

奴隷解放後、西インド諸島は、その結果として生まれた新しい経済的秩序と政治的現実の風圧をまともに受けなければならなかった。西インド諸島の砂糖産業は、特恵制度によって育成されてきたため、一八四六年には、イギリスの消費者が支払う西インド諸島産砂糖の価格は、キューバやブラジル産砂糖のそれにくらべると、ほぼ二倍以上になっていた。同年、イギリスの西インド諸島向け輸出は四〇〇〇万ポンドを下回ったが、入超額は総計五〇〇〇万ポンドを超えたのであった。そうした状態をみたある著述家は、憤慨して次のように論じている。「わが国の海港から西インド諸島に向けて積荷される全商品が、ドーヴァーの断崖から落下して海底のもくずと消えようとも、その代償として、最も安い市場から砂糖を買い付けることが許可されるならば、わが国はなんの損害も受けないであろう」と。

西インド諸島の大農園主たちは、自由労働にもとづくかれらの経済制度を、ブラジルやキューバの奴隷労働による生産物から保護せよ、と強く訴えた。しかし、イギリスの織物業は、アメリカ合衆国南部諸州の奴隷労働による綿花に全面的に依存していた。したがって、コブデンは、西インド諸島植民地の主張に激しく反駁した。

「実のところ、われわれは、ブラジルへわが国の製品を送り、ブラジル産の砂糖をもち帰っている。この砂糖は、わが国の保税倉庫で精製され……その後、わが国の商人たちの手を経て海外に送りだされている。現在、奴隷の作った砂糖を〔国内で〕消費することに反対しているのは、実にこれらの商人たちである。……奴隷の作った砂糖に最も声高に反対しているこれらの人びとと関係者たちは、実は、リヴァプールやロンドンに保税倉庫をもち、ロシア、シナ、トルコ、ポーランド、エジプトへ、要するに、地球上のありとあらゆる国に向けて、また、人口五億を有する諸国に向けてこの精糖を、送りだしているのである。それにもかかわらず、これらの商人たちは、諸君が、奴隷の作った砂糖をわが国で用いるのを認めようとはしない。その理由は何か。それは、わが国の二七〇〇万人の人びととは異なり、砂糖寡占体制の支配下にあるからである。つまり、かの商人たちは、諸君にたいしては権力を揮《ふる》うが、わが国以外の人びとには揮わないからである。」

イギリスの資本家や投資家たちは、海外投資から上る収益を別のところに求めて、西インド諸島から手をひきはじめていた。最近、リチャード・ペアズ〔一九〇二—五八〕の『西インドの富』〔一九五〇年〕のなかで確認された事例は、そうした一般的例証に役立つであろう。一七世紀にネヴィス島に追放されたピネー家は、一世紀後には、ネヴィス島有数の資本家となり、〔次いで〕ネヴィス島の大農園主から西インドの砂糖貿易に従事するイギリス商人となった。奴隷解放後、かれらは、西インド投資からきっぱりと手を引き、その資金をイングランドの綿布、運河、造船株またイングランドやカナダやインドの鉄道株にふり向けた。ピネー家の伝記作家がのべているように、かれらは故郷のドーセットに舞い戻り、その地で、以前にもっていた家屋敷、畑地、墓地を取り返した。この伝記作家は、「ピネー家は、いまだかつて一度も、その生まれ故郷を離れたことがなかったかのようであった」とのべている。イギリス人からみればそうみえる。しかし、西インド諸島の人びとからみれば、ネヴィス島はこんにちでは見捨てられた島であるから、ピネー家は、まるで一度もネヴィス島に居住したことがなかったかのようにみえるのである。

一八世紀には重商主義の花とうたわれた西インド諸島も、一九世紀の自由貿易の潮流のまえには、がらくた同然となった。一八三九年には、(英領ギアナを含めた)全西インド諸島の砂糖生産高は、世界の蔗糖総生産高七八万一〇〇〇トンのうち一四万一〇〇〇トンを占め、世界の砂糖総生産高は八二万トンであった。一八八〇年には、西インド諸島は、世界の蔗糖総生産高一八八万三〇〇〇トンのうち二二万八〇〇〇トンの蔗糖を生産し、世界の砂糖総生高は三七四万トンであった。

このことは、ヨーロッパの甜菜糖産業が目ざましい勢いで発展したことを物語っている。蔗糖の世界砂糖総生産高に占める割合は、一八三九年には九五パーセント、一八八〇年には五〇パーセント、一八八一年には四八パーセントであった。主要な甜菜糖生産地はドイツであった。一八三九年には、ジャマイカは三万九四〇〇トンの蔗糖を、ドイツは、一万二六〇〇トンの甜菜糖を生産した。しかし、一八八〇年には、ジャマイカの蔗糖生産は一万六八〇〇トン、ドイツの甜菜糖生産は五九万四三〇〇トンとなった。

イギリスの砂糖市場は、いまや賞金《もうけ》を獲得する場としては危険なものとなってきた。イギリスは、一六五五年のジャマイカ島征服以来、イギリス向け砂糖生産のためにその島を開発してきた。一八三九年には、ジャマイカは、依然としてイギリスの主要な砂糖供給地の一つであった。しかし、一八八〇年までには、ドイツが、イギリスの主要な砂糖供給国の一つになってきていた。一八五三年のイギリスの砂糖輸入量一四七万六〇〇〇トンのうち、一四パーセントはドイツ産甜菜糖、一七パーセントは英領産蔗糖、六九パーセントは外国産蔗糖であった。一八八〇年の砂糖輸入量は、三二七万八〇〇〇トンに増大したが、このうち四三パーセントが甜菜糖、一一パーセントが英領産蔗糖、四六パーセントが外国産蔗糖であった。

自由貿易国イギリスにとって、西インド諸島は、全植民地のうちで最も利用価値の低いものとなった。ジェイムズ・スティーヴン〔一八二九—九四〕は、西インド諸島を最も強力に擁護し、奴隷制廃止を唱え、黒人奴隷の解放にめざましい役割を演じた一人だが、かれは、一八五八年に、植民地保有はイギリスにとって「いかなる秤《はかり》を用いても測ることができないほどの」財宝である、と悲痛な叫び声を上げているのである。西インド諸島を弁護したスティーブンにとってさえも、当時、白人植民地には自信をもって与えようと考えていた自治を、「さまざまな人種が雑居し、わが国には大きな負担となっているこれらの孤島——間の悪いときにわれわれは責任をとったものだが、それらを捨てる権利もわれわれにはない——」にたいして与えることなど思いもよらないことであった。

以上が、一八三〇年から一八八〇年にいたる半世紀間のイギリス経済の状態であった。カーライル〔一七九五—一八八一〕の言《げん》によれば、この時期は、「キャラコの至福千年時代」であった。それに支払われた犠牲はまるで苦にならなかった。人びとの良心は、ディケンズ〔一八一二—七〇〕の『困難な時世』〔一八五四年〕のなかでのクックタウンにたいする抗議や、カーライルの「機械装置の巨大なデーモン」にたいする抗議によって呼び醒まされはしたが、一連の救貧法や工場法ですぐに鎮められた。経済的拡張が政治的安定を促進した。チャーティスト運動の雑音も、経済成長を示す統計数字、企業利潤から配分された高賃金――それはのちに贖罪の福音と名づけられたが――によってかき消された。二大政党制による政治的デモクラシーは、漸進主義が不可避であるという教義にしたがって発展した。一八三二年の第一次選挙法改正により、それ以前には五〇万人を下回った選挙民も五〇パーセント増大した。選挙民の数も、一八六七年までには、一〇〇万人を超え、同年実施された第二次選挙法改正により、とくに都市の選挙民を中心にして、二〇〇万人を超えるまでに増大した。テニスン〔一八〇九―九二〕は、時代が下るにつれて、先例が先例を呼び、自由はゆっくりとした足取りで拡がっていく〔一八三二年の『詩集』所収〕とうたっている。

ウィッグ、トーリーの二大政党は、出身階級の異なる敵対者としてではなく、同一階級の出身で、同じパブリック・スクールに学び、同じ道徳に育まれた競争者として、政治権力の獲得を目指して相互に競い合っていた。ヨーロッパ大陸における過激主義、すなわち一方のボナパルティズムあるいは独裁と他方のバブーフ主義つまりフランス革命期にバブーフ〔一七六〇―九七〕が唱え一八七〇年のパリ・コミューンで頂点に達した平等主義的理念は、〔イギリスでは〕いずれも退けられた。カール・マルクス〔一八一八―八三〕は、イギリスに避難した一亡命者にすぎなかったし、マルクス的共産主義とバクーニン〔一八一四―七六〕的無政府主義の対立も、イギリスでは、表立った波風を立てるまでにはいたらなかった。

こうした状況を、ブラウニング〔一八一二―八九〕は、その著『ピッパ通り過ぐ』のなかで、「神、天空《そら》に知ろしめす。すべて世はこともなし」とうたっている。進歩の不可避性と人間の完成可能性の論理を、『普遍的進歩の例証』のなかで詳説したハーバート・スペンサー〔一八二〇―一九〇三〕は、「無能な人びとが貧しく、無分別な人びとに災難がふりかかり、怠惰な人びとが餓死するのは……広大にして先見の明ある神の御意志である」とみて、満足していたのである。この適者生存の理論は、十年後に、ダーウィン〔一八〇九―八二〕の自然陶汰説によって確証されたように思われる。

この時代を支配していた満足感・充足感・自負心・自信それに進歩の観念は、桂冠詩人アルフレッド・テニスン卿の名高い詩作『ロックスリー・ホール』〔一八八六〕のなかで、次のように雄弁に要約されている。

「うつせみの己《おの》が眼の及ぶ限り、わが行末を望み見んとせり、
わが眼に映りしは世界のまぼろし、来たるべきくすしきことども……
そのとき、戦いを鼓舞する太鼓の音は、その響きを止め、戦士の旗は捲かれん
人は議会に集い、世界は盟《ちか》いて一つとならん、
おおかたの人びとのつねの思い《コモン・センス》は、怒りやすき王国を畏れしめ、
また、うましき大地はまどろみて、あまねき法則《のり》に抱かれん……
而《しこう》して、われつゆも疑わじ、

時代の変わるとも変わることなく、いやましになべてを統《す》べる一つの目標《めあて》を
はたまた、人の思いの、日のめぐりと共に拡がりゆくを、
されば物見はむなしからず、前へ、前へ、友よいざ乗りいだせ
偉大なる世界をして、とこしえに、変転のわだちを歩ましめん、
されば地球の庇護のもと、われらは若き日に立ちもどらん
ヨーロッパが五十年《いそとせ》は、シナが千年《ちとせ》にもまさるなり」

以上が、一八三〇年から一八八〇年にいたる半世紀間の状況であった。神の玉座は、なおも天空にかかっていた。しかし、イギリスがこの地球を踏台にしていた。そして、新しいエルサレムの地となったロンドンは、偉大な白人の女王〔ヴィクトリア女王〕のおわす都であった。

第三章　イギリスの歴史叙述
——一八三〇年から一八八〇年まで——

前章において論じた状況こそ、一八三〇年から一八八〇年にかけて、イギリスの歴史家たちの一大学派が出現し活躍した、経済的状況と政治を取り巻く雰囲気であった。この学派の指導者——かれこそまさにそれにふさわしい人物だと思われるが——は、一主教すなわちウィリアム・スタッブズ〔一八二五—一九〇一〕であった。そのほか、この学派の主要な人びととしては、E・A・フリーマン〔一八二三—九二〕、ジョン・リチャード・グリーン〔一八三七—八三〕、トマス・マコーレー卿〔一八〇〇—五九〕、アクトン卿〔一八三四—一九〇二〕などがいた。

イギリスが、経済の面で世界市場を支配し、その議会制民主主義が伸張した時代の所産であったこのイギリスの歴史家たちの学派にとっての主たる関心は、もっぱらイギリスに向けられていた。かれらは、当時の富裕で強大な膨脹しつつあるイギリスの経済・政治体制が、爾余の世界の国々を判断するための明確な枠組を提供していると考えた。国際的な視野で考えたアダム・スミスとは異なり、いまや、その力点が、一国に限定されたのである。アダム・スミスは、イギリスを論じるばあいにも全世界的視野から論じたが、その後継者たちは、イギリスの視点から世界を論じたのである。その将来を展望するにあたり、かれらの考えは、アダム・スミスにくらべてはるかに狭量で島国的であった。たとえば、マコーレーは、ランケ〔一七九五―一八八六〕のようなヨーロッパの未来を予見する洞察力を欠いていたし、アクトンはその知的訓練においてまたその交友関係において国際的な広がりをもっていたにもかかわらず、かれの活動範囲は、大学の講義と編集業務に限られていたのである。

(a)　政治的デモクラシー

かくして、この学派がその歴史的著作を書くさいにとった基本的な第一原理は、イギリス史は政治的デモクラシーの実現を目指す長い闘争の歴史からなる、というものであった。

フリーマンは、そうした見解を、その『最古時代からのイギリス国制の成長』――初版、一八七二年――のなかで簡潔にのべている。またフリーマンは、「すでに廃語となってしまった若干のチュートン語の語源研究」に首を突込んだと明言したのち、次のように書いている。

「……イングランドには、いかなる時代にも、なんらかの形態の国民議会が存在していた。それを指し示す言葉が、ウィテナゲモート〔アングロ・サクソン時代の会議〕であれ、グレート・カウンシル〔ノーマン王朝時代の会議〕であれ、あるいはパーラメントであれ、国民の名においてなんらかの権利を主張できる人間集団がつねに存在してきたのである。……高名なる人びとと、われわれを生みだしたわが父祖たちをたたえよう。われわれの起源がいずくにあるかに注視しよう。古《いにし》えの詩人は、自由は高貴なものであるとのべているが、それはまた太古に起源をもつ。こんにちでは、より現代的なよそおいをまとった自由を享受している人びとも、歴史が多少ともたどれる最古時代にまで遡って、わが父祖たちや同胞《はらから》の最古の生活のなかに、すすんで、自由の最初の形態を跡づけてみよう。」

フリーマンは、以上の見解を、本書出版の前年に発表した『歴史論集』のなかで次のように詳述している。

「最初のチュートン人移住者たちが上陸して以来、イングランドは、一人の人間の意志に、全面的かつ完全に屈従することを強《し》いられたことはただの一度もない。暴君の恣意的な支配を抑制でき、あるいは国民の名においてなんらかの権利を発言できる会議体が、たとえば、ウィテナゲモート、グレート・カウンシィルあるいはパーラメントがつねに存在してきたのである。ヘンゲスト〔五世紀中頃、ジュート族を指導したという半伝説的人物〕からヴィクトリア女王〔一八一九―一九〇一〕の時代にいたるまで、イングランドには、議会制度とはっきり呼んでよいものがつねに存在してきたのである。」

イングランド史を、一般大衆にもわかるような形で書くことを引き受けたジョン・リチャード・

グリーンは、一八七四年に出版した『イギリス国民小史』冒頭の部分で、上記の議論をさらに発展させている。初期イギリス国民とかれらが発展させた社会を論じたところで、かれは次のように書いている。

「ここでもまた、「ウィタン」〔ウィテナゲモートの構成員〕すなわち村の賢人たちが、戦争と平和の問題を解決し、正しい裁きを下し、賢明な諸法を定めるために集会した。それは、ちょうど、かれらの子孫たちすなわちのちのイングランドの賢人たちが、ウェストミンスターにある議会に集合し、シュレスヴィヒの小さな農村共同体に端を発する大帝国のために諸法を定め、公平を実現するのと同じであった。」

このことは、テニスンが、その歩みは遅くとも、時代が下るにつれて、先例が先例を引き継ぎ、自由はゆっくりと拡大されていった、とのべた通りのものであった。

こうしたイギリス議会制民主主義のロマン主義的正当化は、階級立法たるマグナ・カルタや一七世紀のオリヴァ・クロムウェル〔一五九九—一六五八〕の独裁とは相容れ難いと思われるかも知れない。しかし、このイギリスの歴史家たちの学派は、それが可能であるということを立証したのであった。

これらの歴史家たちよりもややあとの時代にでたマッケチニー〔一八六三—一九三〇〕の研究が詳細に論証したようなマグナ・カルタは、封建君主にたいする封建貴族とその経済的利益の勝利を意味するものにほかならなかった。〔しかし、〕マッケチニーの研究がでる以前から、スタッブズ主教は、そうした見解に猛烈に反対していたのである。——スタッブズは、マグナ・カルタの明白でいちじるしい特性は、すべての自由人にたいして市民的諸権利を平等に配分した点にある、と考え、マグナ・カルタを、若干の封建的悪弊を除去することだけに関心をもつごく少数の利己的な貴族たちの所業として、その価値を低く評価する傾向に反対したのであった。ジョン・リチャード・グリーンは、その点をさらに強調し、『イギリス国民小史』のなかで次のようにのべている。

「われわれが、この目で確かめこの手で触れることのできるイギリス人の自由を記した最古の記念物たるこの大憲章——歴代の愛国者たちは、それをイギリス人の自由の基礎をなすものとして追憶してきた——に見入るとき、尊崇の念の生じるのを禁じえない。……貴族たちの主張した諸権利は、みずからのためのものであったと同時に国民全体のためのものでもあったのである。」

オリヴァ・クロムウェルとその麾下のピューリタンたちは、イングランドの正当な君主と闘ってその革命に成功し、国王を斬首刑に処し、議会を閉鎖して厳格な独裁制を布いた。このことは、きわめて穏やかな表現を用いてさえも、上記の歴史家たちが丹精込めて描き上げてきた長年にわたる民主主義的伝統に逆行するものであった。しかし、マコーレー卿とアクトン卿は、〔この矛盾を解消しようとする〕不可能な仕事に取り組んだのである。

マコーレー卿が、ハラム〔一七七七—一八五九〕の『国制史』について書いた次のような有名な論評がある。

「ハラム氏は、断固として、チャールズ〔一六〇〇―四九〕の処刑を非難している。この問題にかんして、かれの述べたことのすべてについて、われわれは心から同意する。内乱のように大きく社会が分裂したときには、それを通常の反逆と混同すべきではないし、また、敗北した人びとの処置は、国内法ではなく国際法のルールによるべきである、と考える点において、われわれはハラム氏の意見にまったく賛成である。」

「このばあい、国内法と国際法の区別は、さして重要ではない。いずれの法律もチャールズにとっては有利だからである。……しかし、われわれは、国王処刑が、それに関係した人びとに、特別な汚名を帰するものとは決して考えない。国王処刑は、不正であり思慮に欠け、激しい党派心の表われではあったが、残忍な処置でも裏切り行為でもなかったのである。国王処刑は、寛大で勇敢な精神の犯した誤りであり、卑劣で悪意のある犯罪とは区別できる特徴をすべて備えているのである。」

アクトン卿は、『近代史講義』〔一九〇九年〕のなかで、ロシアのピョートル大帝〔一六七二―一七二五〕の専制、プロシアのフリードリヒ・ヴィルヘルム〔一六八八―一七四〇〕とフリードリヒ大王〔一七一二―一八六〕の専制、かれが「王政の悔悟」と呼んだ時代、アフリカから新世界へ向けての奴隷貿易、「奴隷制を慨嘆し非難したにも拘らず依然としてそれを容認している」合衆国憲法、「州権〔憲法によって中央政府に委託されていないもの〕に規定がない」ために起こった、近代で最も血なまぐさい内乱〔南北戦争〕などを弁護しえたのである。このような歴史哲学の持主にとっては、ピューリタン革命は、なんら重大な難問を提起しなかった。アクトン卿は、もったいぶって次のようにのべている。

「偉大な非国教徒《ノンコンフォーミスト》〔クロムウェル〕が崇拝の対象になるのには明らかに問題がある。〔なぜなら第一に〕、クロムウェルは、プライド・パージ〔一六四八年〕を事後に承認したことによって、長老派追放の共犯者となったからである。プライド大佐は、多数派〔長老派〕を追放し、少数派〔独立派〕の国王殺しを可能にした。国王殺しは、はじめから殺害する目的で仕組まれた非合法的な暴力行為、まぎれもない違法行為であった。平常な状態であれば、こうした行為は、はなはだしく不評を買う行為であったに違いない。またこうした行為は賢明な策でもなかった。なぜなら、憤慨した長老派は、独立派と和解することなく、チャールズ二世〔一六三〇―八五〕を復位させたからである。次に、護国卿は、かれが成功をおさめ、ことがうまく運んださいに、自分は、特別な介在者たる神の御手をみた、と告白している。こうした事態の進行は、人為的な肉の腕《かいな》〔歴代志・下第三二章八節「彼とともなる者は肉の腕なり、然れど我らとともなる者は我らの神エホバにして、我らを助け……」〕によるものではなく、特別の神慮あるいはそのたぐいによるものであった。自己の成果を聖化することほど危険で不道徳な考えはない。第三に、クロムウェルは、一貫した自由制度の敵対者であった。近代史上において、かれほどに悪名をとどめたイギリス人は、まずみあたらないであろう。しかし、そうした問題のあることもすべて認めたうえで、かれが現実政治の面で果した成功――

先見の明とか国家制度の構築については別として――のすべてをみれば、かれの能力をいくら高く評価しても評価しすぎるということはないであろう。この点にかんしては、先ほどの条件をつけたうえで、かれは、わが国およびアメリカにおけるわが民族のうちのだれよりも卓越しているのである。」

かかるイギリス独特の政治的デモクラシーにまつわる偏見は、このイギリスの歴史家たちの学派の次のような、二つの基本的な特徴を生みだしたのである。

(b)　間断なき進歩

まず第一に、これらの歴史家たちは、アクトン卿の言によれば、近代史の特徴的事実を自由の制度的保障に向かう間断なき進歩の過程とみる信念を抱いていた。フリーマンが道を拓き、スタッブズがそれを引き継ぎ、アクトンが殿《しんが》りをつとめた。かれらは、イギリス史の発展途上に横たわる不詳事については、いっさい目をおおい、耳をふさぎ、口をつぐんでいた。

フリーマンが、その著『最古時代からのイギリス国制の成長』のなかで、まず口火を切った。「わが国の成長は、どの段階をとっても、それ以前の段階の必然的帰結であるし、わが国の法と国制にみられる変化はなんであれ、まったく新奇なものをもち込んだのではなく、いまではもう古びてしまったものから発展・改善させたものである。……わが父祖たちの知恵は、それぞれの時点で存在していた事物を鈍感に無自覚な態度で固執することなく、現行の全制度のうちのどんな部分についてであれ改善・改良の必要があれば、そのときどきに改善・改良を加えて、その全制度を保持し続けていく精神――真の改革者と真の保守主義者がもつ精神――のなかにつねに示されているのである。古えの人びとがとってきた実践を、すみずみにまで行きわたらせよ。つねに、古人の歩んだ道を固守しよう。そしてイングランドにおいては、古人の歩んだ道は、つねに進歩に通じる道であった。古えの人びとがとってきた実践は、つねに、たんなる改変のための改変は避けてきたが、真に改変の必要があるときにはいつでも、ひるまずに改変してきたのである……。ところで、ヘンリ〔ヘンリ八世〔一四九一―一五四七〕〕が行なった暴政も、悪徳が美徳に頭を下げた一例であったが、自由を守る外的制度を注意深く維持しておけば、次のより幸多き世代が、その制度に古代の精神や生命力をふたたび吹き込むことをはるかに容易にするのである。ヘンリの悪行はすべて、議会の同意の下に行なわれたものだが、実は、これこそ、議会のもつ重みのあかしであった。古代以来のわが国制がまったく衰退したときでさえ、それは、新たな力をもって、より完成した形態で再生するまで、あと一歩のところまで迫っていたのである。……この種の静かなる――むしろ、しのびよるといったほうがよいだろう――成長は、……実に、イギリス人の先例愛好を示す好例なのである。」

フリーマンのばあい、イングランドの〔成長の〕なかに、漸進的変化や悪しき方策の除去や政治的特性がますます立派な広がりをみせて純化してゆくさまをみているが、スタッブズも、そうしたこの世の全体の成り行きを満足げにみやっていたのである。一八七七年五月一五日、オクスフォード大学での講義「歴史研究の目的と方法」のなかでスタッブズは、自己の信仰箇条を次のように吐露している。

「私見によれば、歴史研究にとって真に対象となるのは、人間性の真の成長が跡づけられる国家や制度の研究である。われわれは、そうした国家や制度のなかに、発展、停滞、混乱、人間進歩の盛衰、人間教化の過程を跡づけることができまた、神の光に導かれて、善悪が明白に見分けられる素朴な過去の制度や理念から、複雑な現代にあって、光と闇が混沌として、真実と虚偽の識別はきわめて困難ではあるけれども、光と真実の勝利が日毎に接近しつつあると信じるに足る生活へと進んでいくさまも跡づけることができるのである。最も価値ある歴史とは、神の人間にたいする摂理が次々に実現している歴史、つまり最高に快適な環境下にあって、制度がきわめて十分に発達し、自然・地域・制度が、国民全体の福祉にたえず貢献できる状況下で、人間が最高度に成長しうる歴史をいうのである。」

お次はアクトンの番である。かれは、死後に出版された『近代史講義』のなかで、その役割を演じている。かれは、間断なき進歩という主題を、二つの講義――「現代国家の起源」と「ピューリタン革命」――のなかで展開しており、前者の講義では次のようにのべている。

「歴史は、概して、発展の方向をとってきてはいるが、その動きは緩慢で闘争は熾烈、安定つねならず、というところである。……〔社会の〕改善状態の簡潔な指標である人間の平均寿命年齢は、文明化へと導くすべての要因――それは道徳的・物質的・宗教的・科学的要因が重なり合って作用するのだが――によって高くなる。また平均寿命の延長は、どんなに費用をかけてでも――それは莫大な損失であるが――、治癒するかどうかはともかくとして、肢体不自由児、事故の犠牲者、白痴と狂人、貧窮者と犯罪者、老人と弱者を保護するかどうかにかかわっている。このように、社会面で、私心のない動機にもとづく〔活動〕範囲や弱者にたいするいたわりの精神が拡大したことは、政治面での少数意見の尊重という自由の真髄と照応するものである。それは、まさしく、己を捨てて、より高き法《のり》につく、という同一原理を適用したものである。長期的にみれば、道徳の力が物質の力に打ち勝ち、普遍的理念が勝利し、漸進的改良がなされているのが認識できるのである。概して、歴史は、暴力と残虐行為から、同意と協同へと進み、人間的慈愛、理性的説得、だれにでも共通する単純明快な原理に訴える方向をとってきたことを証明しているのである。」

この点にかんして、アクトンは、「ピューリタン革命」の講義のなかで、自己の哲学を次のように要約している。

「しかし、この途方もなく複雑で錯綜した現代政治を一つに縫い合わしている糸は、より完全にして確実な自由に向かって進歩しているという考えと、人びとの自由の権利は神授のものであるという考え以外にはないのである。」

(c) 宗教の強調

この学派が、〔政治的〕デモクラシー〔の観念〕のとりこになっていることから帰結する第二の特徴は、宗教の強調ということであった。

主教スタッブズは、〔宗教家に〕ふさわしく、一八六七年二月七日の、オクスフォード大学教授就任講演において、その先頭を切った。スタッブズにとっては、神学は依然として諸学の女王であった。神学の次に位置するのが歴史学であり、それは、「知性によって理解できる最も完全な宗教的鍛練の場」であった。「歴史に作用する神の力」を堅く信じつつ、スタッブズは、次のように続けている。

「……いかに神が、この地上に光を与え給い、いかに人間が、光よりも暗闇を好み、いかに人間が、永遠の生命にいたる道を曲解しているか——たとえそれに心を閉ざさなかったとしても——について、歴史ほどにわれわれに教えてくれるものはないのである。……卑見によれば、自然科学においてと同じくこんにちの歴史研究においても、次のことがしだいにわかりかけはじめてきているのである。すなわち、われわれは、この世を統べ給う全能の神の御業をますます知覚するようになってきていること、われわれは、永遠の知恵をますます正しいものとして証明できるようになり、そのことによって、みずからを神の子として認識できるようになってきていること、また、われわれは、神が霊的教会を支配することのなかにおいてばかりでなく、神がそのあがないの御業を与え給うたこの世を支配することのなかにおいても、神の民に与えられた新しいきわめて興味深い特性を、正義と慈愛の国を、進歩と秩序ある国を、また強いることなく、悪しきを去って善きものへとつねに世界を導き給う恵み深く賢明な神の摂理をみいだすようになってきていること、を。」

国教会の主教〔スタッブズ〕とカトリック教徒〔アクトン〕は、同じ視点から歴史をみている。アクトン卿も、一八五八年に、『ランブラー誌』に掲載した「教会についての政治的考察」のなかで、「イギリス国制に最初に魂を吹き込んだキリスト教思想を忘却することは」、イギリス国制の連続性を脅かす危険性につながる、とのべているからである。かれは、一八七七年二月二六日の「古代《アンティクイティ》の自由の歴史」と題する講演において、さらに次のように論じている。

「重要なことは、政府が何を命じるかではなく、何を命じなければならぬかを発見することにある。なぜなら、人間の良心に反するような命令は、まったく無効だからである。神の下にあっては、ギリシア人と野蛮人の区別もなければ、富者と貧者の区別もなくて、奴隷と主人は対等である。なぜなら、人はすべて、生来、自由なものとして生まれついているからである。人びとは、全世界を包含する普遍的な国家《コモンウエルス》の市民であり、出自を同じくする兄弟であり、神の御子である。われわれの行為を正しく導くのは、外的な権威ではなく、神の御声である。そして、神は、われわれの魂の奥底に住まわれ、われわれの考えることはすべて御承知であり、われわれの知りえた真理やわれわれのなす善行は、すべて神に負うているのである。なぜなら、悪徳は、人間の自由意志より発するものだが、徳行は、心のうちに住み給う神の恩寵より発するものだからである。」

アクトンは、〔その歴史研究を、〕古代史から現代史へと進めている。一八九五年六月一一日のケンブリジ大学教授就任講演のなかでは、かれは、もっぱら歴史の研究についてのべ、現代史を一つにまとめているものについて強調しているのである。アクトンは、宗教をその主要な統一の原理とみなし、聴衆にたいして次のようにのべている。現代史研究は、

「性格の形成と、才能の訓練には、最も強力な〔鍛練の〕場である。そして、われわれが歴史上決定してきたことは、われわれの公的行為と私的行為がそうであるように、神の望み給いしことと重大な関連がある。……人間の第一の関心事は宗教であり、それは、過去数世紀間にわたって強く人びとの心を惹きつけてきたのである。この数世紀間は、とくにプロテスタントの発展の舞台として際立っている。……反プロテスタント諸勢力の存在、プロテスタント側の持続的抵抗、またかれらの再三再四にわたる復権、そして闘争が永遠に絶望的にみえた一六八五年、一七七二年、

一八〇八年の危機的時期を考えると、もしも一七世紀の宗教的昂揚が与えた精神力がなかったならば、自治の確立へと向かう世界の進歩は阻《はば》まれていたといっても決して言い過ぎではない。かかる制度的に保障された自由の確立へ向かう不断の進歩こそが近代史の特徴的事実であり、神の摂理という理論を証す働きをしているのである。」

アクトンは、以上の命題を次のように結んでいる。

「しかし、かかる限られた反面教師的な歴史的一断面をみただけでも、次のことがわかる。すなわち、人類の救済のためによみがえり給うたキリストの行為は、消滅するどころか増大していること、神の支配の知恵は、現世が完成した時点からではなく、その改善の途次においても現われていること、さらには、自由は、文明進歩の諸条件として収斂しまとめられるような一つの倫理的帰結として達成されるということ。したがって、諸君は、歴史とは、宗教の真の顕現なり、とのべた著名な哲学者(ライプニッツ)の言葉の意味を理解できるであろう。」

しかし、こうした宗教の顕現は、アクトンが一八九五年の就任講演にさいしてのべたほどにはやすやすと現われなかった。三〇年も前に、かれは、教皇無謬説に挑戦し、その教義をつねに想起しなければならないとするならば、自由な哲学など存在しえない、と主張した。かれによれば、哲学は、それ独自の立場からいっさいのキリスト教教義の本質を検証するのであり、教会は、誤謬を犯したとして哲学者を断罪することはできないのである。だが、アクトンは、教会規律に服し、教会に挑戦するような直接の論争は拒否したのであった。〔宗教と哲学の〕闘争に参加すると、「宗教が、この進歩した現代社会において正しいと考えられ、真理と考えられているすべてのものと調和しえない、という信念を、世間の人びとに誤って信じさせる結果になる」からであった。「正統なる教会当局から当然に要求される服従と、それと同じく正当にして必要なる思想の自由を良心的に保持する立場とを結合する」道を選んだアクトンは、一八六四年に、かれの編集になる物議をかもした評論誌『内外評論』の発行停止を決意したのであった。

(d)　人種的偏見

一八三〇年から一八八〇年までの半世紀間、この学派によるイギリスの歴史叙述は、人種差別にもとづく歴史解釈の方法を提供しているが、こうした人種差別にもとづく社会理論の最も精力的な提唱者は、当時のイギリスの歴史家たちであったのである。かれらの理論は、次の三点からなる。(i)チュートン民族の礼賛、(ii)イギリス人のむきだしの狂信的愛国主義、(iii)かれらが「劣等」人種とみなしているものにたいする蔑視。

(i)　チュートン民族の礼賛

これらイギリスの歴史家たちは、ゲルマン人が帆船で北海を渡りイングランドに上陸した時点から、自由の精神が芽生えていたとの印象を人びとに与え、それはちょうど、一つの社会集団内に存在するある種の運動が、その輪をしだいに拡げつつそれ自体の姿を現わし、先例が先例を引き継ぎ、ゆっくりと拡大していくさまに似ている、とのべる。

フリーマンによれば、イングランドは、ノーマン征服の時点で、「チュートン人だけのイングランド王国」に改造されたのであった。この王国の偉大さと自由は、まだまだ荒けずりの面を多分に残してはいたが、われわれが賞賛おくあたわざるあらゆる制度の萌芽――それはまだほんの萌芽にすぎないが――を備えていたのである。イングランドは、「ドイツそのものよりも純粋なチュートン的国家」となった。ノーマン征服は、このチュートン化を中断あるいは阻害したと考えるむきがあるかも知れない。しかし、フリーマンは、そうは考えなかった。かれによれば、ノーマン征服は、「国民古来のチュートン的生活」を強化しこそすれ破壊したわけではなかった。フリーマンは、その最も有名な国民的性格の解釈のなかで、次のようにのべている。

「ノーマン人はデーン人であって、ゴール〔ガリア〕に居住していたときに、ほんのうわべだけフランス語を修得したが、イングランド上陸後は、またもやフランス語をきれいさっぱりと忘れてしまったのである。……ノーマン人の影響は、なにかの拍子でフランス語を話す悪習に染まったヨークシアー人やリンカンシアー人のいたことで一般的に認められる。しかし、そうした人びとも、急速にイギリス人になったのである。」

イギリスおよびヨーロッパ共同市場との間で結ばれたブリュッセル協定にいたる経過が最近示し

ているように、〔イギリス化は〕急速に進行するのである。ノーマン人たちがイングランドに定住して以来、あまりにもきれいさっぱりとフランス語を忘れてしまったので、ド・ゴール〔一八九〇—一九七〇〕下のフランスが、ノーマン人たちをフランス人と認めえなかったのも無理もない。

アクトンは、未開ゲルマンの森の中に、アメリカ合衆国の独立を発見するという手腕によって、フリーマン説をさらに練り上げている。一八七七年の講演「古代の自由の歴史」のなかで、アクトンは、次のように主張している。「われわれが、アーリア人諸国民の古えの生活の跡をたずねてみると、どこであれ、快適な自然環境と勤勉な訓練が、自由な社会へ発展する胚種であることを発見する」と。

しかし、アクトンの課題は、グリーンやフリーマンのいうチュートン起源説を、近代プロイセン国家にたいするチュートン的共感へとその主題を切り替えることにあった。かれは、フリードリヒ大王はなるほど専制君主ではあるが、「寛容と自由な討論の友」である、と弁護した。また、もしもフリードリヒ・ヴィルヘルム一世がいなかったら、ヨーロッパはロシア化したかも知れない、とかれを弁護している。ヴィルヘルムとピョートル大帝が発展させた「新型の実践的絶対主義」は、当時の「より合理的・実用的時代」に適合的なものであった。アクトンは、「ピョートル大帝とプロイセンの勃興」と題する講演のなかで、プロイセン専制主義を叙情的にうたいあげている。

「そのような政府こそが、国民の知的指導者、富の増進者、学問の教師、道徳の擁護者、向上を目指す人びとの運動の推進力である」と。

一八七一年に書いた一八七〇年の普仏戦争にかんするエセーのなかで、アクトンは、上記の考えをさらに押しすすめている。かれは、プロイセンについてどのようにのべているか。以下の文章をみればわかる。

「プロイセン国家の非凡な精神とすぐれた軍事力は、この民族が生来優秀であるためではなく、この民族の有する全道徳的・物質的資源を、精神の支配下におくことができるように、伝統・地域性・慣習という共通の障害物を抑制しようとする完璧な制度によるものである。政府は、ひじょうに開明的で、統治にさいして示される知性もきわめて明晰である。現に、教養ある思慮深いプロイセン国民は、プロイセンよりは自由の度合は進んでいても、プロイセンの統治ほどにはうまくいっていない他国民が生命よりも大事にしている政治的諸特権のうちのあるものを手離すことに同意しているのである。他の諸国家は、ときとして雄弁の魅力に打ち負かされてきたが、プロイセンをとりこにしている魔力は、良き統治という魅力なのである。」

アクトンの契約国家観《リヴァイアサン》とプロイセン軍国主義の崇拝から、スタッブズの英独協定のための実際的提案にいたる距離は、ほんのひとまたぎにすぎなかった。

スタッブズの提案は、両国のチュートン的背景をきわめて率直に表明したうえでなされている。スタッブズは、「アングロ・サクソンの国制について」というオクスフォード大学の講義のなかで、イギリスの政治制度にみられるチュートン的起源を強調し次のようにのべている。

「われわれが、わが父祖たちの最古の足跡を探し求めるとするならば、古代ゲルマンに求めなければならない。なぜなら、わが国の最良の部分はそのほとんどがゲルマンに由来しているからである。われわれは、みずからをブリトン人と呼んでいるが、それは地理的意味をあらわす名称にすぎない。わが血管に脈打つ血潮は、ゲルマンの父祖たちに由来する。わが国の言語は、現在では変形しているものの、基本的にはゲルマン語なのである。わが国の諸制度は、古代ゲルマンの諸制度にその共通の基盤をもち、現在みられるようなものへと成長してきたのである。ジュート族、アングル族、サクソン族は、大チュートン族のうちの異なる部族に過ぎない。東部と北部で上記の部族たちを征服したデーン人とノルウェー人も、もとを正せば、それらの部族と同じ出である。同様のことはノーマン人についてもいえる。なぜなら、封建制度自体は、フランク族すなわちゲルマン族にその起源をもつ。たとえわれわれの血筋のなかに、いまなおわずかではあれ最初の征服者たちに捕われてその妻となったケルト人の血が混《ま》じっているとしても、われわれの諸制度のなかにケルト的慣習はなにひとつ残ってはいないのである。」

スタッブズによれば、古代ゲルマン人は、イングランドに、かれらのチュートン的諸制度だけでなく、チュートン的自由の精神をもたらしたのである。主教スタッブズは、中世ヨーロッパ比較国制史にかんする講義のなかで次のようにのべている。

「近代ヨーロッパの自由は、ギリシア・ローマの自由ではなく、チュートン諸国家の古来の自由にその基礎をもつ。この自由は、キリスト教とその教会制度が、比類のないほど強力でまた最重要なものとして作用することによって、洗練され組織化されまた体系化されるにいたったものである。チュートン国家の自由のなかには、後期ローマ文明の影響はほとんどみられない。しかも、その影響は、自由を拡大するというよりはむしろ明らかにそれを制限する方向をもつ。古代ギリシアが、チュートン国家の自由に与えた影響は、きわめて微々たるもので語るに足るほどの価値もない。」

以上のような立場から、スタッブズは、イギリス外交政策の実際問題に取り組んだ。中世イングランドの初期外交政策についてかれが講義したのは、普仏戦争中のことであった。かれは、その講義のなかで、全フランス人を悪魔とみなし憎悪せよ、とのべたネルスン〔一七五八―一八〇五〕提督の言葉を並いる人たちに思い起こさせたのである。スタッブズは、一九世紀末のジョゼフ・チェンバリン〔一八三六―一九一四〕の外交政策を先き取りし、また、のちの世代すなわち一九一四年と一九三九年の人びとからみれば奇異の感をもって読まれるに違いないような議論を進めているのである。

「ドイツ人とイギリス人は、いずれも非侵略的な国民である。秩序と平和は、両国民にとっては、現在においてもまたこれまでにもつねに征服よりはるかに重要であると考えられている。両国民はともに、植民地を確立することに成功し、強烈な愛国心に燃え、自由のために独立を求める気概に満ち満ちている。このこと以上に、英独両国民とフランス国民との間の絶えざる敵対関係の原因を解く鍵をみつける必要があるだろうか。フランス革命勃発以前までは、フランス国民がかつて存在していたとはとうていいえない、というのはおそらく真実であろう。しかし、この国民の革命後の姿は、御承知の通りで、その支配者や指導者たちの精神は、太古以来のままであり、侵略的・無節操・不誠実であった。……イングランドとドイツは、同じように歴史が古いが、ドイツをプロイセンで代表させようとあるいはオーストリアで代表させようと、両国は、自由のために闘い、いまもなおその闘いに成功をおさめていることがわかる。神よ、われわれが、そうした戦闘をしないでもすみますように。しかし、もしも、われわれが闘いに起ち上るばあいには、われわれは、現在でもなお、同じ良き大義のために、同じ側に立って、古き同盟を組むであろう。そうすれば、われわれが、以前と同じ結果をえることは間違いない。」

(ii)　イギリス人の狂信的愛国主義

歴史家たちの関心は、世界に冠たるドイツから、支配せよ、ブリタニアよ！　へと移っていった。マコーレー卿が、その類いまれなる散文のなかで詳述したことは、いかにしてイギリスが、「これまでにこの地上に出現した最も偉大でかつ最も高度な文明をもつ国民となったのか……いかにしてイギリスは、ギリシア人がわれわれに遺した最も素晴らしい作品とくらべて一歩もひけをとらないほどの誇るべき数々の文学作品を生みだしたのか、またいかにしてイギリスは、天体の運動法則を発見し、人間精神の作用についての精緻な思考を展開し、政治的進歩の過程のなかで人類周知の先達者となったのか」

ということであった。

イングランドの歴史的発展を跡づけるにつれて、マコーレーの驚嘆の念は、際限なく拡がっていく。ニュージェント卿の『ハムデンの回想』についてのエセー〔一八三一年〕のなかで、マコーレーは、次のようにのべている。

「侵略者に征服され、隷属を強いられた国、外国の冒険者たちの間でその国土を分割され、その法律が外国語で記された国、最悪の暴政すなわちカースト制の支配下にあった国、このような国が、市民的自由の玉座につき、周辺諸国の賞賛と羨望の的になったのはなぜか。この問題は、歴史哲学のうちでも最も謎に包まれた問題の一つなのである。」

アクトン卿は、一八五八年、『ラムブラー誌』にのせた「教会にかんする政治的考察」のなかで、「イギリス人には、その植民した遠隔諸地域と征服した諸国民にたいするキリスト教宣教の使命感」のあることを満足げに言及し、また自己のカトリシズムとイギリス的なものとの調和についても、誇らしげに次のように付け加えている。

「なぜなら、自由の観念が、ヨーロッパの古い宗教〔カトリック〕に力を与えるほどに、またいまなおイングランドの偉大さの基礎となっているほどに純粋な形を保持してきた国は、まさにイングランド以外にはなかったからである」と。

約二〇年後に、アクトンは、キリスト教における自由の歴史にかんする講義を、マコーレー以上にマコーレー的なイングランドとイギリス人への賛辞《ピイーアン》をもって結んでいる。アクトンはいう。

「権勢者から人間を解放することに寄与した数多くの困難な闘争や思想や忍耐心が、わが国の人びとや他の地域に住むわが子孫たちの業であったという感銘深い事実に注意を喚起して、この講義を結びたいと思う。……これらのことは、忍耐心、中庸、個性、雄々しき義務感といったさまざまな生来の資質に貫流している、あの不断に大義を求める努力によって代々受けつがれてきたことの結果にすぎない。かかる資質は、イギリス人に他に類をみない厳格な労働技術を修得させ、また荒涼として住むに適しないこの国の海辺地帯に、他のいかなる国民もなしえないほどの繁栄をもたらすことを可能にしたのである。」

一八八〇年四月一七日に、スタッブズは、「中世史と近代史にみられる相違の諸特徴について」という講義のなかで、イギリス人の狂信的愛国主義の傾向を要約してみせている。そのためかれは、世界的にみて、さまざまな国々がどのような思想を代表しているかという分析を試みているのである。かれによれば、ロシアは暴力を代表し、オーストリアは歴史的領土権についての最大の擁護者であり、フランスは「ある程度までは」デモクラシーを代表しているが、大部分の点ではヨーロッパの調停をはかるという古い主張を代表し、トルコはまさに屠殺者、暴虐、最も不道徳な奴隷状態そのものを代表しているのである。スタッブズは次のようにのべている。

「イングランドは何を代表しているのか。イングランドは将来にわたって何を代表しようとするのか。われわれがイングランドに期待しているのはまさに、明敏な正義感と世界の進歩において善良にしてかつ健全なるものへの生々とした共感にほかならないのである。」

(iii)「劣等」人種の蔑視

プロイセン主義への傾倒とイギリスへの狂信的な愛国主義から、これらイギリスの歴史家たちは、なんの心の痛みもなくまた理の当然として、他国の文明や他民族にたいする蔑視感を抱くようになった。「イギリス人は、他の白人よりまさる」と考えていた人びとに、「劣等」人種あるいは「後進」民族への思いやりなど期待しうべくもなかった。

そうした態度は、一八五四年に出版されたアルテュール・ドゥ・ゴビノー(一八一六―八二)のアーリア人種を賛美した『人種不平等論』によって一般に受け入れられるようになった。ゴビノーは次のように書いている。

「それ〔アーリア人種の優秀性〕は歴史の教えるところである。歴史は、あらゆる文明が白色人種に由来すること、その助けなしにはいかなる文明もありえないこと、またある社会はそれを創った人びとが、われわれアーリア人種のうちで最も傑出した人種に属する高貴な集団の血を保存している限りにおいてのみ偉大であり輝かしいものであるということ、を示している。……旧世界の最初の七文明のうち第六文明までは、少なくともその一部はアーリア人種の文明に属し、第七文明であるアッシリア文明もそのイラン文芸復興——歴史上名声を博する最上の資格を有する——を、アーリア人種に負うているのである。現在、ヨーロッパ大陸のほとんど全域にわたって白人が中心となっているが、数の上からみればアーリア系人種が最も多い。ヨーロッパ諸民族のうちでアーリア系人種が支配権をもっていないところでは真の文明は存在しないのである。以上にのべた諸文明の創始者としては黒色人種の名はまったくみられない。黒色人種が文明創始者のなかに名を連ねうるのは他人種と混血したときにのみである。同様に黄色人種のうちにもその自生的文明はまったくみいだせない。アーリア人種の血統が途絶えるとそれに続いて停滞現象が起こるのである。」

ゴビノーがその本を書いたときには、たしかにまだ、中世アフリカにかんするアラブ写本や、ガーナ、ティンブクツー、ジンバヴエなどの古代〔アフリカ〕の繁栄を明らかにした考古学上の発見が紹介されていなかった。それにゴビノーは歴史家ではなく、たんに、頽廃的ヒトラー主義の先駆者にすぎなかったこともたしかである。しかし、マコーレーとアクトンが、自己の名声を用いて、ゴビノーの、歴史蔑視とその曲解に手を貸しそうした態度を是認したことについてはまったく弁明の余地はないのである。

一八三四年にだされたインド教育にかんする悪名高いマコーレー卿の覚え書にいたって、イギリス歴史学の質はかつて例をみないほどに低下した。マコーレーは、次のように、狂信的愛国主義の立場から、インド国民全体の過去の成果を断罪しその将来の可能性を否定しているのである。

「わたくしは、サンスクリット語もアラビア語も知らないが、それらの価値を正確に評価するために可能な限りの努力はしてきた。飜訳本を通してではあるが、アラビア語とサンスクリット語の最も有名な著作も読んできたのである。……わたくしには、東洋学者と同じ目で東洋学をみる準備がすっかりでき上っている。わたくしの出会った東洋学者は、一人の例外もなく、ヨーロッパにある立派な図書館の一棚分の文学書は、インド語とアラビア語で書かれた文学全体に匹敵するとのべている。文学作品の次に、今度は事実を記録し一般原理を考察した著作に目を転ずると、その分野でのヨーロッパ人の卓越性はまったく測り知れないほどのものとなる。すなわち、サンスクリット語で書かれた著作をすべて集め、そのなかから歴史的知識にかんするものを集めてみても、それらの価値は、イングランドの大学予備校で使用されている愚にもつかない要約本にも劣る、とのべても決して言い過ぎではないであろう。……インドでは、支配階級や政府の要職にあるインド人上層階級は英語を用いる。英語は、東洋の全海域でいずれは商取引き上の公用語になるであろう。英語は、開発途上にある二大ヨーロッパ人社会——南アフリカとオーストラリア——の言語である。年毎に、この二つの社会は、その重要性をますます増大させ、わがインド帝国との関係もますます緊密になりつつある。……現在、われわれにとっての焦眉の問題は次の点にある。すなわち、われわれは英語教育を実施できる権限をもっているのにいかなる主題についてであれ英語の本と比較するに足る本の欠如していることがあまねく認められているような言語を教えるかどうかの問題、またわれわれはヨーロッパ式の科学を教えることができるのにヨーロッパの科学体系との違いが生じるときにはきまってそちらの方が誤っていることがあまねく認められているような科学体系を教えるかどうかの問題、さらには、われわれが健全な哲学や真の歴史を奨励することができるのにイギリス人獣医を侮辱するような医学や寄宿舎制学校のイギリス人女学生の失笑を買うような天文学や身の丈三〇フィートの、三万年も君臨した国王がざらにでてくる歴史や糖蜜の海とバターの海からなる地理学を公費で奨励するかどうかの問題である。」マコーレーは、その論をすすめるにあたり、インド人とアラブ人だけをここでは取扱っているが、それは、悲しいことに、終局的には南アフリカのアパルトヘイトにいきつくものであった。これにたいしてアクトンは、白黒両人種の間にさらに情容赦のない区分を設け、その歴史家としての威信と名声を用いて、ゴビノーの人種不平等論にもとづく帝国主義の正当化に手を貸しているのである。

その機会は、アクトンが、一八六二年三月『ラムブラー誌』上で、ゴールドウィン・スミス〔一八二三―一九一〇〕著『アイルランド史』〔一八六二年〕を書評したときにおとずれた。

「ゴールドウィン・スミス氏は、〔イングランドによる〕アイルランド侵略の性格を誤解している。なぜなら、かれは、アイルランド侵略の時点での、両国文明の優劣の差を理解していないからである。ノーマン人の文明と比較したばあい、ケルト人の文明は多くの点で洗練されていた。しかし、ケルト人は、進歩的な進取の気象に富む人種とはいえず、歴史を推進する働きをするというよりもむしろそれに素材を提供する側の人種であり、かれらは、沈滞しているか退行を示すかのいずれかである。ペルシア人、ギリシア人、ローマ人、それにチュートン人だけが、歴史や進歩の創造者である。他の人種は、高度に発達した言語、豊富な語彙をもつ言語、思弁的な宗教をもち、高級な生活と芸術を享受し、ある程度の文明には達するとしても、かれらには、そうした文明を伝達・発展させることはできないのである。かれらは、この世の中のマイナス要因であり、創造と発展という使命を負った人種の障害物となったり、ときにはその道具や素材となるのである。かれらの示す行動は、受動的か、反動的かつ破壊的かのいずれかである。かれらは、自然の盲目的な力にも似た形で介入したのち急速にその創造性を失い、かれらが目指してきた進路の追求は他の人種に委ねられるのである。シナ人は、こうした種類の国民であり、かれらは、長年にわたって停滞し続け、歴史を動かす普遍的な力の働きを排除してきたのである。ヒンズー人も同様であり、かれらは、汎神論者で、みずからの作りだした歴史をもたず、通商と征服の対象物となっている。……スラブ人も同様であり、かれらは、集団を組んでしか発言できず、その影響力を示すのは、歴史上能動的な力にはずみをつけるときか、その鈍重な動きで人間の進歩を妨害するときぐらいのものである。ゴールのケルト人もまたこの手の人種に属する。……同様に、わがブリテン諸島のケルト人たちも、自分たちの手にはあまる豊富な財宝が、外国の力で有効に生かされることを期待しているのである。……しかしかれらは、諸国家に住む他のケルト人と同様に、自分たちが人類の運命の一部を担なっているという意識、高邁な理想を鼓舞しようとの考え、あるいは諸制度の自然的発展、等々が生みだす活動や進歩への願いを抱くこともない。……自分たちよりも高次の統治能力をもつ国民に従属すること自体は決して不幸なこととはいえない。大部分の国々にとっては、そのことは、その国々の政治的発展のための条件である。……国民によっては、他国民に従属することによってはじめて、政治教育を身につけることができるのである。……したがって、一国民が外国に従属することは悪である、と主張する理論家たちは、社会進歩の法則に反対しているのである。……」

同年七月、アクトンは、「国民性について」という別のエセーのなかで、ナショナリズムは、歴史の発展に逆行する怪物であり、社会主義理論よりも不合理で犯罪的である、とそれに反対している。イギリス帝国に関連して、アクトンは次のようにのべている。

「一国のなかで、異なる人種が共同作業をすることは、社会のなかでさまざまな人間が共同作業をするのと同じく、文明生活にとっての必要条件である。劣等人種は、自分たちよりも知的な面で優越している人種と政治的に結合して生活することにより、その生活を向上させることができるのである。……もしもわれわれが、自由の確立を、市民社会の目標であるべき道徳的諸義務の実現と考えるならば、異なった人種が共同作業をする国家は、その本質上、完全なる国家であると結論できる。なぜなら、それらの諸国家は、イギリス帝国やオーストリア帝国と同じく、さまざまの異なる国民性を抑圧することなしに多様な国民性の存在を許しているからである。人種的混合のない国家は不完全国家であり、またそのような混合による効果の消失してしまった国家は老朽国家である。」

以上のことは、詩人のテニスンが、「ヨーロッパが五十年《いそとせ》は、シナが千年《ちとせ》にもまさるなり」と表現したものを、マコーレーやアクトンが歴史的内容をもった言葉でのべたものといえよう。マコーレーやアクトンの叙述を読めば、テニスンがなぜ「年老いた白髪の異邦人〔シナ人〕よりも幼いキリスト教徒〔ヨーロッパ人〕を重視した」かが理解できるのである。

(e) 文化的装飾品としての歴史

上記のような人びとが、つまるところ、歴史とは行動の指針ではなく文化的装飾品であり、かつ、イギリスの支配する世界がいかにすぐれたものであるかを例証するものであるという特殊な考えを抱いていたとしても十分にうなずける。

たとえば、スタッブズは、毒にも薬にもならない講義題目を選んでいるという、しばしばかれに向けられた非難にたいしても、落着き払って弁明しなかった。かれは、現代史よりもむしろ中世史を好んだ。この現代史教授スタッブズは、一八七八年――露土戦争とイギリスがキプロスを獲得した年――に、「かの真に心楽しき中世が不幸にもなにか物笑いの種にされつつある」と慨嘆しているのである。かれにとっては、英露間のクリミア戦争〔一八五三―五六〕は、「世界の進歩に向かう時代の流れをはなはだしく誤解し、合法性をはき違え、暴力のもつ意味を見損い、理想を思い違えたものであったものの、もしクリミア戦争にとるべきところがあったとすれば、それは、若い兵士には戦闘のなんたるかを教え、外交官には奇蹟をもたらすすべを教えた点にあった」のである。イギリスのキプロス獲得は、たんにスタッブズをして、一八七八年一〇月に、「キプロスとアルメニアの中世諸王国」についてという講義を行なわせたにすぎず、また慎重に回答することを差控えていた数々の問題を学生に提示するようにしむけたにすぎなかったのである。

「北方人種〔ヨーロッパ人〕を東洋に住みつかせることによって、東洋はどの程度救われるのか。東洋を救えるのは、北方人種だけなのか。もしそうだとすれば、東洋人種は、北方人種が東洋に住みつくさいに必ず持込む道徳的・知的・政治的諸害悪からいかにして免かれうるのか。そもそも、東洋人種を救うことは可能なのか。あるいは東洋人種を救済する熱意に燃えたキリスト教会や博愛主義者の役割は白日夢として徒労に終わるのだろうか。諸々の帝国の務めは、東洋を征服することなのかあるいは植民することなのか。またこの植民の仕事は、植民地を滅亡させることなのかあるいは発展させることなのか。最も確実な文明の代理人は、通商政策であるのかあるいは軍事政策であるのか。いったい、この疲弊し切った国民は再生できるのか。ヨーロッパ史とアジア史の相違は、ヨーロッパ史上に記載された諸国民の活力とアジアにおける無数の統制なき群衆との違いにあるのか。もしそうでなければ、現在も進展し続けているヨーロッパ文明が、長年の間その歴史の流れが停滞してきたように思われるアジア諸国に影響を与えるためには、ヨーロッパはアジアをどのように扱えばよいのか。またもしもヨーロッパ史とアジア史に違いがあるとすれば、目下焦眉の急を告げている、次々に押し寄せくる暴虐行為の波から、いかにして東洋を救えばよいのか。またこうした次々に押し寄せくる衝撃をすっかり排除したとき、東洋はどのようにして生きていくのか。」

スタッブズは、歴史がそうした難解な問題に回答を与えるべきものとは考えていなかった。かれは、歴史研究には三つの異なる対象・目的があると考えていた。その第一は、歴史のための歴史の研究であり、第二は、精神を鍛練するものとしての歴史研究であり、第三は、文明生活の装飾品・道具としての歴史の修得を意味した。中世びいきのかれが、オクスフォード大学における教授職をどのように考えていたかについては、かれ自身、一八七七年五月一八日の「歴史研究の方法について」と題する講義のなかで次のようにのべているのである。

「歴史の研究においては、その対象が現代に近ければ近いほど、人びとを党派的にし、自己主張に走らせる傾向をもつ。しかし、その研究が一世代でも二世代でも以前のものを対象とするときには、われわれの判断力は、はるかに確かなものとなるのである。すなわち、中世史研究は、これまでつねに、わたくしにきわめてすぐれた訓練の場を提供してくれたように思われる。なぜなら、われわれにとって貴重な事柄は、中世にその根源を有し、そこに端を発するが、さらにその時代を研究対象とするさいには、論争が極端に走ったり、またその時代の政治問題が直接的な形で取り扱われるといったものにはならなかったからである。中世の研究においては、われわれは、中庸をえた慎重な操作によって対象を取り扱うことが可能であり、問題によっては早急に結論をだすことなく、先入見を排して、事実にもとづく証拠によって決定し、あるいは決着をつけないままにしておくことも可能である。……ここで、われわれは、忍耐、寛容、反対意見の尊重、良心的反対者にたいする公正な配慮を学ぶ。われわれは、一つの正しい方向しかもっていないと考える事件の経過が、時代を異にすれば、いかに違った風に理解されるか、また最善の人びとや最良の大義のなかにさえ、いかに善なるものと悪なるものが交錯しているかを知る。われわれは、不正を働いた人のなかにも、ときには最も好ましい人びとのいることを、また正義を行なう人のなかにも、ときには嘔吐をもよおすような人びとのいることを知り、忍耐心をもって人をみることを学ぶ。われわれが、最良なるものとして愛してやまない大義であっても、その主唱者たちの不手際から、その大義を攻撃する人びとが公平にみて正当化されるほどの、ひじょうな非難を受けたことを知り、われわれは忍耐すべきことを学ぶのである。またわれわれは、正邪、善悪、無罪・有罪にかんして決着のつかない問題が数多くあることを学ぶが、このことは、たいへんに重要なことである。以上の点から、しばしば、最高の勇気とはあえて発言を差し控えることであり、最高の愛情とはそれを口にしないことであり、また最高の知恵とはわたくしは何も知っていないといえることを学ぶことである、といえよう。」

歴史家の社会的役割にかんする上記のようなスタッブズの考えは、一八四六年の穀物法廃止後のイギリスにおいて、自由主義者と保守主義者の間、ウィッグ党とトーリー党の間にみられた政治的均衡状態を反映しているのである。こうした均衡状態を評して、ディズレーリは所属政党であるトーリー党指導者を攻撃しながら、トーリー党はウィッグ党が水浴びしているすきにその衣服をまとってすましているようなものだ、と揶揄《やゆ》しているのである。スタッブズは、一八六七年の教授就任講演のなかで、自分の役割は、「他人をあれやこれやの政治制度〔の支持者〕に改宗させる」ことにあるのではない、ときっぱりとのべている。かれによればこうである。

「わたくしは、対立する見解のいずれの側にもそれぞれ立派な意見が存在するし、いずれの側にも同じ位の数のすぐれた人物がいるし、またいずれの側にも、間違っているとまではいわないが、いかがわしいものや異論のあるものが多々あるし、自制心のない欲深い人物が同じ位いる、と思う。……われわれが待望するのは、賢人が自己を律するのと同じ精神をもって、それを歴史や政治に適用する人たちである。賢人といえども、党派心はあり、強力な意見を主張したり、発言したりするが、かれらは、そうした党派行動や自己主張をするにさいしても、自分たちの仲間うちで行動し、仲間うちで話すのと同じように注意深く振舞うのである。……(歴史は、)キリスト教徒として行動することが政治的人間の資格である、ということを示している。……端的にいえば、わたくしの務めは、人びとをウィッグ党員とかトーリー党員とかにすることではなく、本来、わたくしはそのようにしてきたのだが、ウィッグ党やトーリー党を、それぞれに、善良で賢明な思慮深い政党にするために全力を尽し、また両党にいかなる武器を選択し、その武器をいかに公正・誠実に使用するかを教えることなのである。」

イギリスの大学では、歴史家は客観的・中立的立場を守らなければならないとしきりにいわれるが、それは、このスタッブズの発言に起源をもつのである。スタッブズの影響は、アクトンの歴史分析の方法や歴史調査の態度にもうかがわれる。アクトンは、歴史を、「理性が貫いている事象」とみる。「われわれの目からみて善なるものと思われるある一方の側だけに肩入れし、神の定め給うた道筋や神の法による支配を拒否するのは、諸国民の生活を、偶然的で脈絡のない諸原因が無秩序にからみ合ったものにおとしめるが故に、歴史の邪道」であった。一八九五年の教授就任講演のなかで、アクトンは、マコーレー、ティエール〔一七九七―一八七七〕、トライチュケ〔一八三四―九六〕

たちを取り上げ、かれらの著書に、その立場が露骨に表明されていることに反対し、自分は次のような立場をとると主張している。すなわち、歴史家は、可能な限り自分とは異なる立場を採り入れ、自己の立場を頑強に主張したり強調したりすることは避けるべきであり、また自分の著作のなかに自分の立場を持ち込まないようにするのが最善である、と。続いて、アクトンはその有名な章句のなかで次のようにのべている。

「最大限の自己抑制をはかり、自己規制に大いにつとめ、時宜にかなった思慮分別によって中立的立場を保持し、生死にかかわるような重大問題についてはその秘密を守るならば、歴史は、個々の論争の上に超然と位置し、公正な裁定者と認められ、万人にたいして同じ態度でのぞむことができるであろう。人びとが、真底、誠実にまた明白な道徳的規範にのみ従って判断を下すならば、ユリアヌス〔三六一―六三〕はキリスト教徒と異教徒とを問わず、ルターはカトリック教徒とプロテスタントとを問わず、ワシントンはウィッグとトーリーとを問わず、ナポレオンは愛国的フランス人とドイツ人とを問わず、同一の規準で記述されるであろう。……しかし、わたくしが諸君に、現行の道徳を軽視したり公正な規範を低くみてはならず、諸君自身の生活を支配している究極的な公理によって他人を裁くべきであるとすすめ、またいかなる人間であれいかなる大義であれ、それが害悪を流すことになれば、歴史がそれに加える永劫の罰を免かれることはできないと主張すると、世論は、わたくしに圧力を加えて反対するのである。……われわれが、歴史における規範を重んじなければ、その規範を教会や国家のなかで保持できないことを銘記すべきである。」

第四章　トマス・カーライルのネオ・ファシズム

イギリスの正統派歴史学者たちが、これまで詳細に展開しその普及につとめてきた以上の諸思想に抗して一人の傑出した人物が立ち現われた。トマス・カーライルである。かれ自身の言葉によれば、かれは、急進主義者として、〔また同時に〕権力集中主義者としてその公的生活を開始したのである。その活動を開始したはじめの頃のかれは、チャーティストを支持し、工業化のもたらす諸害悪に反対した。しかし、一八四八年に、各地で革命が勃発し、共産党宣言が出現するや、カーライルの急進主義は、その権力集中主義に呑み込まれ、かれは、ネオ・ファシストたちの先頭に立つこととなる。デモクラシー、選挙権の拡大、代議制度に激しく反対したかれは、クロムウェルやフリードリヒ大王のような英雄つまり「国民の代表的人物」を擁護し、ドイツとくにプロイセン――この国から、カーライルは垂涎の功労勲章を授与されたのだが――を崇拝するようになった。スタッブズ、フリーマン、マコーレー、グリーン、アクトンの時代に、どうしてカーライルのような人物が生みだされたのか、この問題は、まさに、イギリス人の生活とその性格からみて七不思議の一つである。しかし、この問題については、イギリスの学界は、まず間違いなく恥辱感と不快感と反感から、賢明にも手をつけずに放置していたのである。

カーライルの青年時代には、イングランドでは社会問題が大きな比重を占めていた。しかし、スタッブズやアクトン、またその仲間たちは、そうした事態を甘くみるか、当然のこととして満足しているか、あるいはその問題を大目にみて、事態は日々好転していると書いたりしていた。カーライルが活躍を開始したはじめの頃の一八三四年に、かれは、その『衣服哲学《サーター・リザータス》』のなかで、額に汗して労働する人びとを賛美している。

「わたくしが尊敬するのは、二種類の人びとであり、それ以外にはだれもいない。まず第一は、人工の道具を使って額に汗して大地を征服し、くたくたになりながらも大地〔の恵み〕を人間にもたらしてくれる手を使う人間である。そのがっちりした固い手をわたくしは尊敬する。その手は節くれだち、がさがさに荒れているにせよ、その手のなかには、技巧の美徳がやどり、この世の王笏《おうしゃく》にも似た、なんびとにもひけをとらないあの帝王の威厳が備わっているのである。また知的洗練さには欠けているが、すっかり日焼けした汚れたその皺だらけの顔も尊敬に値する。なぜなら、その顔は、雄々しく生きている人間の顔だからである。ああ、しかし、粗野な汝はさらに尊敬に値する。それ故、なおさらのことわれわれは汝にいつくしみとあわれみをかけなければならない！　しいたげられし兄弟よ！　汝の背中がひどく曲がり、すんなり伸びていた手足がみにくくゆがむのはわれわれのためである。運命のめぐり合せから、われわれのために徴兵された汝は、戦闘により手ひどい傷を負っている。汝もまた、神の創造し給うた身体を有していたのだが、それを開発させるにはいたらなかった。汝の身体は、労働のためにみにくくゆがみ、ごわごわした手のままでいなければならなかったのである。また汝の肉体は、汝の魂と同様に自由を知るべくもなかった。しかし、身を粉にして働きつづけ給え、他の人びとは労働の義務から免れていても、汝には労働の義務がある。汝は欠くべからざるもの、すなわち日々のパンのために額に汗して働いているのである。」

「わたくしが尊敬する二番目の種類の人は、〔いまのべた人びとよりも、〕さらに尊敬に値する。かれは、日々のパンのためではなく、生命の糧《かて》つまり精神にとって欠くべからざるもののために額に汗して働いている。内面的調和を求めて努力し、外面的努力――高次の努力であれ低次の努力であれ――を通じて、つまり行為や言葉によってそれを顕示する人もその義務を果たしているのではないだろうか。外面的努力と内面的努力が一つになれば、そのときかれは、万人のなかでも最高の人間となる。そのような人は、芸術家と呼ぶことができる。かれは、たんに地上の職人〔手を使う人間〕ではなく、神の作り給いし道具を用いて、われわれのために神意を探究してくれる霊感を受けた思想家なのである！　貧しく身分卑しき人びとが、われわれに食物を与えるべく額に汗して働いているとするならば、その返礼として、身分高く栄光の地位にある人びとは、貧しき人びとに、光明と指導、自由と永遠なるものを与えるべく額に汗して働かなければならないのではないか――わたくしは、以上の二種類の人を、程度の差こそあれすべて尊敬する。他の人びとはすべて吹けば飛ぶような小さな存在である。」

しかし、一九世紀初期のイングランドは、とくにマルサス理論と結びついた人口の増大と過剰人口による危機をめぐる論争でもちきりであった。マルサス主義とそれにもとづく著作にたいして、カーライルは、容赦なく嘲笑を浴びせた。かれは、一八三九年のチャーティスト運動にかんするエセーのなかで次のようにのべている。

「マルサスや『人口論』『予防策』等々をめぐって、けんけんごうごうたる議論が一般の人びとをも巻き込んで長いことなされてきたが、まことに嘆かわしい事態である。予防策の是非をめぐる論争は、どれもこれも現世や来世への希望を失わせ、やり場のないような心を暗くする陰うつなものである。〔人口過剰という〕明白な事実にたいして、聖書を引用しながらマルサスに反論する人びとをみるのは愉快なことではない。他方、わたくしたちは、人類の恩人であるマルサス主義者たちの著作のなかに、「労働者の状態が良くなるのも悪くなるのも労働者次第である。かれらみずからに、すすんで労働者の数を減らさせるようにさせよ。そうすれば、労働需要と労働報酬は当然に増大する」という主張を何度読んできたことだろう。しかり、かれらに、すすんで労働者の供給を減らさせるようにさせよ。しかし、かれらとは、だれなのか。一一万八〇〇〇平方マイル以上の土地に散らばり、機《はた》を織り、土地を耕し、ハンマーをふるい、家具を作っている二四〇〇万人の人びとのことである。かれらは、各人互いに隣人のことは知らないし、それぞれ孤立した人間である。かれらは、自分で決定を下し、それを迅速に実行に移すたぐいの人間ではない。下町のおてんば娘サリーに、いかすトムはぞっこん参っている。サリーを求めてはやる心のトムにしばしの間までといい、かれに、まず、イギリス帝国の労働需要を計算させることができるだろうか、いやできないだろう。たとえトムが、子供を作ることを断念し、アッシジの聖フランシス〔一一八一／八二―一二二六〕のように、自己と闘い欲望を克服したとしても、それは、トムやわれわれにとって、どんな利益があるのだろうか。このうえなく壮健な七〇〇万人もの農民が、子供を作ることを断念せず、以前にもまして精をだしている。金髪のサクソン人たるトムやサリーの息子たちではなく、青白い顔色をしたアイルランド人のいる国をみると、アイルランドの行末は、建国時よりもますます悪い事態に落ち込んでいる。おお、マルサス主義者の予言はなんと素晴らしいことだろう！　至福千年が近づいていることは疑いないし、またいずれにせよそれはやってこなければならない。しかし、二〇〇〇万人の労働者が、子供を作るなというストライキをいっせいに起こすだろうか、また、全国的な労働組合を通じて、労働市場が満足すべき状態になるまでは子供を作ってはならないという決議をするだろうか。昼は働き夜は子供を作れないなんて、実際には、かれらは、法律や戦争で強制されているならともかく、そんなことには我慢できないであろう。かれらは有産階級と話をつけて、そうした世の中の在り方に反抗するかも知れない！」

生産の増大と機械化の進展——労働者階級の機械打壊騒動を帰結したのはこれである——をともなった産業革命は、堂々たる数字を統計表に記している。しかし、これらの数字も、カーライルの心を動かすものではなかった。機械化に反対したかれは、チャーティスト運動にかんするエセーの有名な一節のなかで次のようにのべている。

「……偉大なる国イギリスの巨大な蒸気機関は、一方では目覚ましい労働需要を作りだすだろうが、他方ではすっかり労働需要をなくしてしまうだろう。しかし、悲しいかな、労働の大部分は未熟練労働である。耕作、土掘り、穴掘り、薪割り、水汲みのように力だけが必要な労働分野における数百万人の労働者は未熟練労働者であり、また当然そうであるに違いない。蒸気機関で働く労働者のうちで熟練を要するのは、その長と直属の部下だけにすぎない。イギリス貿易は、全世界にその組織を拡大し、地球上の最も遠いところで起こったことがらにたいしてもきわめて敏感であり、のみならず動乱の勃発をおそれている。機械なるこの巨大な悪魔《デーモン》は、イギリス全土で、しゅうしゅうとあえぎながら煙を吐きだし、轟音をとどろかせて偉大な仕事に取り組んでいる。そして、この悪魔は、まさにプロテウス〔海神、ポセイドンの従者〕のようにさまざまに姿を変え、姿を変える度毎に、全労働者の大群を混乱状態に陥し入れている。そして、あたかもゆらめく悪魔の影が遠くから指図しているかのように、労働や取引きで混雑したなかに、あれやこれやと労働者をバラバラに投げ込んでいる。したがって、最も賢明な人でさえ、もはや、自分がどこにいるのかがわからないのである。」

このときチャーティスト運動が登場してきたが、中世史研究で多忙をきわめていた正統派歴史学者たちは、この労働者階級の政治運動についてはほとんどふれることがなかった。〔しかし〕チャーティスト運動は、カーライルにきわめて大きな影響を与えた。『イングランド問題の現状』と題するチャーティスト運動を扱ったエセー冒頭の第一章のなかで、かれは、その影響の大きさについて次のようにのべている。

「チャーティスト運動は、劣悪な条件下におかれ、したがって苛酷な待遇を受けているイングランド労働者階級のますます激しく狂暴になってきた不満をあらわしている。その名称は、従来さまざまな名称がつけられてきた事態につけられた新しい名称であり、こうした事態には今後ともいろいろな名称がつけられるであろう。チャーティスト運動は、重大な根深い広がりをもった問題である。この問題は、きのう・きょうにはじまったものではなく、きょう・あすに終わる性質のものでもない。改造内閣、地方警察隊、新兵徴募、バーミンガム市への補助金などみな当てにならない。これらはすべて、チャーティスト運動という形をとった怪獣《キメラ》を力ずくで押えつけるだけにとどまるであろう。問題の本質が存続している以上、それはつねに新しい形をとってあらわれ、狂暴か狂暴でないかはともかく、怪獣は生き残りつづけるはずである。……こうした労働者階級の不満は、何を意味し、何に起因し、またそれはどこへ向かうのか。いかなる代価を支払えば、またいかなる条件の下で、その怪獣はわれわれのもとから立ち去り、心安らかにその姿を消すのだろうか。……それを呪って何になるのか、いや、実のところ、それを断罪し、〔囚人として〕豪州送りにして何になるのか。グラスゴーの暴行事件、チャーティストのたいまつ集会、バーミンガム一揆、スウィング党の焼打ちなどは、多くの不満が表面化したものである。もしも、病弊〔の根元〕をそっくり放置するならば、そうした〔表面的な〕不満をなくしてみてもその効果のほどは空しいのである。まことに、この国のすべての思慮深い人びとに、そうでもしなければ見過ごされてしまうこの死活問題をいやおうなく考えさせることになるならば、たけり狂っているチャーティスト運動もまったく無駄ではないであろう。実際、この世の中には無駄なものは何一つないのである。」

カーライルの思想的出発点は、スタッブズが無視し、アクトンが見て見ない振りをしていたところにあった。一八三〇年から一八八〇年にかけて、カーライルがイングランドで提案した解決策は、一九三三年以降の世界にヒトラーが提起し強要した解決策に最も近かった。それは、共産主義者流にいうならば、イングランドと世界が直面していた永久革命の問題であった。——そしてこれが、カーライルの確信であった。一八六六年四月二日、エジンバラ大学総長就任講演のなかで、かれはこの問題を次のように語っている。

「隠す必要のないことだが、またこれは諸君には大へん申し上げにくいことの一つであるが、諸君の生きている時代はきわめて多難な時代である。……しかし、諸君は、これまでになく無秩序な世界のなかで〔進むべき〕道をみいだすことになろう。いずこを見渡しても、革命がわれわれに襲いかかってきているのである。われわれは、革命の時代に身をおいているのである。いわば、あらゆることがらに火がつけられようとしているのであり、革命の元素があらゆるもののまわりを激しく吹きまくっているのである。」

一八六六年四月二日の就任講演において、カーライルは、革命の時代について語っている。十カ月後の一八六七年二月七日の就任講演において、スタッブズは、歴史における神——変節者をつくり給わず、ウィッグ党を善良・賢明・思慮深いウィッグ党に、トーリー党を善良・賢明・思慮深いトーリー党になし給うた——について語っている。

一歩一歩、小刻みではあるにせよ、カーライルは、かれ自身の歴史哲学と政治学史の論理を構築していった。カーライルとスタッブズの間に横たわる溝はあまりにもかけ離れていたので、あたかもこの二人は、生まれた時代も国も異なっているかのようであった。民主主義的信念に立ついかなる教義にたいしても、カーライルは反対しそれを退けた。

まず第一に、かれは、デモクラシーに反対し、一八四三年の『過去と現在』のなかでは、デモクラシーを、「諸君を統治する英雄がみつかることが絶望的で、英雄不在の状態にやむなく耐えている」ものと定義している。グリーン、マコーレー、フリーマン、スタッブズ、アクトンたちはすべて、イギリス史の発展とは政治的デモクラシーの獲得を目指す長い闘争史である、と考えていた。しかし、かれらが、その同時代人たるカーライル――みずからも歴史を書き、いかに間接的な形にもせよ、大学社会で活動していた人物――に一度も攻撃を加えることをしなかったのは了解に苦しむことである。

この正統派歴史家たちは、マコーレーの賞賛した一六八八年の「名誉革命」を経た議会が、アングロ・サクスン時代の賢人会議に起源を発し、古代チュートン人の諸制度の延長線上にある究極的な発展形態であると考えていた。しかし、カーライルは、議会をとんと重視していなかった。かつて、カーライルは、下院を指して次のように書いている。「口をきくロバが六〇〇匹集まって、法を制定し、世界史上最大の帝国の諸問題を処理する」場所である、と。ガイ・フォークス〔一五七〇―一六〇六〕は、イギリス議会の焼打ちを企て、ヒトラーはドイツ国会の焼打ちを実行し、クロムウェルは、議会を閉鎖し議員たちを追放する手段を選んだ。アクトンが、クロムウェルによる議会の権限と特権の破壊を婉曲にしかも心にもなく支持しているのにたいして、カーライルは、クロムウェルの行為を公然としかもはっきりと賞賛し支持しているのである。

カーライルは、かれのチャーティスト運動をめぐるエセーのなかで、なぜ議会が労働者階級の問題について、なんらの行動も起こさず、暴動段階に達する以前に大衆不満の原因を突きとめなかったのか、という点を問うている。次の文章は、カーライルが議会についてのべた箇所である。

「しかし、用事がないのなら、国会議事録か朝刊紙を読み給え！　そこには、Aが政権をとるかそれともBが政権をとるかといった古くからある大問題またその問題に付随しそこから派生するおびただしい数の副次的問題、その問題のおめでたい解決へのごますり記事とご機嫌とりの賛成投票、カナダ問題、アイルランド帰属問題、西インド問題、女王の寝室問題、狩猟法、高利貸金利法、アフリカ黒人問題、陸上苦力《クーリー》問題、スミスフィールド食肉市場問題、二輪馬車問題が論じられているが、すべての問題の根本問題だけは除外されている！　たしかに、議員諸公は、イングランド〔の労働〕問題の状態について語らなければならない。……かれらは、それが仕事だからであれ、使命感をもってであれ、またはっきりと自他に約束してであれ、イギリス国民の利益を考え語るために議席を有しているのではないのか。……かれらは、自分では発言できず黙々と働いている多くの人びとの代弁者ではないか、さもなければ、かれらはなんの存在意義もないといえよう。……これまでのところ、この当然至極な問題については、国民の衆知を集めているはずの議会は、われわれの役にたっていないも同然である。」

カーライルのこのような主張は、議会を、一八三九年当時の議会以上に国民代表的性格をもった機関にすることにかれが賛成していたということにはならない。かれは、一八六七年の第二次選挙法改正案による選挙権の拡大について、これは「無暴な企て」であり、これによって、デモクラシーは、「奈落の底に引き寄せられる、あるいはその中にひきずり込まれ」ると考え、「過去の禍をなくすことによって、阿呆、のろま、買収、のんだくれを、新たに呼び込むこと」になると反対した。カーライルは、不完全なデモクラシーに反対したのではなく、自由そのものに反対していたのである。いかに遅々たる歩みであれ、先例が先例を呼ぶような自由の拡大は、かれにはもうたくさんであった。オクスフォードのスタッブズやケンブリジのアクトンが語るよりもはるか以前に、『過去と現在』のなかで、かれは次のようにのべている。

「自由とはそもそも何んであろうか。人間の真の自由とは、自分で正道を見出し、その方向に歩むこと、あるいはそれを強制されることのなかにあるといえるだろう。自分に適した実際にできる仕事は何かを知ること、あるいはそれを教えてもらうこと、次いでその仕事に取り掛ることを許され、説得され、強制すらされること、それが真の自由である。それは、人間にとって、真の喜び、名誉、「自由」、最大の幸福である。自由がそうしたものでなければ、わたくしとしては、自由に大きな関心はもてない。たとえ相手が正真正銘の狂人であるとしても、かれが絶壁から跳び下りるのを人びとは許さないだろう。このばあい、狂人の自由は、賢明な人びとによって侵害されるのである。拘束服を着せてでも狂人を絶壁に近づけるな！　間抜けな奴、臆病者、馬鹿者はみな、狂人とまではいかなくともそれに近い者である。かれの真の自由とは、より賢明な人――賢明であればだれでもよい――や真鍮の首輪――より穏便な方法であれより手荒な方法であれ何にせよ構わない――を用いて、かれが誤った方向へ進もうとするのに待ったを掛け、少しでもより正しい方向へと進むように命令し強制することである。ああ、あなたが本当にわたくしよりも年かさの主人であり、わたくしよりも年長の教会の長老や司祭であり、わたくしよりも実際に賢明であるならば、慈悲深い心のおもむくままに、わたくしを「支配し」わたくしに命じ給わんことを！　――善と義の何たるかを、あなたがわたくしよりもよく知っているとするならば。」

自由の観念がカーライルを気も狂わんばかりに興奮させたとすれば、平等の観念はかれをまったくの狂乱状態に落し入れた。一八四九年に、かれは、『黒人問題にかんするエセー』と題するきわめて悪名高いエセーを書いているが、この著作については、のちに、すでにのべた歴史家たちの西インド問題にたいする独特の態度を検討するさいに、もう少し詳細にのべるであろう。ここではただ、西インド問題をとくにはなはだしく侮辱的な言葉で論じたこの論説のなかに、一七八九年のフランス革命にはじまる民主主義的平等原理にたいするカーライルの激しい非難がみうけられる――まことに当然ではあるが――ということを指摘するだけで十分である。カーライルは次のように書いている。

「近年、悲しむべきことだが、主人と召使、目上の者と目下の者との上下関係が、いたるところで乱れていることに不満をもたざるをえない。」

かれは、同じそのエセーのなかで次のように続けている。

「またわたくしは、いずれの奴隷状態が耐えがたいか、について語ろう。つまり、いずれが神々の嘆き給う奴隷状態なのかと。この種の奴隷状態が最も広汎にみられるのは、西インド諸島ではなく、高貴なる〔文明〕諸国においてである。そこでは、あらゆる悲しむべき結果が生まれている。その状態は、強者が弱者に隷属している状態、心の寛大な気高い精神の持主が狭量で卑俗なる人物に隷属している状態すなわち、賢者が愚者に隷属している状態である。愚者がすべて「解放」され、かれが投票箱と普通選挙権で武装し、また自分のために考案した陰気くさい学問〔経済学〕、統計学、憲政学その他の愚かなさまざまな福音に訴えて最高位に立つとき、愚者は賢者に次のようにいうことができる。「だまれ、さもなくば後悔することになるだろう！　これは忠告だが、自制し給え。それでもまだやめられないのか」と。これまでにも、こうしたことは、無秩序な時代にはまま見受けられたのである。」

その後、カーライルの反平等思想は、第二次選挙法改正案に反対したときに再び現われ、一八六七年の『無暴な企て、さてその後は』と題するパンフレットのなかで展開されたのである。かれは、次のように書いている。

「〔改正論者によれば、〕投票せよ、というのは神の命令である。〔〔かれらの主張は〕成年男子の選挙権〔の主張〕である。しかし、いまのところ、馬や犬にまで選挙権を与えよとの論議にはいたっていないが。〕また「輝かしい自由」は普遍的なこと〔おそらくそうなるだろうが、この自由が与えられるのは圧倒的多数の悪魔の申し子にたいしてであろう〕である。さらに、頭数を数えるという方法は、神がこの世に定め給うた方法であり、その他のすべての方法は悪魔の定めたものである。要するに、〔改正論者の主張は〕次の諸点すなわち、「人間の平等」、万人は万人にたいして平等という、まったく信じられない、正気の沙汰とは思われない不条理なことと一般に考えられているものが、不条理なこととは考えられないということを意味しているのである。しかし、そもそも、西インドの黒人とソクラテスやシェイクスピアが平等であるとか、イスカリオテのユダはイエス・キリストと平等であるとか、ベドラム〔精神病院〕やギヘナ〔地獄〕は新しい神の都と同じであるとか、いえるのだろうか。もしも、これらのことを、ユークリッドの公理のようなものとしてばかりでなく、世界の救済のために実践しなければならない熱烈な信仰箇条と考えるならばどうなるであろうか。そうなれば、わたくしは、うじ虫どもの集団が、哀れな人類の頭数という点において大きな役割を演ずること、またわれわれの時代には、その結果として重大な事態が起こる可能性があることを認めることになるのである！」

反デモクラシー、反自由、反平等。つまりカーライルが反対したのは、人間の諸権利を主張するフランス革命の原理であった。権力と暴力の信奉者カーライルの関心は、権利ではなく力に向けられていた。はやくも一八三九年に、かれは、チャーティスト運動にかんするエセーのなかで、当時の思想的・政治的運動に真向から反対する見解をのべている。

「人間に権利を与えるのは、人間を誤った方向に導くのではないか、という問題は、すべての国家と世代が巻き込まれてきた問題であった。……しかし、実際にはすでに適切な指摘がなされてきたように、人間の諸権利は人間の力と比較するならばことさらに確認してみる価値などほとんどないのである。——人間は、かれの権利に応じたことをどの程度できるのか！　……一時的であれ確認できる人間の諸権利には、時と所に応じて少なからぬ変化がみられる。これらの諸権利については……なにを人間の諸権利と考えるかという人間の確信に大きく左右されることが知られている。……しかし、まこと「人間の諸権利」が存在することには、なんびとであれ疑いを入れる余地はない。権利の観念は、あらゆる人間の心中にあり、人間の作ったあらゆる制度、党派、手続のなかに存在しているのである。権利観念は、〔それが実現に〕近づくほどますます発達するから、人間社会に永久に存在する闘争傾向と闘争は、この権利観念に帰せられるのである。」

「人間の諸権利」は黒人にも拡大されうるという考えは、カーライルを文字通り激怒させたので、『黒人問題にかんするエセー』という一八四九年のエセーのなかでは、この点に〔攻撃の矢が〕向けられた。

「その他については、「黒人の諸権利」についても、人間の諸権利——それがいかなる形態の権利であれ——についても、わたくしは議論する価値があると思ったことは一度もない。かつてわたくしがのべたように、重要なのは人間のもつ力である。——この混乱した世の中で、人間のもつどんな権利から、人びとの選別や〔自己〕実現ができるというのか。」

カーライルは、「力が、結局のところは、権利である」という見解を堅持し次のようにのべている。

「力と権利は、時には、驚くほど異なっている。しかし、数世紀の幅をとってみれば、力と権利は同一のものであることが判明する。」

一九世紀イギリスの民主主義者たちは、最大多数の最大幸福という考えを普及させたが、カーライルは、『過去と現在』のなかでその考えにも反対しているのである。

「誤解してほしくないが、われわれは人間の義務論を最大高潔の原理で構築していないし、また最大幸福の原理でのみ構築しているのでもない。「一部のスラブ語方言にみられるように、魂《ソウル》という語は、われわれのばあいにも胃袋と同義語のように思われる。」議会や他の場所でわれわれが行なっている弁論や演説は、〔内なる〕魂からでたものとしてではなく、胃袋からでたものである。——実際、弁論で利益をうるには時間がかかるのである。われわれは、神の正義に訴えない。われわれは、自分の「利益」、自分の地代、自分の貿易収益のために大声をあげて抗弁することを恥ずべきこととは思わない。われわれの主張は、それらの利益が多数の人びとの利益になるという主張である。われわれのなかには、利益を求めるこのように強烈な欲望が存在するのである！　大いなる慈悲心から、われわれは声を大にして自由貿易を要求する。自由貿易は、現在きわめて困窮している貧民階級により安価なニューオリンズ産のベーコンを提供するだろう。ベーコンがたっぷりなければ、イギリス人の不屈の精神をどうして維持しえようかとの疑問が、自由貿易綱領にたいして寄せられている。われわれ国民は滅亡してしまうのではないか！　――たしかに、ベーコンがたっぷりあるのはよいことだし、それは不可欠である。しかし諸君、それだけを目標にするならば、ベーコンすら手に入れることはできないであろう。諸君の取り扱われ方が良かろうが悪かろうが、諸君は人間であって野獣ではない！　諸君の最大幸福説は急速にむしろ不幸な原理となりつつあるように思われる。もしも諸君が「幸福」についてのおしゃべりを止め、これまで通りに、幸福をそれ自体の基盤に委ねたらどうなるだろうか！」

カーライルは、〔イングランドの〕病弊を診断し、民主主義者や自由貿易主義者や経済学者の提起した処方箋を攻撃していた。かれのお得意の改革案とは何だったのか。イングランド問題を解決するかれの方法とは何だったのか。かれが、チャーティズム病と呼んだものを除去し、かれが「労働者の組織化という大問題、なかんずく労働者階級の管理に対処」するためのかれの提案とは何だったのか。

カーライルが真っ先に提唱したのは、労働の組織化であった。かれは、『過去と現在』のなかで次のようにのべている。

「軍隊は組織化され騎士道精神に則《のっと》って鍛練されなければ統率することはできない。さもなければ、軍隊の機能は、一日にして麻痺するであろう。軍隊に所属している者ならばだれでも、まず最初に最高位者が、最終的には最下位者も、自覚的にその高邁な本性によって、組織化の必要性を認識するのである。ところで諸君は、未組織で無秩序のままの労働者階級をこれから先も引き続いて統率していけるのか。わたくしは、否《いな》！と答えるし、また、いまでは、すべての人が否！と答えている。「一日もたたないうちに」、不可能になることはないにせよ、二世代もすれば、その統率は確実に不可能になるであろう。」

以上がカーライルの〔労働力編成の〕法則《おきて》であった。そしてこの法則は、パラグアイのガウチョ〔南アメリカのカウボーイ〕であれ、西インド諸島の黒人であれ、ヨーロッパの白人労働者であれ、すべてに適用されるものであった。一八四三年、パラグアイの独裁者フランシア博士〔一七六六―一八四〇〕に送った賛辞のなかで、カーライルはスパルタ式訓練を提唱しているのである。

「あわれなガウチョよ！　かれらは大鍋からブリキのパイプでパラグアイ茶をまわし飲みする。かれらは親切で顔はすすけ皮膚は固く、嘘もつくが愉快な連中であり、仕事にかけては抜群の才能がある。かれらは、ゼノン〔前三三五―二六三〕を知らないのに禁欲的であり、しかもその禁欲主義は底抜けに明るい。かれらは、むさくるしい中にいても、荒っぽい冗談を飛ばして大声で笑い興じている。かれらは、悲しげな調子で素朴なメロディをギターに似たものでかきならす。かれらは、やみくもに煙草をくゆらしている。また、かれらは、ばくちや強烈な酒を大いに楽しむ。飢えた魂は、通常このように逃避を求める。これと同じかまたはもう少しはましな理由から、かれらはキリスト聖体の祝日の儀式、合唱、宗教劇を大いに楽しむ。これらの人びとは、ひとかどの人物になるような訓練を受けるのにふさわしい人びとだろうか。かれらの生活は、空っぽの大きなビンに似ており、あちこちで物乞いし、たまたま通りかかったフランシア博士のような人物に次のように物乞いする。「それじゃあ、わたしたちに下さるものは何もないのですかい。ただぶらぶらして過すこと、怪しげな迷信、くさいゴミ、堅い干肉しかないのですかい」と。汝、不幸なガウチョよ！　然り、ほかにも何か汝にくれてやるものはいくつかある。しかし、それと同時に、汝から七つかそれ以上の悪徳――怠惰、無法な野蛮行為、無知、虚偽など――をまず除去しなければならないだろう。汝に何かくれてやる方法は、悲しいかな、現時点では単純ではない！　――悲しいかな、全体的にみて、いまのところは、その準備としては、汝のうえに、力いっぱい有効な鞭を当て、七つの悪徳を追払うことではないだろうか。」

カーライルが考察の末にえた法則《おきて》は、黒人であれ白人であれ、西インド諸島に住んでいようとヨーロッパに住んでいようと、万人にたいして同じように適用されるのである。一八四九年の『黒人問題にかんするエセー』というエセーのなかで、かれは次のようにのべている。

「貧しく怠惰な黒人や貧富を問わず怠惰な白人は、国家にとっては悲しむべき存在にしかすぎない。かれらは国家の皮膚の上にたえず吹きでる水ぶくれに似ている。ヨーロッパ諸国では、まさしく今度こそ、〔かれらにたいする〕対抗手段が講じられつつあり、なかには大掛りなものもある。

パリ、ベルリン、その他の地でもすでに行なわれたように〔怠惰で〕富裕な白人たちを就労させるためにかなり大掛りな手が打たれている。なぜならかれらは、悲しいかな怠惰の故に、「仕事」にも荒廃しつつある世界にも無頓着であり、黒人と同様に長い間たらふく食らってじっと動かないできたからである！　わたくしが言うのは、大掛りな対策〔の必要性〕である。すでに、〔ヨーロッパ全域にわたって、街頭バリケードと国王と偽った亡命者が出現したこの恥ずべき年をみればわかるように〕大へんな荒療治が必要である。なぜなら事態は切迫しているからである。」

アクトンとスタッブズは、プロイセン軍国主義に熱狂し、カーライルは、その産業面への拡大を望んだ。かれは、エディンバラ大学総長就任講演において、強い情感を込めながら次のように語っている。

「一見したところでは、一団の人びとを兵士として結集することほどこの世の中で困難なことはないといわなければならない。粗暴、野卑、無知、不従順な人びとを結集し、日給一シリングを支給することを約束し、階級を定め、かれらに厳格で激しい訓練をほどこす。そして、かれらを脅し、訓練し、強制することによって、〔訓練という語の本来の意味は、「叩くこと」、適度に「絶え間ない苦しみを与えること」である〕、かれらは、学ばねばならないことを学ぶ。こうしてでき上るのは訓練されたイギリス兵であり、それは、世界中で最強無比の、生命ある一個の機械、驚嘆すべき存在のなかでも最も驚嘆すべき存在である。兵士は、命じられた場所へおもむき、一人の人間の命令に服しかれのためには大砲の筒先のなかにさえもぐり込み、将軍の命令とあればなんであれ一分の狂いもなく遂行するだろう。また同様の注意が払われるならばこれに似たことはどんなことでも遂行されうるとわたくしは信じている。このような無言の体制〔命令通りに服従する体制〕に編成・組織されうるものはひじょうに数多くある。――そしておそらく、技術機構、商業・生産部門の一部には、そうした試みが遠からずはじめられる徴候がみられるのである。」

カーライルの理想社会は軍隊式社会であった。選挙権の拡大だと、そんなことはするな、軍事訓練を拡大せよ、とカーライルはいう。かれは、『無暴な企て』のなかで次のようにのべている。

「それにもかかわらず、わたくしはつねづね、軍事訓練方式〔を採る〕にしても、多くのなすべきことがあると考えている。すべての学校教育以外の場で、それらを補完・代用するものとして、あらゆる点でまた実に多くの点で、正確かつ明確で、また習慣になると同時に数学のように規律正しい集団行動と個人行動の方向に全国民を徹底的に訓練すること――しかも〔そのような訓練は〕、究極的には、実際の兵役において要求されている！――が、しばしば望ましいと考えられている。命令と服従の訓練以上に大切なものはなかろうが、その訓練は人間のすべての文化の基礎ではないだろうか。人はすべて、そうした訓練を身につけるべきではないだろうか。またどれ位の人数がそうした訓練を身につけたのだろうか。……われわれの大半は、きまりきったことをくり返している愚か者である。にもかかわらず、過去数世紀の間、こむつかしくやかましい学者先生や教授諸公が、ほとんどのばあい立派な目的をもち、〔命令と服従が〕同時に組み合わされてリズミカルな行動となっている訓練を、あらゆる人間教育のなかでなぜ見落し無視してきたのか、わたくしにはどうしても合点がいかない！　訓練とは、実際には小さなところからはじめて、多面的で豊かな結果に発展させていくものでなければならない。自他共に国王と認める人物が賢明ならば、かれは、こうした訓練をうまくやるだろう。子供たちは訓練を受ければどんなにか喜ぶことであろう。きわめて下品なロンドン子たち――かれらは聖霊降臨祭の翌日には〔街頭に〕どっとくりだし、ビールを飲み、乱痴気騒ぎをする以外に楽しみのない人びとである――でさえも、なにか共同の規律ある行動につかせられるならば、ただちにある種の人間的感情に心を動かされるようになるだろう。またかれらは、規律ある人間的友愛の魅力に静かに魅せられ、われわれすべては一つの基盤の上に成り立っていて相互に限りない友愛の情を抱き合っているというおそらくはじめて味わう実感をもち、ビールを飲むことも愚行も忘れてしまうであろう。」

第二に、カーライルは、平等と人権に基礎をおく議会に代って、この組織化された社会には、一人の指導者が必要である、と主張している。この主張は、チャーティズム「病」への第二の解決策であり、そのチャーティスト運動にかんするエセーのなかで詳述されているのである。

「つねに骨の折れる仕事をしている劣等者も、〔自分ではそれとは気づかずに〕、喜んで、慈愛深く賢明に統治してくれる優位者を独力でみいだすであろう。このことは、かれの労役にたいするあまりにも「当然の代価」ではないだろうか。かれが奮闘努力するのは、人間として生きているこの世界で、人間らしい場所や関係を求めるためである。指導と統治――人間の個人的力では生みだしえないし、これなしではこの複雑な世界で人間が何もできない指導と統治――が、人間に与えられているのは、根本的には、このためであるとはいえないだろうか。」

「多数者による多数者の「自治」という不可能なことを目指すのではなく、賢人による統治の可能性を目指して、ヨーロッパは途方にくれながらも奮闘努力している。これは、神の最も祝福し給う可能性であり、失政や自由放任ではなくて、真の統治なのである！　必要があるのかないのかはわからないが、すべての民主主義的お祭り騒ぎや投票箱の鳴る音や限りなく悲しげな物音のなかから、時によらず場所によらず、すべての人間の心の奥底に次のような願望と祈りの気持があるのがきこえないだろうか。「われに指導者を、えせ指導者ではなく真の指導者を与え給え。われわれを正道に導き、われわれが誠実な忠誠心をもって従うことができ、それで良いと感じることのできる真の指導者を！」教えられる者と教える者との関係、忠実な臣下と指導者たる国王との関係、これは、さまざまな形態をとるにせよ、人間社会の重要な要素であり、人間社会には欠かせないし、人間社会に永遠についてまわる要素である。これなしには、人間社会は、魂を奪われた肉体のように崩壊・滅亡し、恐るべき有害な分解作用をともなって消滅するのである。」

英雄、これこそが、カーライルの念頭につきまとって離れないものであった。神としての英雄、予言者としての英雄、詩人としての英雄、聖職者としての英雄、文学者としての英雄、王としての英雄――カーライルは、このテーマを一八四〇年の講義のなかで展開している。「王としての英雄」のなかでは、カーライルは次のようにのべている。

「……有能な人物をみいだし、かれがその能力に応じて実際に自由に指導することができるように、威厳、崇拝《ウオーシップ》(価値あるもの《ウオース・シップ》)、王の威厳、王位そのほかどのように呼ばれるものであれ、かれの能力を象徴するものをその人物に与えることは、成功するかしないかはともかく、この世のあらゆる社会がとっている方策である！　国会議員候補者の政見発表、議会の動議、選挙法改正案、フランス革命は、いずれも、実は、それを目的としているのである。さもなければ、それらは無意味である。いかなる国であれ、その国における最も有能な人物をみいだし、その人物を最高位につけ、忠誠を尽くさせ。そうすれば、その国にとって完全な政治が行なわれるだろう。投票箱、議会の雄弁、投票、憲法制定、あるいはその他のいかなる機関によってであれ、その国の政治を改善することは不可能である。完全な政治は、完全な国家つまり理想国家に存在する。最も有能な人物は、最も誠実な心の持主であり最も公正で高潔な人物でもある。かれが、われわれになせと命じることは、いかなる場所であれ、いかなる方法であれ、われわれが学びうるまさにこの上なく賢明で適切なものに違いない。――われわれの義務は、正しい忠誠心にもとづいて感謝し、少しも疑うことなく、あらゆる方法を用いて命令を果たすことにあるだろう！　したがって、われわれの行動と生活は、統治によって規律される限り、うまく規律されるであろう。これこそ、国制の理想である。」

英雄王は、民主主義的混乱《カオス》と街頭バリケードに代わるものであった。以下の文章は、カーライルの『過去と現在』のなかにみられるものである。

「然り。友よ。英雄王たちがいるのである。全世界は英雄的であるともいえるのである。――そこには、避難所や幸福な停泊港がみいだされる。近年は、胸の痛むようなフランス革命、チャーティスト運動、マンチェスター暴動が勃発した不幸な時代であり、至高の神はわれわれが、風雨の荒れ狂う海洋が乗り切れるようにと、われわれをその避泊港へ誘導し給うている。ああ、いかに厳しかろうとも、至高の神は誉《ほ》むべき哉！　おお、友よ、避難港目指して進もう。その持てる力がなんであれ、真実《まこと》の心をもつ人ならばだれでも、その地へ、その地へと、渾身の力を振るい、勇敢に進ましめよ！　その地に到達できるか、それとも深海の藻屑となるかはわたしにははっきりしているのである。」

指導者たる英雄王は、統治を補佐するエリート集団を必要とする。これが、カーライルの社会に向けて提出した第三の処方箋であった。なにがこのエリートなのか。カーライルは、チャーティスト運動をめぐるエセーのなかで、次のように設問しそれに答えている。

「選良とはなにか。それは、最良で最も勇敢な人間集団である。この集団にたいして、人びとは、喜んで心底からの忠誠を捧げ、それら最良の人びとの存在を支え、その身を飾り、宮殿に住まわせ、すべての人びとよりも高い地位につけるために、持てる財産の半分を支払うのである。なぜなら、いつの時代でも、最良の人びとを敬愛するのはつまりそうした人びとに無限の尊敬心を払うのは、人間自然の感情だからである。選良が最良の人びとの集団である限り、かれらは、あらゆる危険から安全に守られ、かれらが支配する国は安全な祝福された国である。また、選良がそれにふさわしく努力もせず、うわべだけをよそおうならば、かれらは危うく、またかれらが支配する国は安泰ではない！　われわれは、現在、悲しいことに後者の状態にあるので、真の選良をみいださなければならない。見掛けだけの選良であれば、かれらがいかに尤もらしいことをのべようとも、かれらは、われわれの選良にはふさわしくなくなる。いずれにせよ、世界は、たとえなんらかの選良によって統治される必要が絶対にある。天賦の予言能力に恵まれていない人でも、かわりばえのしないこの時代が、遠からず終焉するとの予言はできる。英智と能力しかもたなくとも、誠実で勇敢であり、つねに熱意をもち、楽しさとはおよそ縁遠い苦しい努力を不断に続けていける人物であれば十分であるだろう。どんなに犠牲が払われようとも、この混乱し過剰人口を抱えたヨーロッパの労働大衆は、あれこれの手段を使って統治者をみつけださなければならないし、またみつけだすであろう。」

カーライルのいう英雄の一人であったボナパルトは、かれの目には、クロムウェルより小物だったが、才能ある人びとを活用するとはっきり宣言していた。カーライルは、才能に恵まれた選良を求めた。

「われわれを統治するには、より多くの知恵が必要である、われわれは、最高の賢人に統治されなければならないし、才能に恵まれた選良をえなければならない！　——と人は叫ぶ。その通り、まさにその通り。しかし、どうすればそういう人びとはえられるのか。……そのような選良を獲得するのは、なんと至難なことだろうか！　わが友よ。あなた方は、あなた方に不可欠な才能に恵まれた選良が、あらかじめ考案されたある種の募集方法によって、一般民衆の間からただちに召集され、最高の軍隊式秩序の下に配置され、われわれを統治しはじめるとでも思っているのか。また、もみがらから小麦をふるい分けるように、二七〇〇万人のイギリス臣民のなかから、そういう人びとが選別されるとでも思っているのか。また、世論の力はそれほどでないとしても、投票箱、選挙法改正法その他の政治機関を通じて、前述したような選別ができるとでも思っているのか。……えせ選良による抑圧をうまく払いのけたとしても、真にすぐれた者による統治を発見するという大問題は、依然として未解決のままである。……もしも、最近半世紀間の急激な闘争が、ひきつけを起こして苦しんでいる哀れなヨーロッパに何か真理を教えたとすれば、それはおそらく、無数に存在する真理のうちでも最も重要な真理、すなわち、ヨーロッパは選良、真の祭司団を必要とし、それなしにはヨーロッパは存続しえないという教訓であろう。フランス大革命、ナポレオン主義、ナポレオンの三日天下の必然的結果としてのブルボン主義、そしてルイ・フィリップ主義——しかもこれはまだ結末をみていないのであるが——、以上のすべてが教訓となるに違いない！　それらがわれわれに教えていることは、えせ選良の統治は耐えられないということ、選良でない人びとの統治も耐えられないということ、選良ではないうえに自由・平等を唱える人びとの統治は不可能であるということ、真の選良が不可欠であると同時にそうした人びとはなかなかえがたいということである。」

例のごとく、西インド問題は、カーライルが、そのファシズム論を展開し、デモクラシーと平等に反対する上でのまたとない機会を与えた。エリート原理は、そのエセー『黒人問題にかんするエセー』のなかでも適用され、次のようにのべられている。

「もしも、最も賢明な人が正しく社会の頂点に位置し、その次に賢明な人が位置し、以下次から次へ、デメララの黒人（黒人の下には馬等々が続き、次から次へ下降することは疑問の余地はない）まで位置づけられるならば、この世界は完全であり、そこでは最大限の知恵が発揮されるだろう。神の加護があれば、こうして最高の知恵が生みだされよう。また、わたくしは、どうすればその逆の事態が生ずるかについても言うことができる。特別にすぐれた人物を頂点にいただかせないこと、万人は等しく賢明で価値あるものと考えさせること、頂点に立てば十分にうまくやりおおせる者もいればあるいはまったくできないばあいもあるという考えを行きわたらせること、金銭（これに選挙演説における成功をつけ加えてもよい）こそ、知恵の真の象徴であり、二本足の裸の動物の間では、需要と供給の関係が命令と服従の関係に完全に代替するとの考えを行きわたらせること、これらの驚くべき信念を頭の中に植えつけること、したがって実際には、それ相応にデメララの黒人の投票も大法官ベーコン〔一五六一―一六二六〕の投票も同等であると考え、頭数を数えることによってものごとを決定させること、そうすれば、（あらゆる障害を放置したままで、明らかに、活動を開始するやすぐさま）、発揮される知恵が最小限になるとわたくしは考えている。最小限の知恵は、こうして生みだしうるのである。」

その後、百年足らずのうちに、世界は、カーライルの描いた社会が現実化していくのをみるようになる。ヒトラー主義は、このように強力な先駆者たちをイングランドにもっていたのである。しかし、これらの先駆者たちが出現した当時のイングランドは、ジョン・スチュアート・ミルが『代議制統治論』〔一八六一年〕を書いた頃のイングランドであり、スタッブズがオクスフォード大学で教鞭をとり、マコーレーが一六八八年の革命を賞賛し、ジョン・リチャード・グリーンが『小史』の執筆準備に取り掛かり、フリーマンが漠然とチュートン語源論を考え、アクトンがケンブリジ大学教授として文献学の修業に励んでいた時代であった。――したがって、イギリスにおいて、政治的デモクラシーやそれにかんする歴史叙述が大いに発展しつつあった時代に、カーライルのような人物が出現したのはまことに不思議なことである。次にわれわれは、〔上記歴史家たちの、〕西インド諸島観に関心を向けなければなるまい。

第五章　イギリスの歴史叙述と西インド諸島
――一八三〇年から一八八〇年まで――

われわれがこれまで行なってきた分析に照らしてみるならば、一八三〇年から一八八〇年にいたる半世紀間のイギリスの歴史家たち――一方にスタッブズ、フリーマン、マコーレー、アクトン、他方にカーライル――が、西インド諸島と奴隷制にたいして、どのような見解を抱いたかは予測のつくことであり、驚くには当たらないだろう。たとえば、マグナ・カルタを作成した貴族たちが議会制民主主義の基礎をすえたのであり、また世界は日一日と改善されつつあるというかれらの見解に従えば、黒人奴隷制廃止闘争は、明らかにデモクラシーの確立と特権及び悪一般の廃絶を目指す全体的な運動の一環をなすものとなる。またもしも歴史が宗教的真理の唯一あらわれる場であり、神は歴史のいかなる局面にも遍在し給うという見解によれば、黒人奴隷制の廃止が神の御業であることも明らかである。ゲルマン民族はあらゆる美徳を具備していると前提すれば、黒人を無視しそれを軽蔑することも容易に理解できる。労働者階級に敵意を抱き、エリート論と結びついた指導者原理の上に社会を編成しようとする主張からすれば、黒人奴隷の解放に反対し、黒人自由労働者たちを激しく非難するのは当然である。愛すべく楽しかるべき時代であるとして中世に執着し、社交界での立居振舞いや社会生活におけるおしゃべりを政治活動と思い込み、さらには、歴史を、論争を超えた遠いかなたにあるものとして祭り上げようとする人びとが、奴隷制を不快で耐え難いものとみなし、できる限りその問題に近づこうとしないのも当然である。

最初にまず、ジョン・リチャード・グリーンのばあいをみてみよう。〔グリーンはいう。〕奴隷制と西インド諸島は、一八世紀全体を通じて、国内史、外交政策、その対外的発展の方向を規定してきたし、また人はだれでも、奴隷貿易・奴隷制・砂糖の三位一体が、イギリスに富をもたらしたことの明白な刻印と証拠を一八世紀イングランドの各地で目にすることができる、と。しかし、ブリストルの奴隷貿易に言及したさい、かれは、アングロ・サクスン時代のイングランドの奴隷制にはふれながらも、一八世紀イングランドのそれについては何ひとつふれていないのである。かれが奴隷についてのべている個所は、デーン人のイングランド征服にふれた第一章の冒頭部分であり、ここでかれがともかくも認めていることは、「当時の奴隷制では、鞭打ち、手枷、足枷は珍しいことであって、われわれが現在目にする奴隷制とは異なっていたし、万一、奴隷が殺害されたばあいでも、それは〔奴隷主が〕何らかの理由で怒って殴打したためであり、鞭打ちの結果ではなかった」ということにすぎない。同時代の奴隷制については、かれは、「合衆国南部諸州の奴隷制の普及が貴族精神を生みだし、大土地所有の創設が容易になった」との一言でさっさと片付けてしまっている。

グリーンから今度はフリーマンに移る。一七三三年——アメリカ大陸植民地への課税のため糖蜜法が制定された年——から一八三三年——奴隷解放の年——の間に、西インド諸島からひきだされた富が、イギリス議会に及ぼした影響力を考えただけでも、最古時代からのイギリス国制発展史研究にさいして、西インド諸島と黒人奴隷制に多少とも注意が払われてしかるべきであると期待するのは当然といえよう。結局のところ、国王も議会も、また上院も下院も、イギリス奴隷貿易やイギリス国旗の下での奴隷制度の発展に重要な役割を演じていたのである。しかし、フリーマンはそのようには考えていないのである。かれとても、イギリスがチュートン時代から受け継いできた奴隷制の存在を無視するわけにはいかなかった。しかし、かれは、この過去に存在した奴隷制を、これまで口をつぐんできた現代奴隷制擁護のための恰好の口実として用いているのである。フリーマンが奴隷制についてなんとしても言及しなければならなかった点は次のことである。

「奴隷という名称は、現在では耳障りな言葉になっているが、過去に奴隷が存在したということは、わが先祖たちの面目をとくにつぶすものであるとか、またそのためにかれらが非難を受ける理由とかにはならないのである。不幸なことだが、奴隷制度は、さまざまな形態をとりつつ、ほとんどの時代、ほとんどの民族に共通にみられた現象である。大半のヨーロッパ諸国が到達した段階からして、また人間尊重の精神や文明が発達したこともあって、この憎むべき奴隷制度は、一般的方向としては、ここ二、三世紀の間に、地球上のいくつかの地域からは徐々に消滅しつつあり、したがって、なお奴隷制が残っているとすれば、それは例外現象にすぎないのである。また、多くの人びとのなかには、悲惨な戦争で捕虜となりあるいは罪を犯した科《かど》で、死刑を宣告されたものがいて、その死刑を免がれるために奴隷になり、そうした運命を感謝の念をもって受け入れたかも知れないということをわれわれは決して忘れてはならない。」

スタッブズは、中世を扱ったところでも現代を扱ったところでも、奴隷制については何一つ発言していない。かれの有名な文章をもじっていえば、かれにはあえて発言するだけの勇気がなかったか、発言するだけの情熱がなかったか、あるいは発言するだけの知識がなかったか、それは推測するほかかない。一八六七年から一八八四年にかけて、オクスフォード大学現代史講座の教授をつとめたスタッブズは、法の定める義務にしたがって、中世史と近代史およびその関連諸科目について、一七回の通年講義を行なっているが、その講義のなかで、かれは、同時代の西インド諸島、黒人奴隷制、奴隷制廃止運動、反植民地主義についてはまったくふれていないのである。このことは誰にでも真似のできることではない。

マコーレーのばあいは、かれおよびその家族が奴隷制廃止運動に関係していたこともあって、西インド諸島なるものは存在しなかったという考えを持ちだして、問題をはっきりした形で回避することはできなかった。しかし、さりとて、かれが西インド諸島や奴隷制問題を重視していたというわけでもない。かれは、一八四五年の下院演説で、その問題を冷やかかに片付けている。マコーレーはいう。

「この地域の福祉にかんして、わたくしは、本院に席を置く一議員として責任をもつものであるが、この地域での奴隷制に終止符が打たれたことをもって、黒人奴隷制にかんするわたくし自身に課せられた特別の義務も終りを告げたものと考える。」

換言すれば、イギリス議会が奴隷制を廃止し、奴隷制所有者たちに二〇〇〇万ポンドの補償金の支払いを決議したとき、マコーレーにかんする限りは、この問題に終止符が打たれたのである。

以上にのべたアクトンの先達者たちは、まるで陰謀をめぐらし、アクトンにその問題〔の処理〕をすっかりあずけているかのようである。たしかに、アクトンは、かれの同僚たちが足を踏み入れることを恐れたその問題に勇敢にもぶつかっていった。かれは、一再ならず、奴隷制にかんする自分の見解を披歴している。イギリスの正統派歴史学の生んだおそらくは最も才気溢れる人物の見解は、この学派の奴隷制にたいする典型的な態度を表明しているものと考えてよいだろう。

まず第一に、アクトンによれば、不寛容はキリスト教精神に反するものだが、同様に奴隷制もキリスト教精神にもとるものである。第二に、ある条件の下では、奴隷制は、「自由へ到達する一つの階梯」である――なかには、それを自由から遠ざかる階梯と考える人もいるだろうが。第三に、これはフリーマンと同じ見解になるが、かれ以前の多くの奴隷貿易商人の論法にならっていえば、奴隷制は、それはそれなりに人道主義に基礎を置く形態であったのである。現代国家の起源という講義のなかで、アクトンは、「悪魔払いの手にかかり、肉体を切り裂かれて生けにえに捧げられているニジェールやコンゴの人びとを救いだすことは許しがたい誤りを犯したとも思われない」と奴隷制を弁護している。アクトンは、原住民の労働力の代りに、アフリカ人奴隷をスペイン領植民地に送り込もうとしたラス・カサス〔一四七四―一五六六〕の提案を弁護すると同時に、ラス・カサスの考えは、「中間航路〔アフリカの西海岸と西インド諸島間の航路〕の恐怖が、頭にしみ込むまで、奴隷貿易を止めなかったジョージ三世治下の傲慢な議会に似ている」とのべ、同じ論法でイギリス人たちを弁護している。すなわち、アクトンにとっては、この恐怖が認識されて奴隷貿易が廃止される以前には、奴隷貿易は、たんに個人が非難されればすむ問題にすぎなかったのである。〔たとえば〕ボーリングブルック〔一六七八―一七五一〕は、一七一三年のユトレヒト条約によってイギリスがアシエント権〔アメリカにたいする黒人奴隷供給の特権〕を確保した「奴隷貿易を独占して祖国に恥辱を与えた」人物である、というわけである。

以上のような考えはすべて、アメリカ南北戦争にかんするエセーのなかでアクトンが展開した、有名な奴隷制弁護論につながっているのである。そこでは次のように書かれている。

「本稿の主題が、奴隷制一般についてのものであれば、わたくしも、奴隷制が神の摂理にかなった世界秩序のなかで、邪悪なことだけでなく善なることのためにも強力な道具となってきたことを示すよう努めたであろう。全能の神は、人間には測り知れない方法によって、奴隷状態を通じてすら人間に恩恵を垂れ給うたのであり、人間はこの制度下でも、一方では犠牲的精神を、他方では慈愛の精神を覚醒させられたのである。」

アクトンは、「ほとんどあらゆる国や地域で奴隷制廃止の時期が到来しつつある」――もちろん、このことも時代が下るにつれて、自由が徐々に拡大されている例証の一つであるが――と考えることによって気休めとしている。かれは、二つの理由から、最終的には、事実上奴隷制を正当化するにいたった。すなわちその第一の理由は、奴隷制はその基底においてまさに不平等社会であり、封建社会よりもさらに貴族政的性格の強い社会を作り上げているので、合衆国南部諸州にみられるように、「奴隷制は間接的にデモクラシーが解体することに歯止めをかけ」ているからであり、第二の理由は、「奴隷制は制限選挙制に似た機能をもち、権力と財産を結びつけ、成熟したデモクラシーにつきものの疾患つまり社会主義〔の登場〕を阻止する」からである。

英雄崇拝者、プロイセンの心酔者、ネオ・ファシスト、労働力編成論の主唱者カーライルは、自分の考えをのべるにあたって、そんなにもちゅうちょしなかったし神経質にもならなかった。かれの同時代人たちは、奴隷制以外のあらゆる問題についても、直接的にではなく婉曲な言い回しで論じているが、カーライルは、真正面から堂々と全面的な攻撃をしかけている。一八四九年に公刊した『黒人問題にかんするエセー』は、これまでに奴隷制と西インド諸島を論じた世界中のあらゆる書物のなかでも黒人にたいする最も侮辱的な文書であった。

労働者の怠惰――白人労働者にみられる怠惰であれ黒人労働者のそれであれ――について、労働者の平等――白人労働者の平等であれデメララの黒人のそれであれ――について、また人間の諸権利――白人の諸権利であれ黒人のそれであれ――について、カーライルがいかに反対していたかはすでにみてきたとおりである。いまやかれは、奴隷を解放すれば黒人の怠惰な状態をそのまま公然と認めることになるという理由から、黒人奴隷の解放そのものに反対する。――「あちらでは黒人たちはカボチャをたらふく食らい、優雅に暮らしているというのに、こちらでは白人はジャガイモを口にすることもできず陰うつな気分で暮らしている」と。かれによれば、奴隷解放は、西インド諸島を黒いアイルランドすなわち怠惰な黒人の国――かれらは、めいめい「ラム酒のびんを片手にもち、半ズボンもはかず、カボチャをたらふく食らい、世界で最も実り豊かなこの土地をジャングルに逆もどりさせつつある」――にした、というのである。

パラグアイのガウチョを鞭打て、ヨーロッパの労働者を軍隊式訓練で鍛え上げよ、西インド諸島に奴隷制を復活せよ、と主張しながらカーライルは次のように書いている。

「まず第一に、西インド諸島にかんしていえば、以下のことを原理に据えてよいだろう。この原理は、エクセター・ホール〔ロンドンのストランド街にあり、宗教的・慈善的集会に使用された〕やウェストミンスター・ホールあるいはその他の場でどんなに雄弁をふるおうとも、ほんのちょっとの間《ま》だけならともかく、無効にしたり隠しておいたりすることができない原理である。つまり、神によって与えられた能力に応じた労働をしない黒人は、カボチャを食べる最もささやかな権利すらないこと、カボチャがいかにふんだんに生育する土地であろうとも、黒人は一片の土地すら要求する権利がないこと、また、この土地の真の所有者たちには、黒人が生活するためにそれに相当する労働を黒人に強制できる明々白々な永遠の権利がある、という原理である。上記のことは、白人であれ黒人であれ、この世に生を享けたすべての人間の永遠の権利・義務である。……夫婦関係から主従関係にいたるまで、すべての関係において、不安定な関係は好ましくなく、持続的状態を保つことがよい、とわたくしは、だれにたいしても主張するつもりである。……たとえば、黒人が、人に使われる者として生まれついているのならば――事実、神は黒人を人に使われる者としてのみ役立つように造り給うているのである――、黒人を月定《つきぎ》めで雇うのではなく、きわめて長期的な期間にわたって雇うことにしよう。黒人を「終身雇用」しようということのなかに、黒人が現在おかれている地位の本質がある！　……奴隷制の弊害をなくし、その良き点を残す方法については、悲しいかな、それが簡単であるなどと申すつもりはない。一日で、一世代で、一世紀のうちに、上記のことが実現されるというつもりもない。しかし、わたくしは、直接的方法であれ迂回的方法であれ、(西インド諸島においてだけでなく)、上記のことがなされる必要があると思うし、またそのように感じている。……生まれながらの奴隷やまた生まれながらの主人のいるすべての地域において、わたくしは、上記のことを実行しなければならないと感じている。

そこでは、かれらは、貧困な裁縫女になるとかデメララの黒人〔労働者〕になるとか決められているわけではなく、いくらかは人間らしい仕方で生活するように決められているのである。……それどころか、神々は、西インド諸島にも、カボチャ以外に、香料や貴重な産物が生育することを望み給うているのである。神々は、西インド諸島をそのように造ったと表明し給うている。――神々は、怠惰な二本足の家畜が、あり余るカボチャでいかに「満ち足りて」いようとも、その連中ではなく、男らしく勤勉な人びとが西インド諸島に居住することを望み給うているのである！……黒人《クワシー》よ。国家への長期的労働奉仕に同意するまで、お前には一個のカボチャもまた一ヤード平方の土地もないと思え。その土地は、毎年お前のためにカボチャを実らしてくれるだろうが、お前もまた毎年、その土地の地主のために必ず一定日数の労働をしなければならない。それ以外の条件では、国家はどんなに荒地があっても、たとえ一平方メートルの荒地だってお前に与えないだろう。お前が、あらゆるものをもたらす土地を獲得したければ、お前は、それ相応の労働奉仕を国家から要求されるのである。〔しかし、西インド諸島の〕需要に応ずるために、移民によって際限なく黒人を供給し、黒いアイルランドにしてはならない。断じてそうしてはならない！――そうではなくて、西インド諸島を規制して、適切な数の黒人労働者のいる国にしなければならない。……お前はもはや「奴隷」ではない。またわたくしも、できれば再び奴隷の身に舞いもどったお前の姿をみたくはない。しかしお前は、今後は、お前よりも生来賢明な人びととの、生まれながらにしてお前の主人たる人びとの、下僕《しもべ》にならなければならないことははっきりしている。白人がお前よりも賢明に生まれついているとすれば、(このことを疑う人はだれもいない)、お前は白人の下僕《しもべ》にならなければならない。……黒人というものは土地に緊縛されていると考えるべきだとする意見もすでにでている。この妥協案は成功しそうに思えるし、かかる複雑な状況下では、まず第一に思い浮かぶ案であると思われる。」

以上の文章は、奴隷解放令がだされてから一六年経過した一八四九年に書かれたものであり、この年は、過渡的に採り入れられていた徒弟制度――そこでは自由と隷属状態が相半《あいなか》ばしていた――が廃止され、また、完全な奴隷解放が宣言されてからわずか一一年後のことであった。カーライルによるこの文章は、イギリス人がこれまで一世紀以上にわたって世界に誇示してきた人道主義の大義を裏切るものであったが、それに反対する声はまったくきかれなかったし、そうした考えを葬れという警鐘が打鳴らされることもなかった。かつて人道主義者たちは「わたくしは人間でありお互いに兄弟ではないのか」という奴隷擁護のスローガンをかかげてその運動を展開した。カーライルは、そうした運動をペンの力で一刀両断に切り捨てているが、これに異議を唱える者はなく、哀れな解放奴隷を弁護する声もまったくでなかった。イギリス政府の奴隷解放のねらいは、西インド諸島でこれ以上砂糖生産をしてもらいたくないのだと、カーライルに知らせようとする者さえいなかったのである。

カーライルはさらに筆をすすめる。もしも自分の提案が受け入れられなければ、西インド諸島はハイチのような運命をたどるか、あるいはアメリカに奪われると。かれは次のようにのべている。「もしも黒人が香料生産を手伝わなければ、かれは再び奴隷状態にもどるだろう。(この奴隷状態のほうが現在のかれの状態よりもまだ少しはましであるが。) そして、ほかに適当な方法がない以上、慈愛の鞭によって強制的に就労させられることになるだろう。ああ——、もしそれでも働かなければ、かれの目をハイチに向けさせ、現在の西インドの状況よりもはるかに厳しい未来図を示してやるがよい! 卑劣な手段をとり仕事を怠け、反抗的態度によって、かれに西インド諸島からすべての白人を追放させ、かれらの島をハイチ同様にさせてみるがよい——そうすれば、ほとんどいやまったく砂糖栽培は不可能となるし、黒人同士の間で殺戮が行なわれ、西方の楽園《ヘスペリデス》は熱帯の犬小屋と化し疫病のはびこる密林同然になるだろう。そのような状態を、黒人は、神々と人間たちにとって永久に心地良きものと考えているのだろうか。わたくしの目には、西インド諸島の海岸に、宇宙の法則と事態の必然的成り行きによってつかわされた人びと——かれらは、〔人道主義という〕バラ色につつまれた合言葉などまったくもっていない——が、いつの日にか上陸する光景が浮かんでくる。かれらは、かつてアメリカ大陸のスペイン領沿岸を荒し回った海賊のように黄金に飢え、残忍で猛々しい人びとである——そして、わたくしが考えたくもないような運命が黒人を待ち受けている! 神々は忍耐強くあらせられる。しかし、働かざる者はこの地上から消滅するというのがこの世の初め以来の掟である。神の忍耐にも限度というものがあるのである。……総じて、白人が黒人の近くに住み、正当な方法で黒人に命令を下し、かれらを使って西インド諸島をみのり豊かにするのは、してよいことなのかそれともすべきではないのか。西インド諸島をみのり豊かな土地にする必要がある。もしも、イギリス人がその方法をみいだせないのならば、それのできる他の人びと(アメリカ人かその他の人びと)がやってくるだろうから、黒人は安心していてよい。その者たちこそ、神々が西インド諸島に居続けるように命じ給う者たちなのである。不名誉なことだが、われわれイギリス人にたいして、「まやかしの能無しは去れ」との神々の命令が下されているのである。」

このような主張は、これまで一度もイングランドではなされたことはなかった。この主張こそ、広く古来の先例を見渡した末にひきだしたカーライルの奴隷制論であったのである。かつてアクトンは、奴隷制は自由への一階梯であると書いた。カーライルはアクトンの論法を転倒させ、自由は奴隷制への一階梯であるとのべたのである。カーライルは、黒人は、イングランドのオクスフォードではスタッブズを当惑させたとしても、ミシシッピ州のオクスフォード(奴隷労働を最も必要とした地方)の黒人はそのことによってその名をはずかしめられることはなかった、とのべて奴隷解放の戯画化を行なっている。カーライルはいう。

「では、わたくしは黒人が嫌いか。とんでもない。生気のない黒人は別だが、可哀そうな黒人は文句なしに好きだし、いい奴だと思っている。元気のある黒人ならば、一ペニー分の油を塗ってやれば、かれを美しく光沢のあるものにすることができる。奴《やつ》は敏捷でしなやかだ。かれは、ひじょうに美しいふしまわしに合わせて、笑い、踊り、歌う、陽気で情のある生きものである。その性質も従順である。野蛮人のなかでアフリカの黒人だけが文明人の間に交って生活できるというのは、たしかに注目してよい事実である。」

アメリカ南北戦争は、カーライルを激怒させた。かれは、すでに一八四九年に、「結局のところ、この世界的に有名な黒人問題は……その問題性以上に大げさに騒がれているようである」との見解を声高にのべている。一八六七年の選挙法改正や一八六五年のジャマイカ反乱と時を同じくして起こったアメリカ南北戦争は、カーライルにはまったく我慢のならない問題であった。『無暴な企て、さてその後は』のなかで、かれは次のようにのべている。

「衆愚問題を考えるさいに、近年きわだって注目に値する事件は、最近アメリカで起こった南北戦争とそれにともなう黒人問題の解決である。本来、黒人問題は、最も小さな問題であったし、また闘争に明け暮れる多忙な現代では、その問題自体、人類に多大な関心を呼び起こさせるようなものでもなかった。どちらかといえば、黒人はつねに人から好かれている。かれは、哀れなのろまだが、気立てはいいし、情も深いことは明白である。——かれには音楽その他の才もある。——すべての有色人種のうちで、白人と接触しても死に絶えることもなく、実際、白人と暮らし、

〔その間で〕働き、子孫をふやし、陽気にやっていける野蛮人は黒人だけである。全能の神は、黒人を下僕となるべく定め給うた。……わたくし個人にとっては、黒人問題はこの世で最も緊急度の低い問題、最も取るに足りない問題であったのである！」

カーライルの単純な頭では、アメリカ南北戦争の争点は、使用人《サーバント》を終身雇用にすべきかそれとも一月または一年単位で雇用すべきかをめぐる北部対南部の論争の域以上にでるものではなかった。黒人解放問題をめぐる内乱は、かれにはとうてい我慢ならなかった。

「地獄の底からあふれでた大洪水のために、ここ数年来、地上の一大陸〔北米大陸〕は水浸しのままである。天賦の才と能力に恵まれた五〇万人(全部でその数は一〇〇万人ともいわれているが、この数字には誇張のあることは確かである)の優秀な白人が、一時の腹立ちまぎれに恐るべき殺戮をくりひろげ、相互に傷つけ殺害し合っている。このまことにすさまじい事件は、今後、何世紀にもわたって記憶にとどめられるだろう。そして、三〇〇万人の愚かな黒人たちは、(いわば)人間皆兄弟だ、というわけで、完全に「解放」され――改善への第一歩を踏みだし――はしたが、一世代か二世代のうちに、この世界をだめにしてしまうように思われる。」

もちろん、黒人以外のだれかが、西インド諸島を助けに入るというなら話は別である。西インド諸島を植民地化する処方箋として、カーライルが、プロイセン流の軍国主義をもちだしたことは、西インド諸島におけるイギリス帝国主義にまつわるいまわしい歴史のなかでも最もいまわしい記録の一つである。

「この数年来、ときにわたくしは次のように考えることがある。勇敢な精神、たくましい肉体、天賦の才に恵まれた二、三男坊——たとえば公爵・伯爵・女王御自身の二、三男坊、もっともかれらは、決定的な経験不足のために現在ではそのほとんどが転落の運命にある——を、「枢密院で」（あるいは議会その他の場所で）女王にお選びいただき、次のような女王の御言葉をたまわることができたら事態はどうなるであろうか、と。「青年よ。そなたのなかに、統治能力や気高い目標に向けて人をしだいに導きまた指揮していく能力がひそんでいるとすれば、そうした能力のすべてを無駄にしておくのはまことに悲しむべきことではないか！　それらの能力は、人間のもつ最大の天賦の才であり、それらのすべての能力は、この地上に住む他の人びとが最も必要としているものである。さて、予のものとされるおびただしい数の「植民地」はすべて未統治状態にあり、そのほとんどは、密林におおわれ、ボア〔大蛇〕やガラガラ蛇が生息している。〔植民地〕議会も解放黒人も破滅寸前にある。そこで予は、そなたを総督に任命し、そなたに植民地の一つを治めてもらうことにする。無理のない条件をつけて「生《せい》ある限りまたは不行跡のあるまでは〔スコットランドの法律の文言〕、その土地をそなたのもの（立派な人物であれば、おそらくそなたの子孫のもの）にしよう。神の御名においてその地におもむき仕事に取り掛るがよい。そなたがその地で建設するものを見守っていようぞ！」と。どうすれば、現在、〔植民地〕議会でなされている討論よりもよいことがなされるか。読者はどう考えておられるか。これらの西インド諸島の一部の島々は、この地球上で最も恵み豊かな土地であろう。ジャマイカ〔問題〕は腹立しくなる問題の一つであり、それについては語るも恥ずかしい思いがする。貧しいドミニカについては、英雄的な青年の心情に火を点《とも》すものと思う。しばらくの間、ドミニカに目を向けてみよう。半球形のお椀型をしたこの島は、海岸線から幅二〇マイルにわたってその周りを沖積層が取巻いている。この沖積層は、きわめてかぐわしい香料や〔その他の〕農産物の育成に適した世界で最もみのり豊かな地帯である。しかし、この地帯は、ここでずっと働いてきた黒人を除いては、健康には良くない。続いて、その島はなだらかな斜面をえがいて高くなっていく。日蔭の多いこの地帯はコーヒー栽培に適している。さらに高地になると、樫、雑穀類、とうもろこし、小麦が生育し、この高地一帯は、ヨーロッパ人の健康にもひじょうに快適な地帯である。——ヨーロッパ人がその知恵を働かせれば、成人人口一〇〇万人まではただちに増加するかも知れない。〔そしてこれだけの人口があれば〕外敵の防衛にしても、また低地地帯に住む一〇〇万人の黒人に確実に仕事を与えて恩恵をほどこすことをも十分に可能であろう。息子のフリードリヒに王位を譲った哀れなフリードリヒ・ヴィルヘルムならば、このお椀を伏せたような島にどのような王国を建設したであろうか。世界中で最も美しい海に抱かれたこの島は、波の優しい口づけをうけてその海岸線を洗われ、また燦々《さんさん》と輝く太陽が空からその光をふり注いでいるのである。」

「〔〔この島を良くするなんて〕永久に不可能だ」と諸君はいう。また「〔そうした考えは、〕われわれすべてが抱いている考えや法規、手続方法や思考様式とも矛盾する」と諸君はいう。そこで、あえて言わせていただけば、諸君のいう法規とやらが施行されているこの島の現状はこうである。人口一〇〇人の白人(決してえり抜きの連中ではないが)と、その正確な実数は不明であるが、ガラガラ蛇と身持の悪い黒人と混血の黒人がこの島に住んでいる。島を統治しているのは、黒人と白人からなる十一人議会(議会一番の雄弁家《デモステネス》は黒人のブリキ屋)である。かれらは、自分の利益ばかりに目を向けすぎたため、古くからある要塞は荒れ放題になり、石切場(ブリキ屋風情に「課税権がある」からだ)と化している。古い要塞の内部には雑草がすっかり根を下ろし、熱帯気候の故に繁茂して沈黙している。古びた大砲には雑草がびっしりと巻きつき砲身はすっかり穴だらけになり朽ちさびて沈黙している。軍隊もなければ警察力も無きに等しい。上陸用舟艇の乗組員でもその島を占領できる。実際、先年には、その島はあわや占領されかかったのである。ことの発端は、二人の黒人が路上でたまたまけんかをはじめたことから起こった。物見高い怠け者の黒人たちが集まってきて、かれらはその場を立ち去ろうともせず、翌日もまたぶらぶらと集まってきて、その数は増える一方であった。その翌日もそうした状態が続き、かれらはまるで永遠に立ち止まって〔その騒ぎを〕み続けるかのように集まってきた。——近くの島にいた慈愛深いフランス総督は、副官と二〇名の兵士を派遣し、その成り行きをじっとみている群衆の愚行を静めて、ただちに帰宅し就寝するように命じた。こうした措置によって、われわれの貴重な財産〔ドミニカ〕は救われ、わが雄弁家のブリキ屋とその一〇名の仲間たちは、従来通り、課税権を与えられたままであった。「自治」は植民地諸島やその他の地域でもすばらしいことといえるとでもいうのか。」

以上が、一八六五年に――カーライルの言及したドミニカではなく、語るも恥ずかしいとして言及するのを避けたジャマイカにおいて――勃発した大反乱の思想的背景であった。

第六章　一八六五年のジャマイカ反乱の背景

奴隷解放令は、ジャマイカの二五万四三一〇名の黒人奴隷を解放し、その代償としてイギリス議会は、総額五八五万三九七八ポンドの、つまり、奴隷一人当りにつき二三ポンドの補償金を奴隷主に支払ったのである。当時、ジャマイカの主要産品である砂糖は、私有の大農場で生産されていたから、この解放は深刻な問題をひき起こした。——解放されたのちにも奴隷は、砂糖農園の賃金労働者として働いてくれるだろうか。それとも白人の放棄した土地を買い取り、食用作物や砂糖以外の輸出用雑穀類を生産する小土地所有者になろうとするのか、あるいは王室料地や放棄されたかもしくは遠隔地域の私有農園に無断で居ついてしまうつもりなのか。

以上の設問にたいして、当時のジャマイカ解放奴隷のとるべき道は次の一つしかなかった。一八四〇年から一八四五年の間に、ジャマイカの一〇エーカー以下の自由保有開拓地数は、八八三から二万七二四に増加し、一〇エーカーから一九エーカーの開拓地も九三八から二一一二に増加した。

一八三〇年から一八六五年の間に、ジャマイカは、大砂糖農園主の支配する国から、食用作物やコーヒーまたはジンジャーやココナッツのような輸出用作物を栽培する小農業経営者の島へと変身した。労働力不足、非能率的な機械、技術革新に要する資本力の不足という三重苦にあえいでいた砂糖生産は、確実に衰退の一途をたどっていった。ジャマイカの農園主たちは、各工場が数個の農場のために稼動するようないくつかの集中工場を開発し、鉄道であれ道路であれその集中工場に付属する交通網の敷設に要する資金調達に失敗した。一八五四年には、それぞれが工場設備をもつ三三〇の砂糖農場のうちで、九七工場は風力と畜力、一二五の工場は水力、そして一〇八の工場は蒸気機関によって稼動していた。

資金調達の失敗により、広範囲にわたる農場放棄が起こり、一部では農場合併も行なわれ、砂糖生産は急速に減退した。一八〇四年には八五九もあった砂糖農場は、一八三四年には六四六、一八四四年には六四四、一八四八年には五〇八、一八五四年には三三〇に減少した。ジャマイカの砂糖生産高も、一八二八年の六万八一九八トンから一八五〇年には二万九六二四トンへと低落し、世界の総生産高に占めるジャマイカの占有率も一八二八年の一五パーセントから一八五〇年には二・五パーセントに下がった。

イギリスの自由貿易と奴隷自身による作物生産という二つの敵に直面したジャマイカの砂糖園主は、賃金を期日通りに支払うことさえできなかったにもかかわらず、ほんの端金《はしたがね》で黒人を自分の砂糖農園で働かせようと無益な努力を重ねた。解放奴隷がそれとは別の考えを抱いたとしてもそれは当然である。かれらは、主としてコーヒー栽培に転じた。一八四〇年当時では、コーヒー栽培は、年間一エーカー当り八日の成年男子労働で本人およびその家族を楽々と養っていけるといわれていた。かれは二〇エーカーを経営でき、コーヒー栽培のほかに食用作物も栽培できた。一八三二年から一八四七年にかけて、四六五のコーヒー農園《プランテーション》——一八三二年には一八万八四〇〇エーカーと二万六八三〇人の奴隷をかかえていた——が放棄されたのであった。食用作物の栽培によって小農業経営者は年間二〇ポンドの純益をあげることができた。そして、一八五七年には、ジャマイカの平均的家族の収入は、年間二六ポンドと見積られている。一八五四年には、農業労働者の日給は、ほとんどの農場のばあい、九ペンスから一シリングの間を上下し、一シリング六ペンスまで上昇する農園はごくわずかであった。そのことは、一八三八年以来、賃金に実質的変化がなかったことを示している。

あらゆる面で、旧奴隷の生活水準が向上したことはたしかである。ジンジャーの輸出は、一八四一年の三八万二三二六ポンド〔重量の単位〕から一八四六年の六一万三四七九ポンド、ココナッツの輸出は、一〇万三四五二ポンドから二四万五四五〇ポンドと増大した。他方、石鹼の輸入は、一八三四年の一万八八六六ハンドレッドウェイトから一八五一年の四万六三〇八ハンドレッドウェイト、小麦粉の輸入は、五万三九九八バーレルから六万六一〇六バーレルへと増大した。——小麦粉の輸入は、一八四六年に、一〇万七三三〇バーレルであったから、その年以後五年間に、〔ジャマイカでは、〕小麦粉に代る農産物の生産量が大きく増大したことがうかがわれる。一八四二年に、下院委員会においてバプティスト派の宣教師ニップ師〔一八〇三—四五〕に向けられた質問は解放奴隷の生活水準が全般的に上昇したことをはっきりと証拠立てている。いわく、

「ジャマイカの労働者たちは、奴隷制時代にか年季奉公時代にかあるいは解放後にかはともかくとして、四脚寝台、食器棚、マホガニー材椅子、乗馬用の馬、種馬、耕地その他の生活資料を手に入れているが、現在のかれらの暮し向きはわが国の労働者たちよりも楽であると思いますか——と。〔ニップ師は次のように答えた。〕間違いなくそうだと思います。しかしたいへん残念なことに、ジャマイカの労働者の状態はわが国の労働者と同じ位みじめであり、その半数は飢えております。」

これらの飢餓状態にある人びとこそ、ジャマイカの農園主たちが中傷を加え、カーライルが、かれらは怠惰であるとの神話をふれ回り、かれらには奴隷制度の復活が望ましい、とした人びとだったのである。農園主たちは、安価な強制労働が手に入る社会に育ったから、かれらは、新しい労働力をどこか他の世界に求めることとなる。一八三四年から一八四二年にかけて、イギリス、ドイツ、バハマ諸島、カナダ、アメリカ合衆国からは、四四九六人の、また、アフリカからは一二七〇人の労働者が導入された。一八五八年から一八六〇年にかけては、インドから計四五五一人の契約労働者が連れてこられ、そのうちの一七二六人がインドに送還された。一八六〇年から一八六三年にかけては、さらにインドから六四八二人が移民させられている。ジャマイカ議会では、農園主たちが

多数を占めていたが、かれらは、移民に要する資金法案を可決している。しかし、農場および工場の技術改新に要する機械については、法案は陽の目をみなかった。

以上にのべたことこそ、「黒人問題《ニガー》」として、カーライルが傲慢にも片付けてしまった問題であった。黒人は怠惰なカボチャ食《ぐら》いだ、とカーライルは誤った証言をしているが、大多数の解放奴隷は自分の土地を所有し、ジャマイカ農業の多角化をはかり始めていた。カーライルが鞭で奴隷に逆戻りさせ、白人農場で恒久的な隷属状態にしておきたいと欲した人びとは、いまでは自分の小所有地で、まったく自由になんの拘束も受けずに働いていた。ジャマイカを文明社会にかえようとする要求は、すでに一八四二年に、宣教師の一人フィリッポ師が、イギリスは旧奴隷にたいする償いとしてロンドンのユニヴァーシティ・カレッジをモデルにした大学をジャマイカに設立せよという提案をするほどに高まっていた。しかし、この提案を支持する声は、政府からも知識人からも、あるいはイギリスのどの大学からも起こらなかった――ジャマイカと西インド諸島がセント・アンドリュース大学をモデルにした大学をもつようになるまでには、なお百年以上もまたなければならなかったのである。

以上にのべたことこそ、一八五九年から一八六〇年にかけて――それが偶然の一致であるに違いないにせよ――、三人の人物がジャマイカを訪問したさいのジャマイカの概況であった。そして各人のジャマイカ訪問はそれぞれに意義あることであった。アンソニー・トロロプ(一八一五―八二は、一八五九年一月一七日に、サウサンプトンをあとにしてジャマイカに旅立った。かれの有名な西インド諸島旅行記『西インド諸島とカリブ海沿岸地域』は、一八六〇年にロンドンで出版された。ウィリアム・G・シューエル〔一八二九—一八六九〕は、一八五九年に西インド諸島を訪問し、『ニューヨーク・タイムズ』へ一連の旅行記を寄稿し、一八六一年になってそれらを『英領西インド諸島の自由労働が直面している試練』と題する本にまとめて出版した。イギリス・バプティスト伝道会事務局長エドワード・B・アンダヒル博士〔一八一三—一九〇一〕は、一八五九年から一八六〇年にかけて、数カ月間ジャマイカに逗留した。かれは、旅行記こそ書きはしなかったが、一八六五年二月に、植民地相宛に、ジャマイカのかかえている諸問題に注意を向けさせるような穏やかな内容の書簡を送っている。そして、ジャマイカ総督〔エア〕は、この書簡がその年に起こった反乱の原因となったと考えていたのである。

これらの三人は、いずれも歴史家などではないし、またオクスフォードやケンブリジやエジンバラの教授職にあったわけでもない。しかしこの三人の記述にはすべて、反乱の原因となったジャマイカの状況が、その説明の仕方はさまざまであれ論じられている。またこれらの記述はいずれも、歴史分析にさいして参考となる必須の資料である。にもかかわらず、当時、歴史理論や社会観の輪郭を作り上げつつあったイギリスの歴史家たちが、これら三人の記述のうちのどれか一つでも利用したとか、そのうちの一つでも知っていたとかの証拠を示すものはまったくないのである。

トロロプの記述は、とくにジャマイカの政治状況を中心にして書かれている。かれがいかなる立場で書いているかを知るには、かれとカーライルは瓜二つであること、あるいはさらにいえば、『西インド諸島とカリブ海沿岸地域』は、カーライルの『黒人問題にかんするエセー』の不穏当な個所を削除したものにすぎないというだけで十分である。

カーライルが、ドミニカはその持てる力を利用することに失敗したと嘆き悲しんだように、トロロプは、ジャマイカの過去の栄光を嘆き悲しんでいるのである。このジャマイカにたいするトロロプの悲嘆は、そのまま、ジャマイカという名のもつ不思議な魅力と前世紀におけるその「名声」を熟知していたイギリス知識人の悲嘆でもある。トロロプは次のように書いている。

「かつてのジャマイカは、富をもつ手段という点では、東洋と並んで、また、資本市場としては東洋にもまさる富裕な島であり、そこを中心にして貨幣が回転していたというのに、いまでは地球上の他の地域とはほとんどくらべようもないほどの貧困にうちひしがれた島となっている。――このことはほとんどだれ一人知らない者はいない。こうした変化は、一八三八年に完全に終わった奴隷解放によってもたらされたというふうにイギリス人の間では一般に知られている。ジャマイカについては、恐らくそれ以上のことは知られてないであろう。そしてイギリス人全体のジャマイカについての関心もそれ以上の域をでるものではないといえる。経済的利害によってジャマイカとかかわりのある家族はますます少なくなってきている。土地《プロパティ》は一文にもならないとして放棄されるか、ほとんど関心をひかないか、あるいはきわめてわずかな金額で売却されている。さもなければ、土地は監督官の手に委ねられ、かれはといえば、土地から上る収入を本国へ送金するように要求されることはほとんどないし、補助金申請を禁じられているだけである。イギリスの父親たちは、もはや二、三男をジャマイカに送りだし身代を作らせようとはしないし、若い娘たちも花嫁としてその島に輿《こし》入れすることはない。公爵や伯爵たちは、いまでは豊かな宝石といわれるこの島――かれらはこの島で王侯のように何万ポンドも浪費し、そのほかにも本国での消費に備えて何万ポンドも蓄えたが――を統治しようとはしない。それどころか、総督に任命された者は、さしあたりは身の不運をかこちながら、ジャマイカを、そこよりはましなバラタリア湾〔アメリカのルイジアナ州にある密輸業者や海賊のたまり場〕――あるいはニュージーランドやフレーザー川〔カナダにあるゴールド・ラッシュ時代ににぎわった地域〕かも知れないが――への踏み台であると考え、生活を極度に切りつめ、将来のぜいたくな暮しのために貯えようとしている。侍従武官や王室付武官、秘書官たちも、もはやスパニッシュ・タウン界隈を練りあるくことはなく、そこで羽振りをきかせることは、いまではそれほど面白い趣向ではなくなっている。なんと残念なことだろう！　ジャマイカで利得をえていた人びとの栄光はすっかり過去のものとなり、ジャマイカ島における輝やかしい勝利の日々はもはや終りを告げたのである。」

トロロプによれば、ジャマイカの栄光と勝利の日々は、奴隷労働の生みだした砂糖生産の利潤にもとづくものであった。イギリスは、奴隷制を廃止してその「仁愛の心」を満足させはしたものの、それによってジャマイカの大農園主層はほとんど潰滅してしまった。

「一般のイギリス人は、ジャマイカにあった砂糖農場の半分とコーヒー園の半分以上が、藪の生い茂る原野に戻ってしまったこと――つい三〇年前までは最も豊かな産物に恵まれたこの土地全体がいまでは荒野に戻ってしまったこと――に気づいているのだろうか。このあたり一面がすっかりもとのひどい状態になってしまったこと――かつてはこの最も豊かな土地には文明の光がいきわたり、またイギリス政府の支配下にあったこの広大な土地が、いまでは混沌とし暗闇のなかにすっかり呑み込まれてしまったこと――に気づいているのだろうか。」

トロロプは、かれ以前にカーライルが確信していたように、怠惰の原因は奴隷解放にあると強く感じていた。しかし、トロロプは奴隷解放に反対していたわけではない。ただかれは、かつて奴隷のもっていた自由が失われたことを心から残念がっていたのである。

「諸君の精神衛生によいからといって、諸君は奴隷制を廃止することはできないが、さりとて経済上の利益をえるために奴隷制を維持しておくこともできない。解放奴隷はいまや自由の身であるから、かれらがその自由を行使するのを妨げるならばとんでもないことになる。かりにわたくしが、太陽の下で寝ころんでぼんやり考えごとをしていても暮らせるだけの財産をもっているとしよう。そのわたくしが、現場監督さんの命令通りに、一巻きの長い木綿や、法律の専門用語の書いてある長い一巻きの印刷物や、冗慢なお役所言葉の書いてある長い一巻きの文書や、長い一巻きの大衆文学の刷物《すりもの》を〔紡績機や印刷機から〕引きだすといったぐあいになんでも意のままになるとでも期待しているのかね、御立派な監督さんよ！　――本気でそんな風に考えているのか。わたくしが、巻布や巻紙を引っぱりだし、与えられるだけの賃金をいただいて感謝しているのも、わたくしには、寝ころんで暮らしていけるだけの財産がないからではないか。しかしかの島のわが友たち、つまりピカピカに磨き上げた肌をもつ脂肪太りの黒人はわたくしよりも物持ちである。かれは、マンゴーの木蔭に寝ころび、太陽の光の下で甘美な果物にありついている。かれが、黒人の少年にパンの実をとってこさせる、と、みよ。食卓には料理がすぐさま並び、かれがココナッツの実に穴をあける、と、みよ。そこには飲み物が揃うのである。かれは、オレンジ、バナナ、パインナプルの木に囲まれて、芝生の上に寝ころんでいる。ああ、製糖工場の厳格な監督さんよ。かれのほうがあなたより裕福ではないのか。あなたの命令通りにかれが働かなければならない理由《わけ》などなにひとつありはしない。「いやでがす親方。腹痛なんだ。きょうは働かねえよ。ほんのこれっぽっちだって働かねえよ。」サンボ〔黒人とムラトまたはアメリカ原住民の混血〕は、寝ころんでブラブラしている以外に自分の権利を主張する方法を知らないが、みての通り、気ままな暮しの味を覚えてしまっているのである。」

「これはまったく悪い状態――この上なく悪い状態――である。この状態は、おそらく、誰もが認めるように、奴隷制よりも悪いといえるだろう。結局のところ、この状態は、白人だけでなく黒人にとってもきわめて悪くなっていく——実際〔ほうっておけば〕、この状態は黒人にとってますます悪くなっていく——だろう。なぜなら、白人は、全面的に黒人の面倒をみることをやめて徐々に手を引いていくからである。しかし、〔現状では〕黒人が働こうとしないのも無理はないのである。そこで問題はこうである。すなわち、黒人をなんとか働かせることはできないものか。かれに、イギリス人並みの自由を与え、また額に汗してパンをえさせる名案はないものか。」

トロロプは、一〇エーカー未満の二万七二四人の自由土地保有者についても、新しい作物の輸出についても、輸入品の増大についても、まったくふれていない。一八四九年のカーライルと一八五九年のトロロプの違いは、「クワシー」が「サンボ」になっただけのことであり——それがすべてであった。〔しかし、〕トロロプはカーライルの著作にでてきたカボチャを〔ジャマイカで〕まったく目にしなかったのかどうか、それともカーライルのカボチャは、トロロプのときにはパンの実をつけていたのかどうか、という疑問は残るのだけれども。

だが、カーライルとトロロプの間にはある大きな相違点があった。トロロプは、ブラック・マン〔下層の黒人〕とは明らかに異なるカラード〔上層の黒人〕に出会っているからである。カラードの地位はしだいに向上してきていた。その状況をトロロプは次のように書いている。

「こんにちでは、老農園主が首席行政官になると、カラードの一人がその片側に席を占め、ときには両側に席を占めることもある。地方の会議《ロード・セッション》でも、カラードのほうが票数が多いので、農園主は、ほんのちょっとした計画でさえ実行できない。〔ジャマイカ〕議会の農園主の議席は欠員のままである。かれは議会を軽蔑しているので、だんだん議員に立候補しなくなるだろう。そこでカラードが選出され白人にどしどし税金を課す投票をしている。そこで、事態はますます悪化する一方である。カラードだけでなくブラック・マンもまた公職につきだしている。一方では黒人教区委員が、他方では黒人検死官がいるなかで老農園主はどうすればよいのか。一人の若い農園主が言うには、「われわれの状況をお察し下さい。ブラック・マンに検死されるのが恐ろしくて死ぬこともできない有様です」と。」

「ロンドンならば、カラードは、立派な指導者としてもてはやされるかも知れないが、生地ジャマイカでは指導者にはなれないだろう。いずれにせよ、隣人に白人がいるその島では、かれは指導者にはなれないのである。これまでのところでは、ジャマイカのカラードは、その地歩を固めてきているし、今後とも徐々にではあるがその地位を高めていくだろう。にもかかわらず、概してかれらは、当地の旧白人特権層に嫌われているし、農園主からもひどく嫌われ、その奥方連からはなおいっそうのこと嫌われている。」

結局、偉大な小説家も偉大な歴史家も共に平等には反対していたのである。そのことは、トロロプの『自伝』を読むと一目瞭然である。かれは、『自伝』のなかで、平等とは、「人びとに共産主義、破滅、狂気じみたデモクラシーといった観念」を連想させる「不快な」言葉であると定義している。しかし、カーライルが、〔ジャマイカに〕総督《ヴァイス・キング》支配を必要としたのにたいして、トロロプは、植民地省による直轄植民地方式による支配を目指していたのである。女王・上院・下院からなるイギリスの〔議会制統治〕方式を模倣したジャマイカの制度をかれは激しく攻撃している。

「わたくしは、かかる統治制度がジャマイカに合致しているとは思わない。まず第一に、ジャマイカでは、他の西インド諸植民地において行なわれているのとはきわめて異なるやり方でこの制度が実施されている点を忘れてはならない。ジャマイカでは、だれでもが税金か地代のいずれかを支払っていれば投票権が与えられるのである。もっとも、最近では法律によって投票のさいには一〇シリングの印紙を提出しなければならないのだが。ジャマイカには、ほぼ三〇万人の黒人と七万人のカラードと一万五千人の白人がいる。したがって、選挙がだれの手に握られているかは容易に理解できよう。現在のところ、バルバドスのカラードには投票権はまったくない。〔ところがジャマイカでは〕カラードであれ黒人であれ、自由土地保有者ならば文句なく投票資格が与えられる。だからこそ、バルバドスでは、そうした連中〔カラードや黒人〕を自由土地所有者にしないように注意しているのである。トリニダードでは、立法権はほぼ完全にイギリス国王の手中にある。これまでのべた全植民地のなかでも最もよく統治されていると思われるギアナにおいても事情は〔トリニダードと〕まったく同じである。」

「わたくしは、黒人だからという理由で黒人に投票権を与えることをしぶっているのではない。また黒人は投票に向かないとか、向くはずがないとか、議員になることさえ向いてないとかいっているのでもない。現在のような〔白人と黒人の議席上の〕混成状態がよくないといっているのである。一般に、自由で公明正大な人民の代表が追求する目的は、その国家のなかで最も尊敬されている人間が選出されてはじめて達成される。そうなってこそ、かれらの構成する組織体もまた尊敬されるのである。この目的はジャマイカでは達成されていない。したがって、その議会も尊敬されていないのである。この島の議会には、最も重要で身分の高い人びとが議席を占めていない。ジャマイカ議会は、ジャマイカにおいてさえまた議員自身たちによってさえ、軽蔑の言葉をもって語られている。……」

「以上にのべてきたことから、わたくしが、ジャマイカでは、白人の絶対的支配権の維持を主張しているかのように思われようが決してそうではない。ジャマイカであれあるいは他のどこであれ、支配能力のある人間、真に支配能力のある人間に支配させてみ給え。ヨーロッパ人とホワイト・クレオール〔西インド諸島や南米に生まれた白人〕の支配権が、今後ともこの島で維持できるかどうかについては疑わしい。その支配権は、こんにちでさえ危なっかしいものである。主にこうした理由から、わたくしは、上院と下院からなるジャマイカ議会は、この島の現在の精神的気風と相容れないと考えている。カラードに公職を占めさせ役得上の甘い汁を吸わせるがよい。その点については、わたくしは、かれらのうまいもうけ口に干渉する気持はさらさらない。しかし、わたくしは、かれらが、その関心をジャマイカ議会よりも本国植民省のほうに向けるようになるならば、そこで新たな職をえ、それを正直に有効に用いて立身出世する可能性はずっとふえるものと考えている。」

「もしも、イギリス下院が、イギリス人の誰がみても滑稽な代物《しろもの》だったり、かりに人びとがそこでのどんな討論でも嘲笑し恥ずべきものと思うようであったら、イングランドは一体どうなるだろうか――そのときのことを想像してみ給え。それがジャマイカ下院の状態なのである。」

「本当のところ、この島には、かかる複雑な政治制度を入れる余地などはない。ごく少数の白人には、もはやその制度を思うように動かす力はないのである。黒人のばあいはどうか――だれでもよい。「人間は兄弟だ」という立場を最も熱心に主張する人にきいてみ給え。黒人のなかで、自分自身を治め他の人びとにも方向を示しうる法律を制定するにふさわしい三、四人の人物と出会ったことがあるかどうか、と。」

「人間尊重の精神や寛宏な博愛主義に反すると思われるようなことを書くのは、わたくしとしても心の痛むことである。しかし事実は事実として歯に衣を着せず言っておく必要がある。事実を曲げていうのは役に立たないどころか有害なのだ。」

トロロプの目は、次に南の方《かた》トリニダードと英領ギアナに向けられた。そこでは、植民地議会とその議決権が、イギリス政府の行動を妨害したり抑制したりすることはなかった。なぜなら、そこには「下院が存在せず、したがって、議長も三読会制も休会動議も発言の自由も存在しなかった」からである。

「イギリス人はすべて民主的代議制に愛着をもっている。にもかかわらず、わたくしは、たとえある小植民地がジャマイカのようにとくにふさわしくない状況にはなくとも、この制度がその小植民地に適合するとは思わない。カナダとオーストラリアでは、民主的代議制がきわめて順調に機能していることは確かである。世界的名声をえようと努めているこの地域の人びとの清新溌剌たる精神は、討論に適した人間、立法府を軽蔑することなく自力でやっていける人間を作りだすことであろう。しかし、マルタ島とジャージー島の上院と下院にはなにができようか。シリー諸島のばあい両院はなにをするのか。イオニア諸島のばあいこれまでなにをしてきたというのか。そして悲しいかな！　ジャマイカのばあい、両院はこれまでなにをしてきたのか。」

責任ある統治はイギリス人植民者にのみふさわしいとニューキャッスル公が宣言したまさにその年に、トロロプはイングランドからジャマイカに向けて旅立ったのである。白人大農園主たちが、その排他的な政治的諸権利の享受をやめたときに、トロロプは、ジャマイカにイギリス式政治制度をとり入れるのを拒否したばかりでなく、黒人の住む土地で民主政治を実施することをも拒否しているが、その理由は、カーライルほどではなかったにせよ、本質的にはカーライルとさして違わない黒人蔑視観によるものであった。

「黒人は、身体的にはきわめて苛重な肉体労働も可能であり、他のいかなる人種とくらべてみても肉体的苦痛を感じる度合は少ないと思われる。しかし、かれは怠惰であり、世俗的地位を求める野心に欠け、肉欲にふけり、ごくわずかなもので満足する。知的努力にしても、ほんの少しの間《ま》しか持続しえない。それでいて奇妙なことに、黒人はなんとかして知的に高い地位を求める。かれは、いつでも物知りであると思われたくてウズウズしている。凝った言葉を使おうとして頭をひねり、外見上は宗教に熱中しているようにみせかけ、わずかばかりの文明にあやかって喜びを感じる。かれは、とことん自分自身を卑下しているので、たとえ一日でも白人に間違えられでもすれば、一カ月間空き腹をかかえても満足するだろう。しかし、黒人であっても、それでいて少しでも敬意を払われるならばそれに喜びを感じる。つねにかれの念頭にあるのは自分自身の尊厳である。かれの心を一時間でも捉えようとしたければ、かれをジェントルマンと呼んでみ給え。かれを絶望的な隷属状態に落としめておきたければ、この汚ならしいクロンボ奴《め》と言ってみ給え。お前の両親にはきっと猿と同じように尻尾がついていたと言ってみ給え。また、白人と同じような魂をもっているなどと考えるのはよせ、といってみ給え。……」

「……文明状態にある人間の第一の欲望は所有欲である。……財産を求める欲望があるからこそ人間は進歩してきたのである。しかし、黒人にはそうした欲望はまるでないし、必要なものを手に入れるために労働しようという気持を起こさせるほどの欲望はまったくない。かれも目先の衣食の用を充たすために少しは働く。しかし、それ以上のものは望まず、満足して太陽の下で寝そべっているのである。」

「奴隷解放とつい最近改正された砂糖税は、ジャマイカに遊休地をだぶつかせる結果をもたらしたにすぎなかった。利益が上らないとの理由から、広大な土地が耕作されないままに投げだされている。しかし、ジャマイカの土地はきわめて肥沃である。したがって、黒人は、やすやすと公有地を不法占拠して自由に利用し、文明から遠ざかって未開状態——社会のきまりが保てるほどの未開状態——に逆戻りすることがかれの性《しょう》に合っている。放っておけば、黒人は完全に退歩するものと思う。」

「以上のようにわたくしは種々のべてきたので、いよいよここで、わたくしが奴隷解放は誤りであったと考えているかどうかが問われることになろう。誤りだなんて、とんでもない。奴隷解放は明らかに正しかった。しかし、われわれは、奴隷解放を余りにも過大視し、また余りにも迅速にその結果があらわれるのを期待しすぎていたように思われるのである。」

「これらの人びとは奴隷向きの人種であり、生まれながらにして最も苛重な肉体労働に適している。そして、現在までのところでは、これ以外のことにはほとんど適していないことも明らかである。……」

こうして、一八五九年にジャマイカを訪れた偉大な小説家トロロプは、西インド諸島を一度も訪問したことのない偉大な歴史家カーライルが、一八四九年にのべた見解に追随しているのである。では次に、一八六〇年にジャマイカを訪問した大ジャーナリストをとり上げる。トロロプの力点は政治にあり、その観点から〔砂糖〕大農園主《プランター》層を賛美しているのにたいし、シューエルの力点は経済にあり、その観点から小農《ペザントリ》層の名誉を回復させているのである。さらに言えば、トロロプは奴隷制を直接には知らず、〔一八五九年に〕はじめて奴隷解放の実態を目にしたイギリス人であったのにたいして、アメリカ人シューエルにとっては、この異常な制度は、身近に見聞しえたものであった。

ジャマイカにかんする最初の手紙のなかで、シューエルはカーライルとトロロプに挑戦している。この二人のイギリス知識人は、奴隷解放が西インド諸島を破滅させたとみる。シューエルはこの見解に強く反対し、逆に奴隷解放こそが西インド諸島を破滅から救済した、という。次にかかげるかれの文章は、異臭を吹き払う一陣の涼風を思わせる。

「……西インド諸島に上陸した当初、わたくしは、アフリカ人に自由を与えたことが、農業・商業の面で禍いのもとになっているというアメリカ人的考え方に染まっていた。しかしこれらの諸島を去るにあたり、わたくしの心の中には正反対の確信が強まってきた。……つまり、不幸・不運の原因は、奴隷解放にあるのではなく、自由と正義の大原則――奴隷解放はこの大原則の上に確固たる基礎をおいているが――を守ることに失敗したことにある、と。わたくしは、いまや明白になってきたこの確信を、他の人びとにも示すことができればと念じている。最高の権力が、古い大農園主層の支配と封建的諸制度を支えるために用いられてきたし、いまもなお用いられている。——そして、上記の支配や制度は、奴隷制や保護貿易制やその他もろもろの独占を支えるつっかい棒が除去されるや、ただちに消滅すべきものであったのである。砂糖収益はきわめて重要であり、したがってその収益増進をはかるためには、あらゆる正当な手段がとられてしかるべきであると、だれもが考えている。しかし、そこには困った問題がひとつでてきた。半奴隷制によって、また国家の繁栄のためには大きく依存しなければならないはずの他の諸利益を犠牲にして、砂糖収益の増進をはかろうとする方向がそれである。ジャマイカ人たちは保護を受けていない。この国には医療救助〔の手段〕がなく、人びとは無惨な死をとげている。かれらは教育を受ける機会もないし、農業や機械技術の面で、自分たちの向上をはかる機会もない。独立の精神は、他のすべての国民の間では高貴な美徳とみなされ、また、そこから生まれながらに備わっている勇気や企業心や進歩が芽生えると考えられているのに、アフリカ人にたいしては、かれらが独立心をもつことは憎むべき犯罪であるとみなし、それを阻止するために全力をあげているのである。奴隷解放が十分に成功していないのは、上記のような実験がまだ十分に試みられていないからである。にもかかわらず、奴隷解放の成功は明らかであり決定的事実である。旧体制は、現在もなおこの島の政治をゆがめ、民力をひどく痛めつけているが、その体制のあちらこちらの裂目から、あたかも種子がまかれたかのように、ところどころに収穫物が顔をのぞかせているからである。」カーライルが戯画化した解放奴隷像はカボチャを口一杯ほおばって真昼間からブラブラしている姿であり、トロロプがステレオタイプ化した黒人像はパンの実を食らいながら真昼間からブラブラしている姿であった。シューエルの描く黒人像は街頭や小農園で日中に労働している人間であった。

「この国のさまざまな地方のそこここの街頭で、わたくしは男女の労働者が働くさまをみる機会にめぐまれた。たいてい、男性の労働者が、鞭を片手に二〇歳前後の若者たちを働かせていた。若者たちは立派に仕事をこなしているようにみえた。——仕事量からみて、かれらが立派に仕事をしていることは間違いない。かれらは、新しいタイプの生まれながらの自由民である。生まれつき奴隷のままで早死していった昔の人びとにくらべて、かれらがいかに優れた者であるかはいうまでもなかろう。道路工事の監督官たちは、その監督下にある連中が怠け者で仕事をいやがって困るという不満をのべることもない。さらに重要なことは、監督官たちが人手不足についての不満を言わなくなった点である。かれらは、ほとんどの人びとが想像している以上に多くの労働力を獲得することに成功しているのである。しかもそうした成功は、労働力がまったく確保できないで困ると大農園主たちが長いこと大いに不満をならしていた地域でのことであるだけにひじょうな驚きの目をもってみられているのである。……」

「植民者のうち一〇人中九人までが、主として自己所有地によって自分と家族を支えている。にもかかわらず、自分の土地を経営するのに必要な労働の妨げにならなければ、かれらは大農場や道路工事にすすんで働きにでる。道路工事と大農場のどちらで働くかは、最高の賃金をもらい、遅配のおそれのほとんどない雇主のほうを選ぶことになるのは当然である。大農場のための労働力が十分であるなどとここで言うつもりはない。たんに耕作だけでなく、〔耕地の〕拡張や改良のためにもたえず必要とされる労働力は、大農場でもまったく不足しているのである。以上わたくしがのべたのは、ジャマイカの黒人はまるきり働く気がないという海外に広まっているきわめて一般的な印象をきっぱりと否定しておきたいだけである。ジャマイカの黒人は、砂糖農園にすら、〔自分の仕事と〕両立する限りでは労働力を提供しているのであって、たとえ労働力を十分に提供できないばあいでも、それは黒人のせいではないということを指摘しておきたいのである。」

カーライルとトロロプは、西インド諸島衰退の因を黒人のせいにしている。しかし、シューエルは、その責任をはっきりと大農園主《プランター》のせいにしているのである。かれは次のように書いている。

「しかし、最も経費のかさむことで知られている労働形態の下で、大農園主《プランター》たちが相も変わらず無暴で先見の明を欠いているのは、かれらの責任である。無謀な賭博師根性で、危険な仕事を遂行したについてはかれらに責任があるのである。放逸な生活によってその身代《しんだい》を潰したのも、かれらの責任である。政治経済学のＡＢＣともいうべき法則にも従わなかった――労働力の節約も土地の節約もしなかった――のは、かれらの責任である。自分では直接に働かず、不在地主となり、破滅する以外に行きつく先のない道をとったのも、かれらに責任がある。世論の破壊力によって奴隷制の鎖が断ち切られ、無知で無教養な民衆がかれらの財産に突然襲いかかるまで、他人の警告に耳を貸さず、時勢の流れにも目をつぶり、漸進的に奴隷を解放していく構想とか奴隷たちの状態を改良する構想ですらすべて反対したのは、かれらの責任である。かれらの責任は、クレオールを大農園《プランテーション》から追いだし、人びとを無知のままにしておいて、教育を受けようとするのを妨害し、最低の道徳的状態に放置したその政策と統治にある。もはや後戻りできるはずもない自由制度の下で、過去の過ちを償い、過去の不幸を埋め合わせるために勇気ある試みを企てることもなく、無気力に不満をのべたててわが身の不運を嘆き悲しみ、かれらこそまさに責任をとるべきである〔この島の〕破滅の因を黒人のせいにしているのも、かれらに責任があるのである。」

シューエルはさらに論を進め、ジャマイカはすでに破滅してしまったという見解を否定している。かれは、〔ジャマイカでの〕平均三エーカーの土地をもつ五万人の小土地所有者の存在を重視して次のようにのべている。「大農園主《プランターズ》たちは、小土地所有者たちの真の利益について、見当はずれのしかも決定的な誤解をして、かれらを野良仕事へ強制的に復帰させようとしている」が、奴隷解放以来、五万人が小土地農業経営者になったという事実は、「それらの人びとが土地を耕作するのをいやがっているという主張の反証」に役立ち、他方かれらが地主階級へ上昇したことは、「かれらがたんに自己の利益をはかるばかりでなく、社会全体の知性と健全な進歩をはかる人びとであることを雄弁に物語っている」と。また、怠惰の烙印を押されたこれらの人びとは、自家用と村の市場向けの食物を栽培し、商売用のコーヒー、ピメント〔スパイスの木〕、アロールート〔くず粉〕、果物類、野菜類、ときには砂糖きびさえ栽培し、馬や家畜を飼育し、かくて、「小土地所有者は、日雇い労働をしなくともなんとか暮らせる程度」になった、と。シューエルは、一八三四年から一八五九年にかけての輸出の増大を強調した。その間に、ロッグウッド〔染料の原料〕は三分の二、マホガニーは一九三六フィートから三五〇〇フィートに輸出が増大し、また一八三四年までには知られていなかった新しい輸出品すなわちココナッツ、蜜ろう、蜂蜜が登場している。かれは、食料品輸入の減少——一八四一年から一八五八年にかけて、小麦粉は二五パーセント、ひきわり小麦粉は四〇パーセント、とうもろこしは七五パーセント、豚肉は四〇パーセントの減少——のなかに、ジャマイカの生活水準の向上をみているのである。植民者のなかには、努力のかいあって百ポンドばかりの金を蓄えた者も出てき、かれらはふつうにはその金を立派な家屋を建築するのにつぎ込んでいる。

カーライルとトロロプは、骨の髄まで黒人嫌いであった。シューエルも合衆国では「黒人の友」と呼ばれたかも知れないが、心底から黒人好きというわけではなかった。かれは、「高貴な野蛮人」を英雄崇拝視する人物ではなかった。この点は、かれのジャマイカにかんする論評のなかできわめて明確にのべられている。

「わたくしを誤解しないで欲しい。わたくしは、西インド諸島の黒人を英雄崇拝の対象にはしていないし、またかれをアメリカ人やイギリス人と同等の地位においているわけでもない。労働にさいしてかれの示す勇気、困難に耐え抜く力、障害を克服する力を、アングロ・サクスン人の示す迅速かつ断固としてやり抜く力とくらべると、そこにはほとんど差はない。黒人の性格や判断力にかんする欠陥が、当をえた訓練によってどの程度まで矯正されるかはわからないから、それについてはいうまい。ただわたくしは、黒人の行動は理性的・知的な人間の行動と同じであると弁護しているにすぎないのである。なぜなら、かれも、自分の利益を考量し、その仕事をうまくやり遂げ、自由の恩恵を正しく評価する十分な力はもっているからである。一八六〇年のジャマイカの小土地所有者の地位をみるならば、それは、意識的にせよ無意識的にせよ、アフリカ人を向上させることは不可能である、という間違った俗説を吹き込んでいる者たちにたいする明白な反証になっている、と思うのである。」

では、黒人の将来のためにはなにをすればよいのか。カーライルは、プロイセン的規律による黒人の編成を、トロロプは、民主的諸制度の停止と直轄植民地統治の確立を提唱している。シューエルは、直轄植民地制の可能性を否定はしなかったが、黒人にかれらの価値を立証できる機会を与えることにやぶさかではなかった。シューエルはいう。

「ジャマイカの大農園主支配《プラントクラシー》は、すでに過去のものとなった。それに代わって、こんにちでは民主政治が擡頭しつつある。わたくしは、さほど熱心な民主主義者ではないから、わが国の政治的信条にもとづく諸原則が、ましてやその実践が、場所や気候風土を問わず十分に育成されるものとは考えていない。世界でも最も教養のない黒人は、わいろの誘惑にきわめてひっかかりやすい。また、ジャマイカには、煽動家や官職を漁り求めるおびただしい数の人びとがいる。もしもジャマイカにおいて民主的代議制と責任内閣制の実験が失敗すれば、トリニダードや英領ギアナで実施されている直轄植民地統治を確立するほかはないであろう。前者は評議会方式、後者は宮廷政治方式による支配である。後者は、有無を言わせぬ専制政治と同義であり、そうした支配は、カナダやオーストラリアでは一瞬たりとも耐えられない方式であろうが、文明発展の度合いの低い人種混交地域では、きわめて有効であるように思われる。……」

「これが、かつての大農園主支配――気前がよくて、人を親切にもてなしはするが、先見の明に欠け傲慢なジャマイカの大農園主支配――であった。しかし、こんにちでは、かれらには支配権はない。かれらは信用も尊敬もされずに、気の毒な状況であるがためにちょっぴり同情を買っているにすぎない。かれらは、すねて、植民地の立法活動からさえ手を引き、かれらが押えつけてきた人びと――そのためにこれまで長年の間、無駄な努力を重ねてきたのだが――に急速にとって代わられつつある。わたくしは、こうした変化をことさらに賛美して語る気はない。大多数の住民はいまなお無知であり、自己の判断で参政権を行使することもできず、だれもが、多少とも奴隷制《カースト》時代の偏見に染まっている。しかし、ジャマイカの代議制と責任政府がたとえ不完全で欠陥があるにせよ、それは、大農園主《プランター》の君臨する寡頭制支配とくらべれば、はるかにましである。住民の道徳的・政治的・教育的利益は以前よりも配慮されてきてはいるが、この島の永続的繁栄は、大農園主の成功よりも住民の発展いかんにかかっていることはまったく確かなことである。」以上のようにシューエルが書いたのは、言葉こそ違え、王立英領西インド委員会が、「西インド諸島が将来にわたって恒久的に繁栄するには、労働人口を小土地所有者として土地に定住させる以外、いかなる方法によっても望み薄であると思われる」という同一内容の勧告をした一八九七年よりも三七年も前のことであった。

ジャマイカの解放奴隷たちは、どんなにその物的地位の向上をはかるさいにも、決して革命的な方法をとらず、当局にたいして敵対的態度をとらないという点にかんしては、シューエルは確信してやまなかった。かれは、「この点については、解放後と奴隷制の時代とを対比すれば教訓や警告をひきだすことができるし、解放後の二五年間に民衆の不満の声はきかれなかった」と書いている。かれは、奴隷制下の二五年間と解放後の二五年間とを比較し、一八三二年には、奴隷暴動の鎮圧に八〇万ドルを要し、またこの暴動にさいしては、六〇〇万ドルもの私有財産が破壊されたことを読者に思い起こさせたのである。続けてシューエルは、ジャマイカ反乱の勃発五年前に、次のような示唆に富む言葉をのべている。

「わたくしがいいたいのは、ジャマイカの人びとが、平和を愛し法を守る農民である、ということとである。かれらは、過去になされた不正についてはほとんど気にかけずに水に流している。したがって、解放以来こんにちにいたるまで、かれらは、かつての主人にも政府にたいしても、徒党を組んで敵対しようという気などこれっぽちももっていないのである。しかし、奴隷制時代には多数の反乱が発生し、それはまたすさまじい様相を呈したから、おびただしい流血と甚大な出費を要してやっと鎮圧できたのであった。」

イギリスの知識人たちは、シューエルの著作は読んでいないと弁明できたかも知れないが、それはたいした言い訳にはならないであろう。なぜなら、一八六五年の反乱九カ月前に書かれたアンダヒル博士のジャマイカにかんする論評について知らなかったなどとはいえなかったからである。

一八六五年一月五日、アンダヒル師は、植民地相エドワード・カードウェル〔一八一三―一八六〕氏に書簡を送り、ジャマイカの状況に注意を喚起している。その内容は、反乱の五年前にかれがジャマイカを訪問したさいの、またかれが島を辞したのちには島からの通信によって確かめた綿密な観察にもとづいて書かれている。

「不断に増大するカラードの苦悩」がかれの書簡の主たる内容である。かれはそれを、犯罪、主に窃盗罪の増大から説明し、また超満員の監獄、わずかな負債〔を返済させるため〕にだされる出頭命令、救貧法の適用をあげて実証している。かれによれば、「そうした事態は、民衆の極度の貧窮から生じたもの」である。――そして、貧困は、二年連続の旱魃、衣料費の増大とくに就職難とそれによる給料未払いのためにさらに悪化したのである。

アンダヒルは、砂糖農園主《シュガー・プランター》とその代弁者であるトロロプの主要な論点を反駁し、労働者たちは怠惰で労働意欲がないという主張を粉砕した。砂糖産業は、満足いくような仕事量を提供しえない、というシューエルの主張を強調しつつ、アンダヒルは次のように書いている。

「しかし、満足に働き口がないという単純な事実がある。人びとは働こうにも仕事はないし、かれらを雇うべき資本もない。仕事量の割りに労働者の数が多すぎて、働き口もない。砂糖栽培農園では三万人以上は吸収できないし、(食料に必要な生産は別として)あらゆるその他の耕作にしても、三万人以上は雇用できない。しかし、農業人口は四〇万人を超えている。したがって、少なくとも三四万人の生活は、島の主要農産物栽培以外に働き口があるかどうかにかかっているのである。三四万人のうち成人就労可能人口が一三万人を下回らないことは確実である。かれらは、猫の額ばかりの自由保有地での食料生産——この産物の一部は大農園で働き口にありついた人びとに売られている——に、全面的に依存しなければならないし、またその程度は微々たるものであれ、輸出用農産物の栽培に依存しなければならないであろう。しかし、輸出用農産物を栽培している人びとの数はきわめて少ない。しかもかれらは、自分だけでなく島にとっても有利になるような手段をとろうとすれば、あらゆる種類の妨害にぶつかるのである。もしも旱魃にでも襲われ食料生産がうまくいかないときには、かれらは、盗みを働くか餓死するほかない。これが、かれらの現状なのである。」

トロロプやシューエルもすでに考えていたように、アンダヒルも、ジャマイカのかかえている困難な問題は、その統治形態に原因がある、とみていた。かれは次のように書いている。

「ジャマイカ議会での経過すなわち、移民法案の否決、カラードへの不当な課税、正当な裁判や解放黒人にたいする政治的諸権利の否認については何も申しますまい。人びとが良き働き口をみつけることができるならば、やがて、こうした諸悪も、かれらの能力と知性の成長によって矯正されるでしょう。議会活動のうちでも最悪の事態は、資本家たちに不信感を起こさせ、またジャマイカには数々の利点があるにもかかわらず、その投資によってジャマイカに利益をもたらす資本家たちにジャマイカから手をひかせたことであります。割りのいい輸出を可能にするこれらの多数の産物の生産を伸ばすために、ジャマイカでの投資を促進し、それによって飢餓状態にある人びとに働き口を提供できるような方法をみいださなければ、この島全体は破産し、イギリス議《グレート・ブリテン》会とイギリス国民が、解放された住民の福祉について抱いていたさまざまな希望もついえさる結果となるに違いないと思います。」

カーライルは、〔軍隊式〕編成と独裁を、トロロプは、古くから続いている民主制に代えて直轄植民地制の採用を、そしてシューエルは、有権者の多数を占めるカラードに公平な代議制を採用するように主張した。アンダヒルは、自己の分析してえた諸問題を解決するためにとくに次の二つの点について提案している。アンダヒルの本気で真剣な提案を読むと、カーライルの毒舌とトロロプの不真面目な態度に接したあとでは、奇妙な感じがするほどである。その提案とは次の通りである。

「一、奴隷解放後のこの島の立法――課税や経済的・物質的条件にかんする立法――を検討すれば、現存する諸悪の原因を明らかにするのに大いに役立ち、また支配階級に過去の過ちを気づかせ、それらを除去する気にならせるであろう。またこうした検討は、わが国の当然の義務であると思われるし、解放された小農民たちが、それによってかれらに保障されることとなる諸利益を獲得しているかどうかについてもわかるであろう。

二、総督は、きわめて多数の自由保有農民に輸出可能な農産物栽培を認め、それを緊急にすすめる措置をとること、そのためには次の措置が必要であろう。すなわち、相当量の農産物の船舶輸送のための組合を形成すること、農産物にたいする課税については、その人びとと大農園主たちとの間に差別をつけないこと、原住民農産物栽培者にたいしては最良の栽培方法を教え、世界市場において即売可能な品目を指示すること、仲買人の介入――現在人びとは仲買人の搾取と不正手段にしばしば苦しめられ、そのため労働意欲が大いにそがれている――を許さず、農産物直送のための流通機構を設けること。わたくしは、小農層の砂糖栽培は奨励されるべきでないと思う。なぜなら、大農園主《プランター》が、資本と機械の双方で科学的設備をととのえても、やはり砂糖産業は危険が大きいからである。そのような産業が、設備の不十分な工場や不完全な生産方法しか知らない人びとによって行なわれるならば、よりいっそう危険をともなうに違いない。しかし、そうした人びとでも、この島の副次的農産物である香辛料、煙草、澱粉食品、コーヒー、綿花の栽培は可能である。なぜなら、これらの農産物には法外な税金や地方税が課せられておらず、その栽培はつねに、相当に割のよい収益を保障されているからである。」

アンダヒルの書簡は、差迫った困難な事態を防ぐための穏健な忠告と有益な警告で結ばれている。かれは、次のように書いている。

「奴隷解放以来、ジャマイカを支配してきた愚策――最もおだやかな言葉を用いてさえそうとしかいいようのない――をやめるべきときがきている。こうした方策は、自然的なしたがって避けることのできない原因から生じる困窮をさらに悪化させるものであり、あらゆる階級――大農園《プランタ》主《ー》と小農民、ヨーロッパ人と黒人《クレオール》を問わず――が究極的破滅に陥る道を確実にしているのであります。」

こうして、一八六五年までに、ジャマイカにおける奴隷解放後の問題処理をめぐって、次の四つの提案がイギリス当局にだされていたのである。カーライルは、奴隷制復活を目指して黒人を鞭打ち、かれらを砂糖農園《シュガー・プランテーション》で奴隷主のいいなりの賃金で働かせるように当局に望んだ。トロロプは、大農園主支配の経済的衰退を嘆き、黒人を就労させる方策をみいだすように当局に求めた。シューエルは、解放以来、道徳的・経済的に進歩した小農層を賛美し、大農園主《プランター》に原因のある破滅状態をくい止めるために自由土地保有者層に期待している。そしてアンダヒルは、ジャマイカ経済を発展させるために、古くからある主要農産物よりも新しい農産物生産の線に沿い、大農園主ではなく小農業経営者を基盤とした、また輸出向け農産物よりも島内用《ローカル》食料生産に力を入れた経済改善を企てるよう求めていたのである。

以上のいずれの道を選択するかは、二つの政府機関――ロンドンの植民地省とジャマイカ総督――の考え次第であったが、究極的には、総督は植民地省の意向次第であった。なぜなら植民地省は総督たちを選任・罷免し、またかれらの行動を一般的には監督していたからである。しかし、植民地省は、〔植民地対策に〕疲れ果て、無気力状態に陥っていた。いまや植民地は不人気で流行遅れとなり、文官の錚々たる人物は、植民地省ではなく他の政府部門に魅力を感じていた。いずれにせよ、植民地省は、当時植民地最良の友といわれたジェイムズ・スティーヴン〔一八二九―九四〕が書いているように、「騒々しい議会・愚かな総督・宣教師・奴隷たち」にウンザリしていたのである。

数年後に、ある役人が率直に認めたように、植民地省は、しばしば低俗な人物を総督として派遣してきたのであった。かつてジャマイカにはすぐれた総督たちがいたし、その後もすぐれた総督がでた。一八四六年のジャマイカ総督はエルギン卿であり、かれは、大農園主《プランター》と解放奴隷との関係を改善する解決策としてだされた移民方策には反対した。一八七〇年代後期のジャマイカ総督は、サー・アンソニー・マスグレイヴであり、かれは、砂糖農園主《プランター》の私的利益を助成するような公債の発行と、かれらにたいする安価な移民労働者供給に強く反対した。一九一〇年代のジャマイカ総督はオリヴィエ卿〔一八五九―一九四三〕であり、かれは、大農園主支配《プラントクラシー》に反対する小農民層の主張を擁護し、ジャマイカ人たちには政治的・経済的問題を解決する能力があると弁護した。もしも、一八六五年のジャマイカに、エルギン卿のような有能な総督がいたら、あるいは、サー・アンソニー・マスグレイヴやオリヴィエ卿のうちのだれであれ、またそのような有能な総督がいたとしたら、ジャマイカ反乱は決して起こらなかったであろう。

ところが、実際には、植民地省が選任した総督は、エドワード・ジョン・エアという名の、これまで西インド諸島に派遣された総督のうちでも最低・最悪の人物であった。これではまるで植民地省は、四つの提案――もちろん、植民地省がこれらの提案のどれか一つでも読んでいたとは素直に信じられないのだが――を示されたときに、シューエルを拒み、アンダヒルを退け、カーライルは少々露骨で過激にすぎるために、トロロプの忠告を受け入れると決めたようなものである。植民地省がエアを選任したときに、ジャマイカが、一八六五年のジャマイカ反乱の恐怖に投げ込まれるようになるのは当然の成り行きであった。

第七章　ジャマイカ反乱——一八六五年

このエアなる人物とは、いったいどのような経歴の持主だったのか。

エドワード・ジョン・エアは、牧師の子に生まれ、はじめは軍人志望であったが、一六歳のとき出世の糸口をつかもうとオーストラリアに渡った。オーストラリアでは牧羊業者となったが探検家としても多少は名をあげたため、オーストラリア政府とイングランド政府の目にとまり、かれの居住地域での「原住民監督官」に任命され、ついで一八四六年にはニュージーランド副総督を拝名した。トリニダードでは、短期間ではあるがインド人年季契約移民監督官を勤め、一八五四年にはセント・ヴィンセント島副総督となり、一八五九年にはリーワード諸島総督として送り込まれた。セント・ヴィンセント島は、当時、人口約五万の島であったが、かれは、副総督在任中に、その島の自治制度を廃止して直轄植民地統治に切り替えるために全力をあげた。もっとも、その切り替えは、かれの在任期間が終了したのちにも実際には達成されなかった。一八六二年に、賜暇でイングランドに滞在中に、植民地相は、かれを総督が空席となっていたジャマイカの臨時総督代理に任命した。総督代理を二年以上勤め上げたのち、一八六四年に、かれは正式に総督に任命されたのである。

エアがこの重要な総督職に適任だとみなされた理由はなんであったのだろうか。ジャマイカ反乱勃発直前の一八六五年一〇月に、エアの総督職適格証明書――と呼んでもいいような――が出版された。それは、小説家チャールズ・キングズリ〔一八一九―七五〕の弟ヘンリ〔一八三〇―七六〕が書いたもので、「原住民監督官」エアのオーストラリアにおける活動をのべたものであった。

「エアは、だれにもまして原住民の悪習を暴いた。しかし、原住民と開拓定住者〔大牧業者貴族〕との争いには断乎として間に割って入り、それに自分の社会的地位を賭けた。……かれは黒人を弁護し、また政府の目が届かない非定住者地域では、過去・現在にわたって、そしてわたくしには将来とも行なわれるであろうと思われる、植民者たちによる原住民絶滅戦争をやめさせようと努めているのである。かれの仕事に成功の見込みはなく、かれには、定住者たちが野蛮人に慈悲を垂れるよりも砂漠でオアシスをみいだすことのほうがはるかに容易なように思われた。しかし、そうした試みは、かれにとっての名誉となった。」

しかし、ジャマイカの状況は、このようなことでおさまるものではなかった。エアが正式に総督に任命されたことは全ジャマイカ人を唖然とさせた。なぜなら、総督代理在任中にかれの人気は確実に失われつつあったからである。ある新聞は、かれを評して、「行動・性格の両面で軟弱、優柔不断、威厳に欠ける」と書いている。また他の新聞には、かれにたいしては、だれもがもはや忍耐の限界をこえており、またその総督代理としての行動に反対する請願書が、二二の行政区から提出されている、と書いているのである。この新聞つまり農園主の機関紙『モーニング・ジャーナル』は続けて次のようにのべている。

「かれには判断力が欠けているので、イギリス国王を代表し、重要な国務を遂行するには不適格である。かれの能力は、その重要な地位に耐えうるものではない。……かれは、自分の頑迷な意志に従っているのである。」

このような一般に広がった反エア感情は、エアが、自分はジャマイカの法律など知らないしまた尊重する気もない――「本国の植民地相がわが法律である」――と、なにはばかることなく主張しながら、長年にわたって専断的行為をとり続けたことの直接的結果である。エアのやり方を端的に示す実例には、一八六二年の路面電車事件がある。それは、首都スパニッシュ・タウンから四〇マイルにおよぶ路線を七万二千ポンドの見積り価格で敷設する現地技師の提案に端を発した。提出された設計図は次に示すようにまことに簡単なものであった。

この島の最も重要な公道のど真中の使用〔権〕が永久に失われることには、ジャマイカ中のあらゆる有力な人びとが反対意見を表明したが、エアはそれに逆って計画を強力に支持したのである。抗議側は長さ二五フィートのレールをイングランドに送ったところ、そのレールは、植民地相顧問技

師から使いものにならないと断定され、その現地技師は停職処分を受けたが、植民地省次官のお気に入りのエアにはなんのおとがめもなく、かえってその地歩を固めることになったのである。

この男が、ジャマイカ議会の議員ジョージ・ウィリアム・ゴードンと衝突することになる。ゴードンは、白人農園主の息子として生まれ、白人女性を妻にもつ富裕なカラードであった。ゴードンは、かれなりの宗教心をもち、植民者が伝統的に嫌悪していたバプティスト派——植民者たちはフィリッポやニッブのようなバプティスト派の果たした役割を決して忘れてはいなかった——のメンバーであり、典型的な民衆煽動家——第二次世界大戦前の直轄植民地下の西インド諸島史研究家がよくみかけるタイプの煽動家——であった。

では、ジョージ・ゴードンとは、いったいどのような人物だったのか。われわれは、現存する限られた記録から、ある程度、かれの性格を判断できる。シューエルの分析とアンダヒルの一八六五年の書簡によれば、ゴードンは、解放後三〇年経過したジャマイカ農民の追い込まれている状況にたいしてはげしく批判していたが、そのことはきわめて重要な意味をもっていた。ゴードンは、とくに、公費によるインド人年季契約労働者の導入に反対していたのである。

一八六二年六月九日、ゴードンは、キングストンの町から総督秘書官宛に次のような書簡を送っている。

「この町の大部分の住民が、ひじょうな苦痛を味わっていることを、慎んで閣下にお知らせします。町の人びとは必需品をしきりに求め、ほとんど連日のように餓死する者がでております。……このキングストンの町には、文明のいかなるしるしもあるいは恵み深い御威光もまったくみいだせません。キングストンの町はみるからに傷ついております。また、町は永遠に無力な状態におかれ、残忍な制度が町中のすべてのものを汚《けが》しております。以上のすべてが真実であり、また何としても否定しえないことでありますので、政府は――これまでは経費がかさみ無駄金を捨てるに等しいアジア人やその他の人びとのこの島への移民制度を奨励してまいりました――これからはキングストンの苦しみにあえいでいる住民や外国人を救済するために意を用い何らかの努力をすることが必要になってきております。」

五日後に、ゴードンは、植民地相ニューキャッスル公〔一八一一―六四〕宛に、インド人移民問題から生じたジャマイカ全体の貧困と不正を問題にした書簡を書き送っている。ゴードンの書簡の一節に次のようなものがある。

「……苦力《クーリー》〔インド人労務者〕の導入という事実を考えてみますと、その問題はますます由々しい問題になりつつあります。これらの不幸な人びとのうちの一人を昨日路上でみかけましたが、ほとんど裸同然の姿でした。キングストンの他の住民もまったくみじめな状態にあり、それはますますひどくなってきております。このことにかんしましては政府に責任があり、したがっていまこそ、この島の衛生状態を考える必要があります。」

「さらにわたくしは、次の点についてぜひのべておきたいと思います。数日前、わたくしがキングストン裁判所にでかけたさいに、前日に裁判にかけられ、その日は再留置され、翌日また裁判官のまえにひきだされた二人の苦力をみました。窃盗容疑でしたが、通訳がいないので──というのは、通訳に支払う金がありませんでしたしまたそういう問題についての規定もなかったために──、審理を進めることは不可能でした。そこでこの二人は釈放されて、ふたたび巷《ちまた》に放りだされてしまいました。こうしたことは、告訴した原告(原告は国王の名において告訴するのだが)にとってだけでなく、社会全体にとっても明らかに許せない不満の種をあとに残した事例であります。そして、このことは、究極的には、この島の全面破壊につながるに違いありません！　われわれは、大農園主《ジエントルメン》たちの個人的・私的農園で働くこうした苦力たちを導入するために課税されております。ところが、ここでは、かれらを保護するものは何一つなく、かれらが乞食にも等しい状態になればなったで、われわれはさらに課税されることとなり、われわれにはなんら救済の道はなく、苦力にたいしても身柄の拘束をしないということは、法廷の証明する通りであります。」

ジャマイカにおける弊害全体をこのように攻撃するにさいして、ゴードンは──洗礼こそイギリス国教会で受けはしたものの、信心深いバプティスト派であったから──教会の弊害に集中攻撃を加えている。国教会は、黒人農民を含むジャマイカの担税者に年間で約四万五千ポンドの税を課し、そのうちの千四百ポンドは、島には住まないでヨーロッパに在住しているジャマイカ主教に送金されたのである。一八六二年六月三日、ゴードンはキングストンの主教宛に、教会の悪弊のうちでも最も悪名高いいくつかの事例について書き送っている。そのなかで、ゴードンは、ある副司祭を非難しているが、それは、かれが教区住民の税金で雇われた聖職者であるにもかかわらず、その義務を怠り、もっぱら家畜仲買の取引きに頭を突込んでいたためである。書簡は次のように続けている。

「以上にのべたことすべてに加えて、かれは正真正銘の投機家であります。なぜならかれは、ガーデン・リバー大農園の所領から老いぼれた家畜を購入しては、それらを飼育し転売しているからであります。またかれの行動は、さまざまな点で教会規則にまったく反し、その給料は、貿易や商売に手をださなくともすむように特別に用意されているのに、司祭職の名を汚しているからであります。さらにかれは、自分もメンバーとなっているジャマイカのバス市〔ジャマイカ東部内陸の町〕の某団体に砂利を調達し、他人名儀を使った勘定書を手に入れる仕事をやっているからであります。またかれは、現在ココナッツの取り引きにたずさわり、そのために信者訪問と福音の仕事に要する時間はすべて、それらの儲け仕事にとられています。したがって、かれの説教——説教と呼べるかどうかはあやしいものですが——は、ふつうは原稿などなく、支離滅裂なお粗末きわまるもので、会衆は大きな不満をもっております。以上にのべたすべての事実にみられるように、かれの悪行は、だれの目にも明らかであります。こうしたことがこれ以上続くことは許されるべきではなく、また調査の結果、こうした非難が正当であるとわかれば、教会規則や法律に規定された救済策がとられなければなりません。かれが聖職者の仕事にたずさわる日は、日曜日ただ一日だけであるように思われます。その他の六日間は、前述したように、牧場管理人、大小さまざまの家畜の仲買人として、自分の私腹をこやす私的利益の追求にあてられているようにみえます。」

エアは、周囲の人種的偏見にどっぷり浸ってしまっていたので、ゴードンのようなタイプやかれのような気質の人間に好感をもつことはまずありそうにもなかった。したがって、後日、エアの伝記作家は、ゴードンについて、「向こうみずで、下らない、節操のない煽動家であり、ジャマイカ島のすべての名望家に敵意を抱いて」いたと書いている。エアは執念深いたちで、いかなる機会も逃さず、全力をあげてゴードンに報復を加えた。かつて、エアは、治安官の地位にあったゴードンを、みえすいた口実で解任したことがあったが、そのためにかれは、植民地省から一度ならず譴責処分を受けたのである。植民地省は、エアの気ままな人身攻撃のやり方、また自分の方針を攻撃されたり弁護されたりしたばあい、それらの人びとを遇するかれ一流のやり方をひじょうに心配していた。譴責処分の一つには次のように書かれている。

「ゴードン氏からだされた苦情は考慮するに足らず、と貴殿が拒否されたことについて警告するものである。無視しえないほどの数々の問題があり、またその証拠がかくされようとされていることが判明した現在、ゴードン氏のごとき人物からえられた情報は、いかなる方向で調査を行なうべきかを指示するものとして役立つであろう。」

いかなる好機も逃さずにエアがゴードンを攻撃したとすれば、ゴードンもまたあらゆる機会をとらえてエアに反撃した。一八六二年八月二〇日、ゴードンは、友人の牧師ダンカンに、ジャマイカで進行している状況について警告している。ジャマイカ政府の統治は、かれのみるところ、以前にもまして悪化しているが、いまではそれよりもずっと悪化してきているのである。ゴードンは次のように書いている。

「一、代理総督の行状は、この島の政治を卑《いや》しめるものであり、イギリス政府がどうしてかかる人物を派遣したのか、と人びとは首をかしげはじめている。このままいけばいったいどうなるのだろうか。

二、エアは、悪人ばらの仲間であることを自分から示している。かれには正義感もなければ人間性のひとかけらもない。

三、エアは偏見に満ちた人物で、愚かな陰謀家たちにあやつられるがままになっている。かれらはエアを欺き邪悪な行為をするように仕向けている。

四、エアは、他人の訴えにはまったく耳をかさない人間である。かれは、公正な名誉を重んじるやり方で判断——当然そうすべきである——せず、党派心をむきだしにして、いかに下らない者でも〔自分の側にある〕人間とみればそれを弁護し、……〔そうでないばあいには〕だれにたいしても、憎悪と復讐の念を抱いて恥辱を加え、刑罰を科し、名誉を傷つけたりするのである。
五、かれは、いかなる改革の試みも認めない。現在ジャマイカでは、第二の隷属状態が急速に形成されつつある。すでに民衆はそうした事態に危惧の念をもちはじめている。
六、これまでにも無視されてきたこの国の政治諸制度――というよりもむしろ、制度は無きに等しいのだが――は、いまでは、代理総督エア氏の政治運営によってはっきり放棄されている。かれは、わたくしのばあいにみるように、治安官が――個人的資格であれ、その言葉がすべて真実なものであっても――なにか報告しようとすると、それは、故意にわい曲して作りあげた虚偽の通告であるといい、かれが職務を遂行したという理由で、また貧しい人びとをかばったという罪で、さらには真実をのべたからといって即刻、かれを治安官の職務から解任するのである。」

議会は、ゴードンのために聴聞会を設けたが、それがかえって総督との紛争に火をつけた。このときのゴードンの態度と意見は、いずれも穏当さを欠いていたために、仲間である議員たちの反感を買い、このことは、反乱勃発のさいに、ゴードンに不利な証拠としてのちに利用されることになる。

次にあげるのは、ゴードンの議会での答弁をひじょうによく示している。

「ゴードン――閣下は、この国を統治する天与の才に恵まれているとは思われません。(「議事規則違反」との声。) わたくしは、名誉に値いする人には尊敬の念を払いたいと思いますし、力量のある人ならばだれであれ尊敬いたします。しかし、支配者が正義の剣を振るわないならば、かれは軽蔑され憎悪されてしかるべきであります。あらゆる特権、あらゆる権利、そして憲法のあらゆる目的は、そのときどきに国の統治を委託されている総督《ジエントルマン》によって、最高の誠実さと清潔さをもって維持されなければなりません。かれが、委託された目的を逸脱するや否や即刻、かれはその高貴な地位から転落し、心卑しい尊大なおためごまかしの人間になり果てるのであります。」

「議長――議事規則違反だ! 貴君の発言は許すべからざる言葉である。貴君は、自分が議事規則違反をしていることは先刻御承知のはずである。」

「ゴードン――議長が、わたくし〔の発言〕が議事規則に違反していると申されるのは遺憾であります。しかし、総督代理の違法な行政を日夜、目《ま》のあたりみているわれわれといたしましては、はっきり申し上げておかねばなりません。議長、あなたがいまなされていることは、世論を抑えつけ、民衆の怒りを封じ込めようとなさっていることなのです。しかし民衆の怒りは、たちまち洪水となってあふれだし、それをさえぎろうとするすべてのものをきっと押し流してしまうでしょう。ものごとには、――圧政にも違反行為にも不法にも! ――限度というものがあります! 圧政といえば、ヘロデ王〔前七三―四〕の時代――暴君支配の時代――を思い起こします! わたくしは、かつて、このような暴政を行なった統治者を〔エア以外に〕みたことがありません。かれは、自己を正当化しようと努める一方、ときには警察力を動員し不法行為を押し通しております。このようなことで収監中の囚人たちの模範となるでしょうか！　一般民衆に範を垂れることになりましょうか！　総督代理が、こうしたやり方を続行するならば、次に民衆がいかなる手段にでるか、おわかりでしょうか。」

「ルイス――反乱だ（笑声）」

「ゴードン――おおせの通り！　反乱となりましょう。この国のすべての法が、かくも公然と無視されるならば、不満を抱いた民衆は蜂起し、総督代理が民衆の感情を鎮静させることは不可能となりましょう。エア氏は、自分は、女王陛下の代理人であると申されてますが、かれに行政能力のないことは明白であります。そこで、かれを早急に更迭しなければ、かれの不法行為のためにわが国は混乱状態に陥るでしょう。総督が独裁者や専制支配者となれば、そのときこそ民衆は、かれを総督の座からひきずり降ろし――「われわれはもはやこれ以上おまえに支配されたくはない」といいだすでしょう。エア氏のやり方は、この国の平和にとって、とくに危険なものであり、またこの上なく独断に満ちて不公平で不法なかれの行為は、ただちにやめさせるべきであります。議会は、次々に譲歩を続け――いきつくところ議会は、万事について総督に譲歩してしまうのではないでしょうか！　もしも議会が、高貴な精神をもつ人物を支持するためにそのような譲歩を重ねるのであれば、申し訳もたちましょうが、無能な人物の地位保全のために、国家の利益と社会の安全を放棄するのであれば、そのときこそ民衆は、「おお、なんたる不幸な事態よ！」と叫び声を上げだすでしょう。そのことは、この国の名誉を傷つけることであり、かかる無能な連中が為政者として選出されているのは、この国にとって不幸なことであります。ああ！　セント・デイヴィッド選出議員よ。現在貴方は閣下を擁護しておられますが、もしも、ほんの少しでもエア氏のむち打ちのしごきをお受けになりますれば、エア氏について語られていることがすべて真実であることがおわかりになりましょう。わたくしは、ここでいまさら閣下に反対する意見をのべるつもりはありません。なぜなら、これまでにも反対意見のほうが閣下にまさり、また現在でもそうであります以上、それは蛇足だからであります。わたくしが、将来いつの日かかれを制することがあるとしても、それによって偉大な勝利をおさめたとは考えません。なぜなら、わたくしは、かれを偉大な能力に恵まれた名誉を重んじる人物とは考えておりませんので、たとえかれを制したとしても、大勝利をおさめたという気分にはなれないからであります。（「議事規則違反」との叫び声！）セント・デイヴィッド選出議員には、エア閣下が公共の利益に反する罪業を犯してきたことを、きっとおわかりいただけたものと思います。また、議員におかれましても、ブラックストーン〔一七二三―八〇〕その他の学殖豊かな註釈者たちのいう公共の利益に反する罪業とはなにかについて御存知だと思います。」

「バロウ——議会が公共の利益に反することをしているというのか。」

「ゴードン——セント・トマス・イン・ザ・ベイル選出議員には、以上のことがらの本質を、とくと御承知願いたいと思います。ポート・ロイヤル選出議員は、総督代理と行政委員会の下した命令に感謝すると申されております。セント・キャサリン選出議員がのべられたように、そのことだけでも、民衆が公然たる反乱を起こすのはまったく正しいのであります。もしも、総督の側に不法な行為が許されるのであれば、民衆の側にもそれと同じことが許されてもよいでありましょう。現在のジャマイカ総督ほど、残酷で権力欲にとりつかれた人非人は、いまだかつてみたことがありません。」

「議長——議事規則違反だ。違法だ。許されざる発言だ。」

「ヘンダースン——総督についてそのような発言が、本議場でなされてよいものかどうかうかがいたい。」

「議長——ゴードン議員の発言には、すぐさま議事規則違反を申し渡している。」

「ゴードン——わたくしが申し上げているのは、もしも法が無視されるようになれば、無政府状態と流血の事態が起こるということであります。（議長席と場内から「議事規則違反」という叫び声。）わたくしは、誇張していっているのでもなければ偽りを申しているのでもありません。わたくしが申し上げているのは、無秩序状態となるだろうということ、いかなる統治組織もなくなるであろうということ、総督代理が法を破って民衆に最悪のお手本を示しているということ、であります。諸君は、民衆には判断力がないと申されるかも知れない。しかし、極度の貧困に陥り悲惨のどん底におかれた臣民こそ、抑圧の実態を最も適確に判断できると申し上げておきます。民衆は、自分たちには正義はまったく行なわれず、斧ははや樹の根に置かる〔マタイによる福音書第三章一〇節〕と感じており、その意味では、ポート・ロイヤル選出議員の意見はまったく正しいのであります。」

「ヘンダースン――わたくしは、ゴードン議員の申されたようなことを言ったのではありません。この議場で、ゴードン議員が、わたくしが無政府状態であると報告したなどといっているとすれば、それは間違いであることを申し上げておきます。わたくしはいまこのようにおだやかに申し上げてますが、もしこれが議場外での発言であれば、よりきつい言葉でゴードン議員に申し上げたい。わたくしが実際に申しましたことは、特殊な状況下にあるこの国において、総督と行政委員会が一時的に命令を下すことは十分に正当なことであったし、またそのさいにとられた措置は立派なものであった、ということであります。状況によってはとるべき措置も変わるのであります。」

「ゴードン――今夜のこの議場において、だれが不法な命令の原則を支持しているかがわかります。たとえ天空が落下しようとも、正義が行なわれなければなりません！　――ポート・ロイヤル選出議員がなんと申されたにせよ、正義は行なわれなければならないのであります。もし貴議員がお望みならば、院外で正々堂々とお目にかかりましょう。これ以上かかる総督の支配を受けなければならないとしたら、民衆は、急拠戦闘準備にとりかかり自治制をしかなければなりますまい。(「議事規則違反」という大きな叫び声！) キングストン選出議員(バウアーバンク博士)は、わたくしに反対されて皮肉をいわれ、わたくしを向う見ずな議員呼ばわりされました。博士の御意見では、われわれは総督代理の地位を奪うべきではなく、かれにたいする怒りを口にだしていうべきではないということになります。腹痛を起こしたときには、薬草のだいおうかそれに類するものが効くことぐらいはわたくしも存じております。もしも学識ある博士が、総督代理の精神から、なんらかの不純物——それが総督代理と本議会および民衆との間に介在して衝突の因となっているのですが——を除去できれば、博士はまことにすぐれた医者であると思うのであります。」

「バウアーバンク博士——かれ(ゴードン)は当議院の面汚《つらよご》しだ。」

ジャマイカ反乱をひき起こす地雷はすでに仕掛けられていたのである。あとはそれに点火さえすればよかった。セント・アン教区農民による請願——地代(の支払い)を確保するために「女王陛下の御料地」の一部を共同して耕作することを求めた請願——にたいする女王(つまり植民地省)の回答が、反乱に点火する要因となった。女王の回答は以下のようなものであった。

「ジャマイカにおいても他の諸国においても、労働者階級が繁栄するには、他の諸階級が繁栄するばあいと同じく、労働力が必要とされ、またその必要性が続く限り、かれらの労働にたいする賃金は不安定ではなくあるいは不規則でもなく、つねに確実に切れ目なく支給されることが必要である。もしもかれらが勤勉に働き、それによって農園《プランテーション》の生産性を向上させるならば、かれらは、わが国の最良の屋外労働者が同一労働時間で受けとる賃金よりも高い賃金を、農園主から受けとることができるであろう。また生活必需品に要する経費は、イギリスよりもジャマイカのほうがはるかに安上りであるから、勤勉さに加えて分別を働かすならば、旱魃や飢餓にさいしても、十分に備えることが可能である。また労働者は、自分たちの身近にある繁栄の手段を利用するには、これまで自分たちに向けて提案されてきたような方式によってではなく、自分自身の勤勉さに分別を働かせる必要があるということ、また、その改善は自分たちの置かれた条件のなかで求めなければならないということを考えてほしい。」

「また女王陛下におかれては、労働者が自分自身の長所を生かし努力を重ねて進歩することに関心をもたれ満足の意を表明されるであろう。」

植民地省はエア氏を支持し、アンダヒルの提案を拒否し、ゴードンを無視した。ここに民衆護民官の活動が始まる。次の文章は、のちに反乱の舞台となるモラント・ベイにおける大衆集会でのゴードンの演説である。

「貧困に苦しむ諸君！　飢えにあえぐ諸君！　着るものとてもない裸のままの諸君。諸君には砂糖を栽培する土地もなければ、かといって他に働き口をみつけるすべもない。われわれは、諸君に、われわれの下に結集せよと呼びかける。裸のままであってもよい、われわれの下に結集せよ。そして、総督エア氏とその監視人一味が諸君を代表しているのは、不当であると抗議しよう。諸君には、その苦悩を語るのに監視人など必要でない。諸君に必要なのは、政治権力に関係のない人びと——正直な人びとなのである。」

「セント・トマス・イン・ザ・イーストの諸君。諸君はこれまで余りにも長い年月にわたって虐げられてきた。諸君のなまけ心を振り捨て、集会の準備を進めよ。家族の窮乏とみずからの絶望的な状態を思い起こすのだ。諸君が、破廉恥で暴虐な外国人監視人ケテルホルト氏の無法な行為をやめさせ、みずからの権利を守ろうとしたことにたいして政府は諸君を非難している。諸君はそうした事態に気づいているし、それも不思議なことではない。諸君は、これまで挑発的な行為にじっと我慢してきたが、いまやその長い間の忍耐に終止符を打つ機運は熟している。いまはそうした不法な行為がゆるされる時代ではない。しかし事実はその反対で不法行為がなされたのであるから、いまや諸君の義務は、声を大にして訴え、行動を起こすことである！　二九日は、われわれが起ち上り、行動を起こす日である。諸君の言い分を主張し、そのために力を結集せよ。諸君の苦しみの原因は数多くあるが、いまこそ、それらを究明する時期である。真理によってその目を開かれた者のみが、自由であるということを忘れてはならない――諸君はもはや奴隷ではない。自由人なのだ。したがって二九日には、自由人らしく各人の本分を尽くせ。諸君の声を封じ込めようとして公文書を作成することが、たとえ軽率な行動ではないにせよ、そうした行動は、諸君の意見の自由な表明を押えつけようとするものであることは明らかである。これを甘んじて受けようというのか。諸君は、監視人ケテルホルト氏の、人の目をくらませるもくろみを見分けることもできないほど、先の見えない人間であるのか。かれはどの教区会に出席しても、会合が終わるまで貧民たちの主張をはぐらかせ、なに一つかれらのためにしたことはないということを知っているか。なんと天然痘基金までも着服し、そうでなくとも、それを不正に配分し、そのためかれが救護物資を送らないでいるうちに、多くの人びとが貧困に苦しみ悲惨な状態で死んでいったことを忘れたのか。かれが貧しい人びとのための基金を医者や牧師に渡さず、自分の友人に与えたり、自分のふところに入れたりしたことを忘れたのか。かれが、ハーシャル、クーク両氏のあらゆる不正行為をかばっているのを諸君はみすごすのか。かれは、自分の都合次第で、聞こえない振りをしたり、急に聞こえるようになったりするのを知らないのか。諸君は、かれが、昨年および今年の選挙のさいに、抑圧的な手段をとったことを忘れたのか。セント・トマス・イン・ザ・イーストの住民諸君よ。諸君は、諸君の平和に敵対し、諸君の見解とはまったく違った考えをもつ人物である一監視人によって苦しめられてきた。一八六五年七月二九日には、諸君の義務を果たすのだ。自らを救うために努力せよ。天もまた諸君を助け給うであろう。」

後日のエアの報告によると、一八六五年一〇月七日の土曜日に、楽隊に先導され、棍棒を武器にした多数の黒人が、仲間の一人が審理されていたモラント・ベイ裁判所を包囲した。もしも有罪の判決がでれば、かれを救出する決意をしているものとみうけられた。黒人たちの一人が治安妨害のかどで逮捕されると、かれらは裁判所を襲撃し、囚人を救出するとともに警官隊に暴行を加えた。翌週月曜日に、先週土曜日の治安妨害事件に関係した二八名に逮捕令状がだされた。警官隊は、銃、短刀、槍それに銃剣などで武装した黒人の大部隊と衝突し、三名の警官が手錠をかけられ、黒人に味方する旨を聖書にかけて誓約させられるという散々な目にあった。一〇月一二日に反乱が勃発し、ドイツ人監視人とその他の人びと——そのなかには二二名の将校と兵士からなる義勇軍の全員も含まれているが——が殺害された。エアの報告によれば、それは、「きわめて容易ならざる恐るべき暴動」であり、隣接諸地域に急速に拡大していったのである。

エアは、現地の軍隊を動員するとともに、カナダ、バハマ諸島、キューバ、バルバドスに増援隊を要請し、戒厳令を布いた。法律の知識などまったくない若造《わかぞう》たちが、ピクニックを楽しんででもいるかのように囚人たちを処刑した。ある人の後日談によると、戦闘中兵士たちは、まるで椋鳥《むくどり》でも追っているかのように反徒目がけて発砲し殺戮したのであった。

のちに任命された王立委員会での証言例には、次のようなものがある。

「わたくしは、午前中に、まず四人を鞭打ち、ついで六人の反徒を絞首刑にした。」

「われわれは、九人に鞭打ちを加え、三軒の黒人家屋を焼払い、次いで五、六〇人にのぼる囚人を軍法会議にかけた。数人の者は軍法会議抜きの簡単な調査だけで鞭打ち刑にされた。牧師とか校長とかいうジョン・アンダースンなる男は、鞭打ち五〇回の刑を受けた。鞭打ち百回の者もいたし、その他八名の者が絞首刑や銃殺刑に処せられた。」

「軍隊は、三軒を除いて全家屋に火を放ちながら、この美しい地点を通過した。……コノリーという男は、火を放ちながら一方では、狙いを定めては一人ずつ射ち殺していた。」

「……九人を銃殺刑に、三人を絞首刑にした。反徒たちの手で絞首刑を執行させたが、これは、まだ生きている者に恐ろしい心理的効果を与えた。——この地方の自然は美しく、放牧地にはさまざまな家畜が多数飼育されていたが、寡婦三人の家屋を除いて、すべての家屋が焼払われた。」

「ホールは、部下とともにマンチョニイル周辺で目ざましい活躍をし、黒人で申し開きのできない連中は全員射殺している。ポート・アントニオでは、ネルソンが、軍法会議を開いて盛んに絞首刑を執行している。われわれのところには囚人たちを送り込まないように願いたい。ふつうの法律ではなに一つ処理できないのだから。……悪漢共をうまく処刑するように。」

「これが戒厳令なるものの姿である。兵士たちは戒厳令を楽しみ、住民たちはそれに恐れおののく。もしも、住民が自分の家に駆け込みでもすれば、逃亡のかどで射殺されるのである。」

総督は、ゴードンを攻撃するチャンスが到来したと考えた。かれは、ゴードンの計画はジャマイカを第二のハイチにするものであり、その目的達成のために、ゴードンは武器・弾薬を積載した南軍の縦帆式帆船(アメリカ合衆国の内戦はまだ進行中であった)を購入する交渉をしていると主張し、ゴードンをキングストンで逮捕し、そこでは戒厳令が布かれていなかったのでモラント・ベイに移送し、その地で軍法会議にかけ、死刑を宣告した。そして、ゴードンは、モラント・ベイ到着後わずか数時間以内に絞首刑にされた。

その知らせは、イングランドにとっては青天の霹靂《へきれき》であり、大きな衝撃を与えた。政府は、一二月三〇日に調査委員会を設置し、その議長がエアの総督職を代行することとなった。委員会報告は次の通りである。

I

「セント・トマス・イン・ザ・イーストにおける騒乱の直接的原因は、合法政府にたいする計画的反抗によるものである。」

II

「その反乱を起こすように決意するにいたる原因にはさまざまなものがある。

(1) 秩序破壊者の主たる目的は、賃貸料を支払わないですむ土地を獲得することにあった。

(2) 法律無視に拍車を掛けた誘因は、労働者階級が裁判所——かれらの利害関係に影響する論議の大半はそこで裁決された――にたいして一般的に抱いている不信感によるものであった。

（3） さらには、政治的・個人的な敵対者への憎悪によって奮い立った者もいたが、かなりの数の者は、その島の在住白人を殺害・追放すれば、目的が達成されると考えていた。」

Ⅲ

「合法政府の打倒という計画は、当初はセント・トマス・イン・ザ・イースト地区の一部に限られていたが、実際には、騒動は急速に島の広大な地域に拡大していった。また、島の他の地域に拡大していく誘発力は大きかったから、反徒たちが、一時的成功以上の成果をあげていたとしたならば、かれらは完全に勝利をおさめ、島民たちの生命と財産ははるかに多く失われるにいたったはずである。」

Ⅳ

「総督エアが、暴動の最初の段階で示した手腕、敏速な行動、武力の行使は賞賛に値する。暴動が迅速に終束したのは、そうしたエア総督の資質によるところ大であった。」

Ⅴ

「陸海軍の作戦は、迅速かつ賢明なものであったと考えられる。」

Ⅵ

「戒厳令を法の許す限りできるだけ引きのばしたために、人びとのもつ生命と財産の安全を保障する偉大な憲法上の特権が、必要以上に長期にわたって奪われた。」

最後に

「人びとに科せられた刑罰は、常軌を逸していた。

(1) 死刑が必要以上に執行された。

(2) 鞭打ち刑は無謀な行為で、バスのばあいは明らかに残虐でさえあった。

(3) 一千戸におよぶ家屋を焼き払ったのは無軌道で暴虐な仕打ちであった。」

委員会の算定によると死亡者数の総計は四三九名にのぼり、うち軍法会議で死刑の宣告を受けた者は三五四名であった。委員会は、バスでの処刑方法——九本の紐が一束になった鞭に針金を巻きつけ先端を結んでこぶにした鞭による鞭打ち刑——を非難している。またゴードンの反乱加担問題——そのことは、とくに植民地省を動揺させたのだが——については、委員会は次のように報告している。

「それ故に、ゴードン氏がさまざまな言論や文書を通じて、ボーグルやその一味たちの考えに実質的な影響を与え、また、島の各地に興奮と不満の状態——おそらくこのことが騒擾をことのほか拡大させたであろう——を作りだすさいに大きな役割を演じたことはきわめてありうることではある。しかし、これまで提示された証拠からは、かれがモラント・ベイの反乱に加担し、あるいは政府に反対する全島的な陰謀団の一味に加担してきていたという点についての十分な証拠をみいだすことはできないのである。」

「実際に、広汎な陰謀が存在したというのであれば、G・W・ゴードン氏がそれに加担していたはずだという仮定も成り立ちえようが、われわれのかれがかかわった問題について到達した結論では、そのような陰謀が存在しなかったということは明白である。」

エアは、自分のとった行動を熱心に弁明しているが、それについて分析してみよう。

(1) 反乱中に起こったあまり重要でない問題についてとるべき措置はすべて軍当局に一任されていた。

エアは、国務省宛書簡のなかで次のように詳述している。

「戒厳令施行下にあっては、ふつうのばあいならばとうてい正当化できないような事態が発生したかも知れないこと、また、その人格・能力・気質・経験・判断力の点でそれぞれ大いに異なる下級士官の自由裁量に余儀なく一任された事態が多々あったということ、あるいは、状況によっては、不測の事態にそなえて、かれらが責任をもって措置しなければならなかったということ――以上のようなことは大いにありえたことであります。こうした事例はまことに悲しむべきことではありますが、しかし、反乱時にはつきものの興奮状態や緊急事態の下で、そうした事態の発生を抑止し事前に防止することは、いずれも不可能なことであったと思います。……」

「……これらすべての士官たちのうちでも、地位が上の者や高潔な精神の持主は、その判断や処置のやり方という点からみて、適切さを欠いたりあるいは不正な措置をとった者はなかったということを、絶対に保証いたします。なお、この問題にかんする資料をさらに示さなければ、現時点では不満足に思われましょうが、そうした点については、かれらが十分な説明を加え、自分たちの正当さを主張する用意はありまたそれは可能でもある、ということを信じて疑いません。」

「わたくしの記憶が正しければ、ホッブズ大佐自身のしたためた書簡の一つに、移送できなかった囚人たちがいたので、やむをえず射殺を認める処置をとったというのがあります。こうした処置は、軍法会議の判決のでた既決囚が、女王陛下に敵対して武器をとったという事実のある囚人たちであるか、あるいはかれらが反乱に加担したという確たる証拠があったばあいにとられたものであると思います。戦場における士官たちは、〔報告書を〕きわめて悪い条件下で書いているのであり、そのさいかれらは、一日の〔戦闘の〕疲労と心痛のために身心ともに疲弊していたということを忘れてはなりません。そのような状況下では、かれらの報告書が、われわれの知りたいと思うすべてにわたって、詳細に書かれているものと期待することはほとんど不可能であります。」

（2）　それは恐怖心をしみ込ませるために必要であった。

エアの口を借りて、かれの植民地統治にかんする哲学の大要をのべさせてみよう。

「恐怖心をしみ込ませることによって、他の諸地方にセント・トマス・イン・ザ・イーストの恐るべき事例の轍を踏ませないようなみせしめにすることが必要でした。」

「結局のところ、全体的にみれば、以上のような厳しい措置が慈悲を垂れる結果となったのであります。また、反乱を起こしたかどで少数の者に厳罰を科したために、長期化し、流血の惨事をまねき、また高いものにつくストライキから、植民地とイギリスを救うとともに、ほとんど間違いなく多数の者の生命も救われたのであります。なぜなら、ぜひ御記憶願いたいことは、ジャマイカのように面積が広く、人口稀薄な山岳地帯では、山塊を横断する道路がなかったならば、全島にひろがる反乱鎮圧は容易ならざる仕事であり、また短期間で片のつく仕事でもないからであります……。」

「……即決裁判の実施は避けられないことでした。また軍事行動を成功させるためには、いささかなりとも躊躇すれば、事態は致命的なものとなったでありましょう。」

(3)　黒人はヨーロッパの農民と同じようには扱えない。

王立委員会に提出された証拠をもとにエア自身の口を借りて語らせよう。

「以上の諸点について正しい結論をひきだすためには、次のことを前提にして考える必要があります。」

「第一に、その文明が未発達のままであり、また迷信の世界の影響下にあるために、黒人をヨーロッパの農民と同じように扱うのは適切ではないということ。……」

「第二に、人種的にみて黒人は、きわめて興奮しやすく、かつ衝動的行動にでやすく、また騒擾とか反乱行動に巻き込まれると、大多数の黒人が間違いなくそれを支持し、その数もますますふえてくること。……」

「第三に、人種的にみて黒人は、きわめて口が固く、かれらからいかなる問題についても十分なまた明確な情報をえることははなはだ困難であること。したがって、かれらの計画なりもくろみなりについて細部にわたって正確に知ることなどはほとんど不可能に近いということ。……」

「第四に、黒人たちは、自分たちの内部に〔相互監視的な〕恐怖政治をしいており、そのために計画的暴動についてもその情報をかれらの口から探りだすこともできないし、またかれらがなんとかして自分の力で犯罪をなくさせるように努めることもできないようになっているということ。……」

エアの伝記作家ハミルトン・ヒュームは、のちに、ジャマイカ農民についてのエアの見解を敷衍《ふえん》し、その著『エドワード・ジョン・エアの生涯』〔一八六七年〕のなかで次のように書いている。

「現在の黒人は、一七九五年における黒人の姿そのままである。奴隷解放は、黒人を以前よりも怠惰・狡猾・肉欲的・放縦な性格にし、また悪事に走りやすいより危険な存在にしたにすぎなかった。」

（4）この島の聡明で思慮分別のある人たちは、わたくしと同意見であった。

この点についてエアは、王立委員会に縷々《るる》説明している。

「神の摂理にもとづいてとられたこのような措置は、ジャマイカを全島にまたがる恐るべき反乱から救出するための手段であり、また、わたくしが委託された女王陛下の臣下の生命・財産を救ったということは、わたくし一人の意見だけではなく、この島の聰明で思慮分別のある人びとの大多数の意見でもあります。またこのような意見は、立法権をもつ議会の両院ばかりでなく、イギリス国教会、ローマ・カトリック教会、非国教会派の聖職者たち、監視人、治安判事、教区役員、農園主、各分野の専門的知識人、職人さらには植民地全体の御婦人方によってもはっきりした形で、十分に熟慮された上で表明されているのであります。かれらは、数々の立派な演説のなかでわたくしに謝意を表明してくれていますが、それは、わたくしにとっては名誉なことであります。」

「たしかなことは、階級的・宗教的・政治的立場はそれぞれに異なっていても、大部分の人びと〔植民者〕がこの島で生涯を送るのであり、したがってかれらは、この島にかんしてはよく知っており、また住民たちの性格も十分に知っている以上、かれらこそが、急迫する危険を切り抜けた回避するために必要な打つべき手段についての最良の判定者であることは間違いありません。」

「植民者たちは、強力な政府をつくることによって、将来の植民地の安全と福祉をこれまで以上に保障しようとして、二百年以上もの間、代議制の下で享受してきた植民地議会の機能と特権をすすんで放棄いたしましたが、このことは、なににもまして、植民者たちが、わが身にはっきりとふりかかっている危険や今後もまた起こりうる同様の危険にたいして、措置をとる必要性を自覚していることの証拠であります。」

（5）　わたくしは、このすばらしい植民地を無政府状態と破滅から救った、エアは、その島を去るにあたり、ジャマイカ島の白人住民が提出した意見書に長文の回答を与え、そのなかで自分の行為を次のように弁明しようとしている。

「いかなるときであれ、とくに反乱が最高潮に達していたときでもあった雨期には、戒厳令の下で、われわれの軍隊が占領していた広大な島の全域で起きていることをすべて知りつくし、またそれに指示を与えて統御することは物理的に不可能であります。――このことは、ジャマイカ島の地勢をいささかでも知っている方や、島の各地域間を結ぶ連絡設備がわずかしかないことを承知していれば、ただちに理解いただけるものと思います。」

「原住民《インディアン》の暴動を鎮圧したさいに行き過ぎはまったくなかったのか。あるいは、かれらの暴動発生について探知できず、それを事前に防げなかった責任は、ジャマイカ当局にあったのか。」

「その暴動のばあいに、イギリスにおけるように、ジャマイカ島民に加えられた危害についての申し立てを一つ一つ集めてきて、全世界に知らせるような調査委員会を任命する必要があるとは考えませんでした。多くの点で野蛮人とほとんど変わることのない無知で興奮しやすい島民には信頼がおけず、また今回の反乱失敗によって復讐心に燃えております。とすれば、かれらの申し立ては、良かれ悪しかれ、反乱鎮圧という労ばかり多くして報われることの少ない仕事をした人びとに反対するものとなることは目にみえております。……」

「わたくしは、いま、生涯のほとんどをかけた公務から引退いたします。しかし、わたくしは、少なくとも、自分のしてきたことには大してみるべきものもなかったけれども、さりとて良心のとがめを受けるようなこととか、後悔の念にかられるとかいったようなことはしてこなかったという気持でみずからの心のなぐさめといたしております。」

「それどころか、わたくしは、いま職を辞するにあたり、いかなるときにもまたいかなる状況下にあっても、力の限り、女王陛下の僕《しもべ》として、職務に忠実に、なにものをも恐れず、また個人的利害で判断せず、自分の本分を果たすために努力してきたことを誇りにしております。」

「わたくしが公職から解任されれば、必ずや、わたくしの将来およびわたくしの敬愛する方々にきわめて不利な影響を与えることになりはしましょうが、以上にのべた確信がありますために、自分の地位が失われ、二五年間におよぶ公職歴がすべてふいになり、個人的には屈辱的な処遇を受けても、そうした措置に服することができます。わたくしを辞任に追い込んだ行動こそが、このすばらしい植民地を無政府状態と破滅から救ったのだという否定しがたい事実のまえには、わたくし個人の地位の喪失などは、まったく取るに足りない問題だからであります。」

ジャマイカ反乱は終結した。王立委員会は報告書を提出し、数百人の者が罰金を支払い、エアは罷免され面目を失墜した。ジャマイカは直轄植民地となった。一八六五年一二月一日、表面《うわべ》だけはエアに大げさに賛成しているかのような言葉を付して、植民地相はエアに次のように伝えている。

「選挙権にもとづく代議制や責任内閣制などを支える幅広い基盤がないというのであれば、事実上、その権力と責任を女王陛下に帰属させる以外に適切な代案はない。この方式は、トリニダードで実施されているが、その地の評議会は、常任・非常任それぞれ六名ずつのメンバーから構成され、決定権は総督にある。総督と官吏たちの措置にたいする植民者側からの抑制的権限は、〔評議会の〕論議のなかで自由に反対意見をだし、また総督は植民地相に報告するさいに、かれらの反対意見を記載しなければならないという面で行使される。植民地政府の措置にたいする究極的統制は、本国政府のばあいと同じくイギリス本国議会への提訴によってなされる。そして議会は、女王陛下の大臣たちが不当にその権限を行使したさいには、いつでもそれにたいする不満をきく用意があるのである。」

ジャマイカ反乱をめぐる政治的・思想的論争は、いまやイングランドにその舞台が移り、イギリスの知識人、歴史家、科学者、詩人、文学者たちは、エアをめぐって賛否両論に分かれた。

第八章　イギリスの知識人とジャマイカ反乱

ジャマイカ反乱は、イギリスの社会を、とりわけイギリスの知識人階級を完全に二分した。ジャスティン・マッカーシー(一八三〇―一九一二)は、その数年後に次のように書いている。

「イングランドでは、その数週間のあいだ、ジャマイカ島で起こった反乱とそれがいかに鎮圧・処罰されたかの話でもちきりとなり、それ以外の話題はほとんどなかったし、またそれ以外のことについてもほとんど考えられなかった、といってもよいだろう。……」

「ジャマイカ事件の経過は、どのように語ろうとも、悲惨で衝撃的な物語となるに違いない。このような話は、文明人たるキリスト教徒がかかわった今世代の歴史にはまったくみられないものである。たとえ、その鎮圧の仕方が、細部にいたるまですべて正当化されたにせよ、またその不幸な島で行なわれた恐るべき報復行為が、島の将来の安定にとって絶対に必要なものであったにせよ、なおかつそれは、戦慄をおぼえないでは読めないような歴史の一コマになるであろう。」

ジャマイカ反乱は、イギリス国民には寝耳に水であった。もっとも、イギリス国民は、イギリス人の残虐行為――とくに一七九八年のアイルランドにおける、一八五〇年のセイロンにおける、一八五七年のインドにおける残虐行為――をいままでにも知らないわけではなかった。またイギリス国民は、イギリス政府がアイルランド飢饉――セシル・ウッダム＝スミス女史の最近の著作『大飢饉――一八四五―四九年のアイルランド』は忘れ難い――のさい、アイルランド人にたいしてとったほとんど信じられないほどの冷淡で無関心な態度をも知っていた。

しかし、ジャマイカは、セイロンでもなければインドでもなかったし、いわんやアイルランドでもなかった。ジャマイカとイギリスとの関係は、クロムウェル時代以来の英領植民地として、セイロンやインドやアイルランドとの関係にはみられない特別な関係にあったのである。奴隷制をめぐって長い間おこなわれてきた論議はすべて、ジャマイカからイギリス国民に直接提起された問題であり、それは一八三三年の奴隷解放と一八五二年の砂糖関税の平等化で最高潮に達したのである。

ジャマイカ反乱がひき起こしたイギリス社会の分裂は、次の二つの団体が形成されたことに象徴される。一つはエアを支持するエア授護基金、もう一つはエアに反対するいわゆるジャマイカ委員会である。

概して文学者たちは、断固としてエアを支持した。かれらのなかには、一八六〇年代のイギリス文学界で最も重要な人たち――カーライル、ラスキン、テニスン、作家キングズリやディケンズ――が含まれていた。また科学者たちのなかには、ティンダル、地質学者マーチスン〔一七九二―一八七一〕、植物学者フッカー〔一八一七―一九一一〕などがいた。

他方、自然科学者たち——ダーウィン、ハクスリ〔一八二五—九五〕、スペンサー、ライエル〔一七九七—一八七五〕——にかんしてはエア反対の側についたものが圧倒的に多い。また大半の大学教授——歴史家のゴールドウィン・スミス〔一八二三—一九一〇〕、A・V・ダイシー〔一八三五—一九二二〕およびケンブリジ大学のヘンリ・フォーセット〔一八三三—八四〕、オクスフォード大学のT・H・グリーン〔一八三六—八二〕、経済学者のソラルド・ロジャーズ〔一八二三—九〇〕——もエアに反対し、またエアの反対者には、バクストン家やスティーヴン家の人びと、フレデリック・ハリスン〔一八三一—一九二二〕のようなすぐれた法律家、さらには『トム・ブラウンの学校時代』〔一八五七年〕の著者トマス・ヒューズ〔一八二二—九六〕などの奴隷制反対論者も含まれていた。急進的政治家たち、すなわち合衆国の内戦〔南北戦争〕で南部に反対したジョン・ブライト、教育立法の最初の起草者エドワード・フォースター〔一八一八—八六〕、エドワード・ベルズ〔エドモンド・ベルズ（一八〇三—八一）の誤り？〕も断固としてジャマイカ民衆の側に立った。政治・経済学者として著名でまた国会議員でもあったジョン・ステュアート・ミルは、エア反対運動のリーダー格であった。

エアを支持した者たちの主要な論点は、次の三点に集約される。

（1）帝国の支配権を維持する必要性

（2）黒人とヨーロッパの農民とは同等視できないという考え

（3）イングランドと諸植民地の労働者階級を統御する必要性

エア陣営の指導者は、当然のことながら、トマス・カーライルであった。『黒人問題にかんするエセー』と『無暴な企て』の著者であり、労働者の編成とエリートと手を結んだ指導者による支配を主張したこのネオ・ファシストが、ジャマイカ反乱のなかで目にとめたのは、黒人たちの出過ぎた行動をたしなめた「英雄」エアだけであった。この生来の〔英雄崇拝〕気質は——かれの胃弱体質によってますます強められたものであるが——、「一群の黒い野獣に感傷的になった」り、「一人の混血《ムラト》煽動者を絞首刑に処し」たことで総督を非難することをきっぱりとはねつけた。もしも自分がジャマイカ王であったならば、さらに次の四半世紀間も、エアをジャマイカの独裁者にすえておくであろう、とカーライルはのべている。またかれは、鉄道疑獄にかんするすべての記録についても、それらは取るに足りないもの、「石炭箱のようにゴチャゴチャした」ジャマイカ議会によるでっち上げにすぎない、と片付けているのである。

エア事件についてのカーライルの見解は、一八六六年八月二三日に、みずからが副総裁であったエア援護基金宛書簡のなかで、次のように長々とのべられている。

「現在起きているエア総督にたいする反対騒ぎは、イングランドの良識をはずかしめるものだとわたくしは考えている。またもしも、その騒ぎがなにか確固たる信念にもとづくものであり、たとえ口からでまかせの噂や風聞、その反復や反響のたぐい（わたくしはつねづねそうであるとひそかに信じているが）ではないとしても、わたくしは、最近のこの騒ぎが、国家およびその最高の利益にとって不吉な前兆となると考えざるをえない。わたくしの知る限り、エア氏とその経歴についてわたくしがこれまで耳にしていることに照らしてみるならば、次のような結論のでてくることは確実である。すなわち、かれは公正な人間味のある勇敢な人物であり、いかなるばあいにも信頼を裏切らず、実行にあたっては並々ならぬ能力をもっているということ、また最近ジャマイカでかれがとった措置は立派なものであり、おそらくは測り知れないほどの価値あるものであったということ——なぜなら、〔かれの置かれていた状況は、〕大洋の真只中で突然「船内の火薬庫に火がついた」との報告を受け、そうした一刻を争う状況のなかでは、人びとの生死は、報告を受けとった者のとっさの処置の適否いかんにかかっている状況に似ているからである——、要するに、この総督に処罰や罵声を沿びせるのはもってのほかで、名誉や感謝の言葉を受けるに値する人物であり、われわれの支配する国はどこであれ、大なり小なり似たような緊急事態が発生するならば、かれを見習うのが(控え目にいっても)賢明である、ということである……。」

「イギリス国民は決して無政府状態を好まないし、悲惨な気違いじみた騒乱とくに今回のように非人間的でけだものじみた騒乱に共感を寄せることもなかった。それどころか、イギリス国民は秩序を愛し、騒乱の敏速な制圧を欲した。またイギリス国民は、そのような狂気じみた破滅的な無暴な企てを煽動した人びと——かれらはすでにその報いを受けた——に涙を流すこともなかった。では、イギリス国民〔の精神〕はすっかり変わってしまったのだろうか。わたくしは、国民〔の精神〕はいまだ依然として変わっていないと思っている。――事実まだ変わっていないのである。ただ一部のだらしない浅薄な連中が、これまでにないほどの大声をあげて騒ぎ立て、〔そのため国民が〕その賢明さをどんどん失っていっているにすぎないのである。」

「ともかくも、いついかなるばあいでも、とくに今度のようなばあいには、わたくしは諸委員会〔の処置〕に期待するかあるいは求められずとも大衆の喧騒とあい対峙するものである。一イギリス市民としては、わたくしの名前を貴委員会に喜んで迎えていただき、なんであれ貴委員会が役立つと思われることにわたくしの名前を喜んで迎えていただかなくてはならないと思っている。わたくしの希望は、多くのこのような問題〔の処理〕にかんしてその衝に当たるイギリス人たちが、ただちにあるいは徐々にであれ、わたくしと同様の行動を開始することであり、また賢明に努力をし続けることによって、盲目で恥ずべき大衆の不正行為と並はずれた愚行が結局は阻止されてほしいということだけである。――このような愚行は、まったく言語道断のものであり、――大英帝国中のすべての植民地と総督が、このような行動によっていかに致命的な傷を負うかを推測できない人はないであろう。……」

「わたくしは、これ以上の尽力を約束できる状態にはないが、貴委員会に、わたくしの信念と善意のすべてを捧げるものである。なおほかにもわたくしにできることがあれば、緊急時には喜んで行動することをいとうものではない。同封した寄付金は、貴基金にたいするわたくしのささやかな気持をあらわすものである。」

エア支援キャンペーンにおけるカーライルの最大の支持者はラスキンであった。かれは、カーライルの古い友人でありまたその弟子でもあって、〔エア事件の起こった〕ちょうど一八六五年に、その『胡麻《ごま》と百合《ゆり》』を公刊している。ラスキンは、まぎれもなくカーライル流のやり方で、自分は、自由よりも統治権を支持することを、暴徒側に立つよりも国王側に立つことを、改悪者であるよりも改良者であることを欲すると宣言している。かれは、エアに浴びせられた「愚かな叫び声」に反対した。しかもかれの議論のやり方は、一世代前の奴隷制擁護運動を研究している者にはおなじみの議論であった。かれは、自分は白人・黒人を問わず、あらゆる種類の奴隷制に反対である、〔しかし、〕「黒人解放よりも白人解放のほうが先であり、それは、すべての運命の法則によって当然のことと考える」と主張している。

ラスキンは、エア援護基金に一〇〇ポンドを寄付し、一八六六年九月七日、〔議会の〕委員会でエア擁護の演説を行なっている。そのなかでラスキンは、エアのゴードンにたいする処置と、ロンドンのある紳士が自分の庭先にいた挙動不審の酔漢を射殺した最近の事件をとりあげて比較しているのである。ラスキンは、その議論を次のように展開している。

「庭先の塀に挙動不審な人影がうつったばあい、自分と数フィートの自分の土地を守るために、諸君がその挙動不審な人間を殺したとしても合法的である。しかし、自分の安全のためではなく、諸君の保護を信頼している一万六〇〇〇名の人びとの安全のために、また自分の家屋や家財道具を保護するためではなく、一つの地方――西インド諸島にあるイギリスの全財産の安全は、この地方の安全とからんでいる――を保護するために人の生命を奪ったとしよう。――怪しい人影がたんに塀にうつったていどのことではなく、これまでの長年にわたる被告〔ゴードン〕の性格・行動からみて、怪しいとわかっているにもかかわらず、このようなささやかなことのために、かれの生命を奪うのは違法である、とでもいうのだろうか。」

エアの更迭は、イギリス史上例をみない「国民的愚行」である、とラスキンは反対した。かれによれば、この行為は、

「強欲に目がくらみ、勇気と美徳がまったくわからなくなっているために、実体のない勇気と美徳にとりつかれた国民のする行為である。それは国民の自殺行為であり、国民に利益をもたらそうとしながら大気中や水中に毒物を流すような行為である。それは針一包の値段をそれぞれ二ペンス下げるために労働者の寿命を三〇歳にちぢめるような行為である。また諸外国に大砲のおどしをかけて無理矢理に毒物を買わせて自由を知らしめようとする行為、また、狼狽のあまりたじたじとなり、殺されかけている人びとに騎士道精神の範を垂れんとする行為にほかならない。」

建造物の七灯〔ラスキンに同名の著書あり〕は、政治の舞台に光明を投じなかった。しかし、この男もわれわれの期待にこたえてなかなかのことをいってはいるのである。なぜなら、かれは、一八七

〇年のオクスフォード大学就任講演において、イギリスへの忠告という形で、一九世紀最後の四半世紀に帝国主義の復活論をのべているからである。

「これ〔帝国主義の復活〕こそ、イングランドが成就しなければならないものであり、さもなければイングランドは滅亡するであろう。できるだけ早く、しかもできるだけ遠隔の地に、植民地――これらをつくり上げるのは最も精力的ですぐれたイギリス人たちである――を設けなければならない。イングランドは、征服できるならば、豊饒な地に変えうる荒地をくまなく占有し、その地では、これらの植民者たちにたいして、かれらの美徳の中心は国家にたいする忠誠であり、かれらの第一の目的は、陸に海にイングランドの力を推進することにあると教えることである。」

桂冠詩人テニスンは、その社会的地位と知的威信を用いて、エアの主張を支持する人びとをいっそう勇気づけた。かれはジャマイカ反乱をみて、シナの千年よりもヨーロッパの五十年をとるべきであるという確信を深めて、おそらくエア援護基金に百ポンドを送ったのであろう。テニスンは、九年前に起こったインド暴動を念頭におきながら、一八六六年一〇月に次のように書いている。

「わたくしがささやかな寄付金を送ったのは、この人物の高貴さにたいする尊敬の気持からと、かれ――すなわち、われわれのために帝国の島の一つと多数のイギリス人の生命を救ってくれた国家の僕《しもべ》――を追いつめているような精神に抗議する気持からである。貴委員会にわたくしの名前が載るならば、それはわたくしがエア総督のとった措置のすべてに賛同しているしるしと受けとられるでありましょう。わたくしがこうした行為をとるのはわたくしが事件の状況に通じていないからではありません。また、エア総督が誤りを犯したとはわたくしにはどうしてもいえないのです。話は変わりますが、気違いならばともかく、それ以外のすべての人びとにいまなお残されているわがインド暴動のもたらした警告は、力強さと迅速な決断力の欠けたばあいにはどうなるかということです。」

当時のイギリス急進主義にたいする著名な敵対者の一人であるディケンズもまた『二都物語』〔一八五九年〕や『バーナビ・ラッジ』〔一八四一年〕のなかで描きだした暴徒の暴力を目のまえにして、あわててエア支持にまわった。すでにかれは、『寂しき家』〔一八五二―三年〕のジェリビー夫人の性格描写を通じて、家庭内の問題をそっちのけにして家外の博愛活動に身を入れることを手厳しくやっつけて抗議していたので、恐らく、ジャマイカ反乱にこの生きた例証をみたのであろう。しかし、ディケンズは、エア援護基金の活動の中で積極的な役割を果たしたというわけではなかった。

六〇年代のイングランドを指導していた五人の文筆家のうち、最後に名を挙げられるのはチャールズ・キングズリである。かれは小説家であるとともに、ケンブリジ大学の近代史欽定講座教授でもあった。キングズリの態度は、六〇年代の歴史家としては最低のものであった。一八六六年八月二一日、キングズリは、イングランドに帰国したエアのために、サウサンプトンで開かれた大晩餐会に招待され、このサウサンプトン晩餐会を主催したハードウィック卿〔一七九九―一八七三〕とともに晩餐会に出席した。そして、このイギリスの指導的知識人は、「阿諛追従《あゆついしょう》の連発」といわれた演説のなかで、ジャマイカ反乱の詳細については不案内であるがと認めた上で、エアとそのジャマイカでの行動を「確かめもしないでそのまま信用」する――これはちょうど、かつてかれの弟〔ヘンリ・キングズリ〕が、エアのオーストラリア時代の経験を書きエアを賞賛したのと同じであった――と公然と言明しているのである。ついで、このイギリスの代表的歴史学者は次のように続けている。

「エア氏は、きわめて気高く勇敢で騎士道精神にあふれた方であり、また王室の剛胆な下僕《しもべ》であり、オーストラリアの探険家としてもまた西インド諸島の救世主としてもあまりにも著名な方であります。また〔御列席の〕貴族――真の貴族――の方々――わたくしの魂はこの貴族という言葉を繰り返しますと畏敬の念に打たれるものであります――は、騎士道を代表し、貴族という身分にはあらゆる才能・能力・美徳がそなわり、各位は「神聖な階級」を構成されておられます。したがって、実に、〔今夕は〕貴族の方々がエア氏に晩餐を供されている――それではあまりにもぶしつけでありますから――というのではなく、エア氏と同じ一室で晩餐をともにされていると申せましょう。」

あわれにもキングズリは、その学識をちりばめた弁説の汚名を濯ぐことは〔生涯かけても〕できなかった。この小説家にして歴史家からは、これ以上のことはほとんど期待できないであろう。かれは具体的な事実についてはまったくなにも知らなかったので、平然としておれたのだから。実際、これ以上続けていくと、かれの馬鹿さ加減がますますはっきりしてくることは間違いない。なぜならかれは、一八六九年のクリスマスに西インド諸島を訪問し、その成果をこんにちでは西インド諸島旅行記のうちでも最も有名なものの一つとなっている『西インド諸島のクリスマス』として書いているが、とりわけかれがトリニダードで遭遇したのは土地問題であり、もしもかれが煩をいとわずに事実を確かめていればこの土地問題こそがジャマイカ反乱の根源となったことはわかったはずであるからである。この土地問題について、かれがどうしても言いたかったこととはなにか。

まず第一には、黒人の性格についてであり、これまでジャマイカではエアがかれらの名誉を汚そうとしてきたのである。キングズリのいうことをきき給え。

「犬〔にも等しい黒人〕どもは、幸運にも欠乏をおそらく一度も経験したことがなかったのだろう。わたくしは、かれらの運命をイングランドの平均的職人のそれと比較せざるをえなかった。しかしああ、無駄な比較をしても仕方ない。黒人と同じだけのものを受けるに値する他の人びと〔白人〕が、黒人のもっているものをもっていないからといって、ねたんでも仕方ない。結局、過去数世紀にわたってこれら黒人の先祖たちはひどい労働をさせられ、食べ物も満足に与えられずまた虐待もされて――ときにはそんなになまやさしいことではなかったが――きたのだから、かれらの子孫たちが、一世代か二世代の間、一日の休日もなく気楽に暮らせないとするならばそれはあまりにもひどすぎる〔ではないか〕。……」

「それはそれで仕方がない。しかし、かれら〔黒人〕もまた人生を享受するように生まれついているのではないのか。われわれは、かれらの目からちりを取りのぞくまえに、われわれ自身の目からうつばりを取り除こうではないか〔マタイ伝第七章三節、ルカ伝第六章四一節〕。われわれは、かれらがあまりにも健康で安楽な暮しをしていると不平をいうまえに、わが国にいる何万人もの貧民や悪党どもが、黒人とくらべてみて少しも文明的でも知的でも有徳でも崇高でもなく、また健康でも安楽な暮しもしていないということを思い起こそうではないか。黒人は精神は健全ではないが肉体は健全なのかも知れない。しかし、精神も肉体もともに不健全な人びとについてはどうなのか。」

第二に、黒人小農層について。ジャマイカ反乱の発端は、土地をもたない人びとの土地要求にたいする女王の回答にあった。キングズリは、エアを支持していたにもかかわらず、かれがトリニダードにおいて到達した結論は、〔エアとは〕まったく異なるものであった。かれは次のように詳論する。

「さらにわたくしは、西インド諸島における小規模農業、すなわち深耕作法による小規模農業の実施可能性について、いくつかの事例を集めたいと強く念願してきた。なぜなら、わたくしはこれまで長い間、ジョン・ステュアート・ミル氏やその他の人びとと共に、小規模農業こそ理想的な農業形態であるばかりでなく、恐らくはいかなる理想的な農村文明であれ、その基礎となるものと考えてきたからである。わたくしが集めえた諸事例は、不十分で不完全なものであるが、ここに書きしるしておこう。」

「西インド諸島の小農に、その気さえあれば、「小規模農業」は、シナ、日本、ヒンドスタンにおいても、いまだかつて達成されなかったような完成の域に達し、それによって富をもたらすことも可能である。またこの「小規模農業」によって、そこでのわずかな土地は、島民ばかりでなく文明人〔白人〕をも養うことが可能となる。しかし、そのためには、黒人がいまのところまだ会得していない技術と知恵を必要とするであろう。かれらは、かつてはそれらをもっていたとしても、奴隷制の下で、「粗放的・非科学的大規模農業〔プランテーション経営〕のもたらした非人間的な影響を受けて」、それらを失ってしまったのである。かれらが、それらを再び身につけるまでには、数世代にわたる訓練を必要とするであろう。……」

「西インド諸植民地における農業が将来どのようなものになるかは、もちろん、わたくしにも推測はできない。砂糖栽培からあがる収益は、あらゆる障害があるにもかかわらず、最近ではきわめて大きなものとなってきている。この収益は、砂糖関税が少なくとも合理的なものに改善されてきたからには、今後採用されることになる改良マニュファクチュア方式のもとでは、その収益はさらに大きなものとなるであろう。したがって、来たるべき将来においては、資本は当然なことながら、砂糖栽培のほうに流入するであろうし、また、一面の大森林も砂糖きびの植えつけを可能とするために、乱暴な荒々しいやり方で一せいに伐採されることは確実である。しかし、それでもなお、働き者の小資本家にかなり大きな利潤をもたらす栽培作物は、砂糖きび栽培以外にはないのか、と残念ながらたずねなければならない。すでにのべたペーパー・ファイバー用の竹栽培はどうなのか。ジャマイカでは、竹栽培が首尾良く採用され合衆国の紙市場へ供給されていると聞いている。なぜトリニダードでも竹栽培が採用されてはならないのか。なぜ料理用バナナが、今後、イギリスの労働者階級向けに大量に輸出されてはならないのか。なぜトリニダードやその他の島々が、果物――とくに砂糖漬け果物を輸出してはならないのか。そのような貿易が収益を生むことは確実である。ただし、それには〔作物の〕選択と栽培による品種改良のために、西インド諸島がイングランドのせめて四分の一の努力をすることが必要だし、また現在のように、イギリス市場向けの果物を、砂糖やスリング〔ブランデーなどに果汁、砂糖水を加えた飲料〕といっしょにたっぷり漬け込み、砂糖漬果物の味をだいなしにしてしまうことのないような努力がなされればの話ではあるのだが。熱帯地方で多量に産出し、イングランドで需要が増大している油脂植物の種子栽培について、できることはなにもないのだろうか。ただし、〔種子の油脂化に〕機械が役立つ限りにおいてではあるけれども。本国市場向け薬種の栽培についてはなにもできないのだろうか。現在、バラタ諸島で無駄に捨てられている貴重品グッタペルカ〔絶縁体や歯科じゅうてん料に使われる硬ゴム様の物質〕についてはなにもできないのだろうか。とりわけ、カカオ農場の生産を増大させ、トリニダード・カカオの質を向上させるためにできることはなにもないのだろうか。……」

「わたくしは、「小規模栽培」の擁護者として、上記のようなことが実現されることを心から願っている。わたくしは本書のなかで、大規模な砂糖の単一栽培では、西インド諸島が破滅してしまうという確信をのべてきた。」

「わたくしはまえもって小規模農業への途をあるべき途としていくらか予測して立てておいたが、その結論は、少なくともわたくしが、そうした事実が確かめられると信じていたことがらに基礎づけられており、またそれは、わたくしが西インド諸島でみた生々しい事実によって確証されたのであった。帰国後のわたくしは、砂糖の単一栽培は、熟練を要しない奴隷労働には余禄をもたらしたが、白人の熟練労働には不利益をもたらし、また黒人を教育して向上させようといった試み——黒人がたんなる獣的な力を発揮する道具として必要とされている限り、かれを文明化することにはなんの価値もみいだされないが——にも、不利益をもたらしたという信念を以前にもまして強くもったのである。またわたくしには、砂糖の単一栽培が、他のいかなる原因にもまして、西インド諸島全域における白人人口のいちじるしい減少の原因になっていると思われるが、そのことについて、大半のイギリス国民はまったく気づいていないと思っている。……」

「西インド諸島人は——キューバ人のように——たばこもインジゴ〔染料の藍〕もコーヒーも栽培

できたかも知れない。あるいは——トリニダードにおけると同じように——カカオやアロールート、さらには六種類以上もの農作物の栽培もできたかも知れない。できるだけすばやく換金するためには、砂糖にかぎるという致命的な固定観念からその頭を切り替えていたならば——そうした〔柔軟な〕考えはかつては十分にあったのだが——、パンの木——一時《いちじ》パンの木には黒人の食物として大きな希望が寄せられていたが——よりもはるかに価値ある栽培作物を、かれはすでに、アメリカで発見するか、あるいは東洋から輸入していたかも知れなかった。しかし実際には、かれは、青物栽培をおろそかにし、少なくとも一部の島々では、家畜やラバの飼育もおぼつかない状態であった。一方、他のあらゆるものを犠牲にしてきたのだから、砂糖きびは、実際にときには価値ある下僕《しもべ》であったにせよ、それはあまりにもしばしば、暴君的で気まぐれな主人《あるじ》として君臨してきたのである。」

「しかし、このような時代は過ぎ去り、よりよき時代がすでに明け初め、教育は進歩し、世界と科学についての知識は拡大している。西インド諸島の人びとは、なかにはすでに知っている人もあるにせよ、次のことを知らなければならない。すなわち、改良されたより科学的な農耕とマニュファクチュアによってのみ、かれらと他の国々との競争が可能であるとすれば——かれらもこの点については自覚している——、この新しいやり方を実行できるのは、より高度な熟練労働によってだけである、と。したがって、かれらはいま、労働者階級に実業教育を実施せよとはじめて要求しているのである。すなわち、労働者階級の知性を目覚めさせ、かれらに自立的・創造的行動をとる習慣を教えよと要求している。しかも、労働者階級がこうした知性をもつことと、厳しい訓練とは、プロシアの兵士やイギリスの水兵および鉄道員の例にみられるように、まったく両立しうるのである。ところで、イギリスのマニュファクチュア制は、ピンの頭つけやふたの開《あ》け閉《し》めなどの休みなしの作業によって、人間の知性を必然的に消耗させ、あとさきのことも考えずに安逸にふけるか鬱々とした不満を抱いたりするかの間でぶらぶらしている労働者階級を生みだし、ばちを受けているから、この点についてはかれらに警告しておかなければならない。労働者と小自作農民を兼業させることは、植民地の労働市場を害することにはならず、むしろ利するということを、かれらに確信させなければならない。労働者に農地を支給すれば、かれはその農地を適切に耕作し、砂糖きびのなかにいるよりもはるかに多くのことを学ぶであろう。また、かれが支給農地で学んだ自立心は、砂糖きび〔栽培〕についても応用され、雇主のためにもなるであろう。これは、イングランドにおいてそうなのである。わが国の最良の日雇農業労働者たちは、例外なしに、わずかな土地を耕やしているかあるいはささやかな仕事についており、このことによってかれらは、賃労働に全面的に依存しないでもすんでいるのである。したがって、わたくしは、西インド諸島においてもそうあってほしいと思うのである。前総督の土地政策は、とことん追求されなければならない。土地の不法占拠は厳しく禁止されなければならない。能力と品位が保障される担保物として、あるいは——契約期間を終わった苦力《クーリー》にみられるように——みずから獲得した諸権利の代償として、土地を購入するに十分な金銭をもっている者——かせいでえたものか、あるいは相続によってえているかは問わないが——でなければ、何人《なんぴと》にも土地保有を認めてはならないのである。しかしすべての有色人種には、小土地所有者や小生産者となるようにすすめなければならない。かれは、その生産物によってだけでなく、消費することによってもまた、植民地の富を大いに増大させるであろう。他方、かれとその子供たちの欲望が増大し、ついには土地購入も可能となり、そのようなかれらの欲望にひかれて、かれとその子供たちは、知的で有用な日雇労働者として砂糖農園で働くようになるであろう。」

皮肉にも、キングズリは、奇妙なことに、歴史家として〔晩餐会で〕語らされたときには、凡庸な小説家であったにもかかわらず、小説家として紀行文を書いたときには、卓越した歴史家となったのである。

エアに味方した科学者は少なかったが、そのなかには、ローデリク・マーチスン卿が含まれていた。地理学会会長であったかれは、のちにはイギリス協会の総裁をつとめ、進化論問題にかんしてダーウィンとライエル〔一七九七—一八七五〕の論敵であった。植物学者フッカー〔一七八五—一八六五〕は、ティンダルが公然と引用しているところによれば、ジャマイカの黒人問題について次のような見解をのべている。

「わたくしは、黒人が、ジャマイカにおいてもまた西アフリカの自由諸都市においてさえも、道徳的に有害な存在であると断言することにいささかもためらいを感じない。また黒人は、せいぜいのところ、きわめて危険な野蛮人であり、かれが激怒すればたちまちにして残忍な行為に及ぶし、しかもそうしたことはかなり多いとためらうことなくいえる。……わたくしは、かれが野蛮人であり、またきわめて危険な野蛮人であると考えている。わたくしは、西アフリカ自由諸都市の黒人に権力と地位を与えたことが、道徳的に有害な影響をもたらし、ジャマイカの黒人に自由を与えたことが、これまたその島の繁栄に有害となったということがはっきりしてきているものと確信しているのである。」

エア援護基金委員会の主唱者は、物理学者、カーライルの旧友、学問的指導者でかつ啓蒙家であったジョン・ティンダル教授であった。一八六六年一一月一八日の委員会席上で、ティンダルは、かつてカーライルが取り上げたよりもはるかに荒々しくひどい口調で、公然と人種問題を論じている。ティンダルの発言の一部を紹介すれば次の通りである。

「ジャマイカ委員会の支持者たちは、口を開けばゴードンの処刑は恐るべき先例になる、と主張している。しかし、かれらは、その処刑がなんの先例になるかについてはひとことも語ってはいないのである。いまわたくしが申し上げたいことは、もしもこの先例がジャマイカだけに限定され、またこの一世紀間にジャマイカで約四回も暴動を起こしているゴードンと同じやからにだけ限定されるならば、これはなにも恐るべき先例ではない。しかし、それをイングランドの先例とするならば、それは許しがたい。ジャマイカをイングランドの先例にしようなどとだれが夢想するだろうか。むろんエア氏の支持者たちでないことだけはたしかである。われわれは、イギリス人とジャマイカ黒人が同義語などとは決して考えていないし、これらを同義語扱いする試みによって人間の自由という大義が促進されるとも思わない。いまより二五年前に、価値あるものと無価値なるものがジャマイカ委員会のなかで不自然に混合させられるようになったが、そのときイングランドとウェイルズだけでも一五〇万人もの貧民が存在し、ランカシアーでは飢餓状態にあった群衆が街頭で軍隊と衝突し、マスケット銃の弾丸で鎮静させられたのであった。そこで当時、トマス・カーライルは、イギリス労働者のために尊敬すべき奴隷制反対会議のメンバーたちに次のように急拠呼びかけているのである。「ああ、奴隷制反対会議よ。大声でわめき立てる愚かなエクセター会館よ。しかし、汝にも正義に立ち向かう本能はある。だからわたくしはなにも不平はいうまい。海のかなたの黒人たちのほうへひとたび汝の注意が向けられてしまうと、それだけで汝のどんよりとうるんだまなこには、毎年社交界シーズンが終わると、ロンドンだけでも六万人もの召使いたちがもう用はないとばかりに街頭に放りだされる」のを知らないのか、と。また、ランカシアー、ヨークシアー、バッキンガムシアー、その他すべての州で、飢えに苦しんでいる黄ばんだ肌をした顔色の悪い自由労働者が目に入らないのか。わたくしがいま最も同情しているのは、これらの黄ばんだ肌をした人たちのことである。わたくしがもしも二千万ポンドの金と付属モデル農園をもち、またニジェール開拓隊をもっているなら、この人たちに仕事を与えるであろうに！　黒人はすでに衣食にこと欠くこともなく、黄ばんだ肌をした顔色の悪い白人ほどに黒人は餓死すれすれの絶望的な状態にはおかれていない。これらのランカシアー織物工一人ですら黒人すべてを合わせたよりも思慮分別に富んでいるにもかかわらず、その絶望と悲惨は黒人たちよりも深刻である。このような見方と、暴動を起こした黒人の処分はイギリス人の処分の先例となるというその場限りの仏心からでた提案とは両立するのだろうか。本質的にはこれが肌の色の問題であるかのように思いこみ、肌の色について論じ、肌の色の別なくイギリス法を適用せよと語るのはいとたやすいことではある。科学的な表現を使って説明してみよう。無色の水晶が二つあり、その場にいる一〇人中九人までがその二つの水晶は外見上変りはないというとする。しかし、〔この二つを〕仔細に観察するもう一人の人には、一方の水晶には他方の水晶にはない微細な小面がいくつかあることがわかる。さて、この小さな外見上の差は、水晶の光学的な特性が正反対になることと完全に結びついている。そして、このことは、肌の色の問題についても同様である。わたくしは黒色に反対しているのではない。むしろわたくしは黒色が好きである。しかし、わたくしは、黒を、〔肌の〕色よりもはるかに重要なその他の諸特性の指標として考えているのである。……」

「以上にのべたことは、いくつかの証拠のうちの一例にすぎないが、わたくしは、この証拠から黒人とイギリス人とを平等なものとして認める気はないし、黒人の暴動とイギリス人の暴動とを同一に取り扱うべきだとの立場にもくみしない。わたくしは、インド駐在のイギリス人の官吏たちがその愛するまた誇りに思っている妻たちを、インド土民兵の手中におちるよりはと、かれらが玉砕するまえに射殺した行為には賛成する。だからといって、わたくしは、イギリス人の暴動にさいして、はずかしめを恐れて夫が妻を射殺することには賛成しない。これはたんなるセンチメンタリズムだろうか。それともセンチメンタリズムではないのだろうか。それをセンチメンタリズムだと考える人がいるとすれば、その人物の名前をイングランドの婦人たちに知らせてやろう。それがセンチメンタリズムでないとすれば――すなわち、ジャマイカ黒人の手中に落ちることとイギリス人の手中に落ちるのとは異なるとすれば――そのばあいの結論は火をみるよりも明らかである。すなわち〔ここで〕、われわれは、ある災難よりも別の災難のほうを避ける方向に進むことを良しとしているのである。イングランドの御婦人方は、この問題について発言すべきである。わたくしは、このことを断固訴えるものである。御婦人方は、サビーヌの乙女たちの物語を御存知であろう。ローマの若者たちの計略にかかって連れ去られた乙女たちは、のちにかの女らの父親が恥辱をそそぐべく集結したとき、みずから戦士たちの間に身を投げだして両軍の槍の鋒先のまえに倒れた。わたくしは、イギリスの御婦人方と、われわれとは意見を異にする人びとの妻女や娘御《ご》におたずねする。もしもジャマイカの黒人がローマの若者であったとするならば、サビーヌの乙女らの振舞いは変わらなかったであろうか、と。犯罪鎮圧の行動がその犯罪のひきおこす残虐な行為となんらか比例関係にあるとするならば、ジャマイカ暴動の鎮圧は、イギリス人の暴動を鎮圧するよりもはるかにきびしく行なわれなければならないのである。男子の魂には、死の危険に身をさらし、死を直視できるなにものかが存在している。しかし女子の魂には、ここではあえてちょっとふれておくにとどめるが、サント・ドミンゴの黒人暴動史に書かれているように、知識欲のある御婦人ならば知っているような事態の〔婦女暴行〕に身をさらして抵抗するという気概はない。わたくしは、いかなる動物であれ、その苦しむ姿にはいたく同情する――ろうそくの焰に無辜の羽をこがしている蛾にも同情する――けれども、もしもわたくしが、一八六五年秋に、ジャマイカ島でわが国の婦人たちの身の上に起こった多くの犯罪行為に立ち向かわずに、かの女たちを、その言語に絶するような恐怖の目に合わせるとしたならば、それはわたくしが臆病であるからにほかならないであろう。かくして、諸君、ジャマイカ反乱の鎮圧に付随して起こったいくつかの事件を、わたくしがいかに嘆き悲しみ、弾劾さえしようとも、そのような瑣末なことをあげつらうあまりに、ジャマイカは依然としてイギリス植民地であるという事実、同地のイギリス人たちはこれまで大虐殺をまぬがれてきているという事実、イギリス婦人たちが、不名誉なという言葉によっては表現しつくされない運命をまぬがれてきたという重大な事実を、かくしておくことはできないのである。過ちはあった。しかし優柔不断という真に致命的な誤ち――これは結果的には不正とかわらない――は避けられたのである。」

これは、一八六六年のイングランドでの話であり、一八五七年のアメリカ合衆国での話ではない。しかし、ティンダルは、一八五七年六月一二日、イリノイ州スプリングフィールドでスティーブン・ダグラス〔一八一三―六二〕が黒人についての共和党の政治信条を攻撃した有名な演説の一節を御題目のように唱えていたにすぎないのである。リンカーンと論争したダグラスの言葉をきいてみよう。

「わたくしは、黒人は合衆国の市民でもなければ、市民にもなりえない、という第一の命題に含まれている問題に注意しよう。」

「しかし、わたくしは独立宣言を起草しそれに署名し世界に向けて宣言した不滅の〔栄誉に輝く〕人びとを弁明する必要はまったくない。かれらはその宣言した通りのことを実行したのである。すべて人間は平等につくられたとかれらが宣言したとき、かれらは、これは白人についてのみ言えることだと考えていたのである。かれらが戦っていた相手は大英帝国《グレート・ブリテン》であった。」

「かれらの主張した原理は、アメリカ生まれのイギリス臣民は、イングランド生まれのイギリス臣民と平等である――この地のイギリス臣民は、イングランドにおけるイギリス臣民がイギリス憲法の下で享受しているいっさいの権利・特権・免税権をもつ資格がある――ということ、すなわち、かれらの権利は不可譲であるが故に、全能の力をもつイギリス議会であっても、その権利を譲渡させる力をもつものではない、ということであった。しかし、かれらの念頭には、黒人やインディアンは入っていなかったのである。……」

「白人と黒人の間に区別を設けた神の偉大な法《おきて》を犯すことは、わが国の創設者たちの意図したところではなかったのである。」

これらの人びと——カーライル、ラスキン、テニスン、ディケンズ、キングズリ、マーチスン、フッカー、ティンダル——は、貴族七一名、主教六名、国会議員二〇名、将官四〇名、提督二六名、牧師四〇〇名、市民三万名をエア擁護にかり立てた大義の思想的指導者であった。かれらは、帝国主義を擁護し、遅れた原住民にたいしては力に訴えることを主唱し、その多くが一八五七年のインド〔セポイの反乱の年〕を忘れてはいなかった。この大義に賛成する醵金を寄せた人びとには、「バルバドス、グレナダその他のわが国西インド諸植民地の紳士たち」、ベンガルとボンベイの文官、「香港の紳士有志」、「シンガポールの紳士数名」、「ムルタン〔パキスタンの都市〕のイギリス人在住者たち」、「反乱当時インドに在住していた一婦人」、「黒人の残虐行為の犠牲になった白人に同情したある人物」、「カンプール〔インドの都市〕で姉妹を虐殺されたある人物」、「カンプールが忘れられないある人物」がいた。

トップ・レベルの、すなわちイギリス社会の上層部でエアを支持した人びとをみるならば、最後まで奴隷解放に反対して闘った人びとの名前が思いだされる。一八三三年の時点での奴隷制擁護者たちと、一八六六年のエア支持者たちとの間にいちじるしい類似点がみられることは、奴隷所有者へのイギリスの補償金受益者とエア援護基金への寄付者との以下にかかげる対照表をみれば明らかになる。

一八三三年の補償金を受けた奴隷所有者	一八六六年のエア援護基金への寄付者
エドワード・ハイド・イースト従男爵	ジェイムズ・ブラー・イースト従男爵
エドマンド・アントラバス従男爵	ヘンリー・ウィルモット従男爵
サー・A・C・グラント	サー・ライアネル・スミス
ジェーン・モントゴメリー夫人	パーマストン子爵夫人
ヘンリー・グールバン閣下	ハミルトン・シーモア閣下
エクセター主教	ジャマイカ主教
ヘンリー・フィッツハーバート従男爵	チャールズ・ダムビイル従男爵
ヘアーウッド伯爵	マンバーズ伯爵
セント・ヴィンセント子爵	メルヴィル子爵
スライゴー侯爵	カマーザン侯爵
バルカリス伯爵	シュルーズベリ・アンド・タルボット伯爵
ジョン・ミッチェル陸軍中将	ヘンリー・ド・バース陸軍大将

サー・ジョン・マクドナルド
ヘンリー・ロード・ガリーグ
ジョン・フレデリック・シギスマンド・バス上級勲爵士
シーフォード卿
リヴァー卿一家
ジョン・ゴードン従男爵
R・ランバート副提督
H・A・ジョンソン従男爵
トムキンズ・ヒルグレイブ陸軍大将
フィニィアス・ライアル陸軍中将
サー・ジェイムズ・ダフ
サー・トマス・バナード・バーチ
サー・ジェイムズ・ファーガスン
トマス・ワイルドマン陸軍中佐
ヘンリー・ミュア師
ジョン・グラッドストン

サー・ジェイムズ・クラーク
ヒンチンブルック卿
ジョージ・ラッセル・クラーク・バス上級勲爵士
ボストン卿
アラン・チャーチル卿
クロード・チャンピオン・ド・クレシニィ従男爵
ウィリアム・ボウルズ提督
ヘンリー・ウィルモット従男爵
ウィリアム・ゴム陸軍大将
リード・ブラウン陸軍少将
サー・サミュエル・ベイカー
サー・ローデリック・インピィ・マーチスン
サー・ジョン・F・デイヴィス
ブラウンロウ・ノックス陸軍大佐
メイン・S・A・ウォールドラン師
サー・トマス・グラッドストン

ジャマイカ委員会側の科学者たちは、「種の起源」のダーウィンと普遍的進歩を説くスペンサーが表明していた新思想に立脚して、法の支配の偉大な唱道者となった。これら科学者たちの見解は、生物学者で王立医学校教授であり、イギリスにおけるダーウィン進化論の普及に指導的役割を果たすようになったトマス・ハクスリの書いた、二通の書簡に示されている。最初の書簡は、この有名な裁判では立場を異にしたかれの友人キングズリ宛書簡であり、この中でハクスリは、次のようにカーライルの英雄コンプレックスをあからさまに攻撃している。

「事実は、人びとは、事件の諸事実のみによってではなく、むしろかれらの最も根底にある政治信念の導くままにその立場を決めているのである。そして、この〔エア〕訴追のもつ大きな効用とわたくしが訴追に加担している理由の一つは、それによって大多数の人びとには、なにがかれらの心の最も内奥にある政治信条かがわかるだろう、ということにある。」

「世界を支配するのは偉大な人物でなければならないし、おろかな人間どもはできれば正当な方法によって、もしそれができなければ無理矢理に不当な方法を用いてでも正しい道に導かれなければならないと考えている英雄崇拝者たちは、エアに共感を寄せるであろう。」

「それとは別の一派(わたくしはこの派に属しているが)は、英雄崇拝は他の偶像崇拝と同じでありまた英雄崇拝者の精神態度は本質的には道徳に反すると考えている。かれらは、鎖につながれて正しい道を歩くよりも自由の身で誤った道を歩くことのほうが人間にとってはるかにましだと考えている。また人びとの間にある確固たる正義を遵守することのほうが社会秩序を維持することよりも数十倍も重要であると考え、かれらは、エア氏の行為は、政治的に枢要な地位にある人物が犯した罪悪のうちでも最大のものであったと考え、また自分たちの信念がイングランドの法に合致するものであるとの宣言をかちとるためにその全力を傾注するであろう。」

第二の書簡は、ハクスリの反エアの主張とジャマイカ委員会支持を攻撃していた『ペルメル・ガゼット』紙宛書簡である。このなかでハクスリは、かれの仲間の科学者と政治家の信条を次のように明言している。

「わたくしの『特殊な種の発展説』や、黒人にたいする個別的な愛情や賞賛は、いずれもわたくしが〔ジャマイカ委員会に〕参加するようになった誘因ではない――ましてやその誘因は、わたくしがかれの若い頃の経歴をしばしば賛美したことのある一人物〔エア〕が最近犯した過ちの恨みを晴らしたいというような情けない気持からでもない。……」

「わたくしは、権威を楯にあえて法律問題に口出しをしているのではない。わたくしの誤解でなければ、善人たちが悪人たちを悪人だとして首をしめるようなことはイギリスの法律では許されていない。それどころかわたくしは次のように理解している。すなわち、最も有徳なイギリス人――その地位が高く権限がどれほど強い人物であろうと――であれ、女王陛下の領内で最も邪悪な悪党を、かれが邪悪で手に負えない人間という理由だけで逮捕し絞首刑に処するならばその有徳な人でもイギリスの裁判所では殺人罪とされることは確実であろう。」

「……わたくしは、このような殺人方法に心の底から反対する。——またわたくしには、この行為自体、まことに恐るべき先例になると思われる。したがってわたくしは、こうした行為に、最高権威者が犯罪の烙印を押して欲しいと願っている。しかも、エア氏告発を提唱する委員会にわたくしが参加したのは、（王立委員会が正しいとするならば）、〔エアの〕申立てうる唯一の抗弁も抗弁とはいえず、またゴードン氏殺害は周知の法律にたいする最大の犯罪——殺人——であったと、裁判所に宣告してほしいと願っているからである。」

著名な法廷弁護士で労働組合の法的権利の擁護者として知られるフレデリック・ハリスンは、エア支持者たちのもつ「黒人蔑視《ニガー》」原理に集中攻撃を加え、植民地人民の諸権利にかんする問題を全面的に取り上げている。とくに、かれは、『デイリー・ニューズ』宛の一連の書簡のなかで、戒厳令とゴードンの絞首刑問題を攻撃し、次のように論じている。

「マグナ・カルタから現代に至るイギリス史上、支配者たちによるこれほどまでに大きな侵犯——暗殺行為にもなりかねない——が、次々に重ねられた事例は他にみあたらない。……イギリス法は、定見のない運用をすれば、その意義が失われてしまうのである。……こんにち植民地で起きていることは、明日にはアイルランドで起きるかも知れないし、将来は、イングランドで起きるかも知れない。……現在、われわれが、かつてイギリス人民の闘いとった神聖な諸原理に訴えているのは、イギリス人民自身にかれらが打倒した暴君の轍を踏ますまいとの高遠な目的からである。……われわれの提起している問題点を正確に言えば――あまねくわが帝国にわたって、イギリスの統治は法の支配による統治でなければならないこと、また、すべてのイギリス市民は、皮膚の色のいかんを問わず、制限された権力に服すべきであり、無制限な権力に服すべきではないということである。……いかなる事態が起きようとも、わが国の植民地支配は、たとえ有効ではあっても、行き過ぎた無責任な力によって支えられてはならない。……インドで起きた恐るべき反乱は、軍隊組織のみならず文官組織のなかにも悪しき種子をうえつけた。それは、わが民族〔の心中〕にひそむ虎のような残忍性をよびさました。この野獣はもとどおり檻に閉じ込めておかなければならないのである。」

一八六七年、オクスフォード大学の歴史学欽定講座教授ゴールドウィン・スミスは、ジャマイカ委員会の基金調達のために、イングランド北部へ講演旅行におもむいた。ピム、クロムウェル、小ピットを扱ったこれらの講演のなかで、かれは、カーライルの英雄崇拝〔論〕を攻撃し、道徳の及ぼす作用を力説した。

「カーライルは、道徳よりも偉大さ〔英雄〕を重視している。かれの亜流は、道徳よりもたんなる力――この力は、腕力のない人びとが力とたのむありきたりのペテンよりも始末の悪い代物《しろもの》である――を重視している。そうであればむしろ、われわれは、腕が百本あるヒンズー教の偶像にひれ伏したほうがましであろう。道徳的な力には、われわれは頭を垂れる。しかし、道徳の力は、その生活が道徳法を体現しているような人びとにのみ宿り、かつ宿りうるのである。しかし、この力は、英雄崇拝者が嘲笑するような人びとのなかに最もよくみいだされるのである。」

保守主義者と帝国主義者がエア援護基金委員会を牛耳っていたのと同じく、急進主義者がジャマイカ委員会を牛耳っていた。そして、一八六七年の第二次選挙法改正法案を要求していた労働者階級は、エア反対派の先頭に立っていた。

ジャマイカ委員会の目立った存在は、国会議員のジョン・ステュアート・ミルとジョン・ブライトで、ミルは院内闘争を、ブライトは院外闘争を指導した。両名ともエア問題のなかに、かれらが合衆国南部の大農園所有者に反対したときと同種の敵をみていたのである。ミルの南北戦争時の南部にたいする態度は、その『自伝』〔一八七三年〕のなかに示されており、ここに書きとめておく価値はある。

「わたくしは、この戦争に、心情的にきわめて深い関心をもっていた。なぜなら、この戦争は、良かれ悪しかれ、未来永劫にわたって人類が進んでいく道程の上で、一つの転換点になる運命にあると初めから感じていたからである。……南部の連中が勝利するならば、その勝利は、邪悪なる力の勝利を意味し、進歩の敵どもに勇気を与え、全文明世界における進歩の友たちの気勢をそぐことになるであろう。しかも、南部の勝利は、人間が人間に加える最も邪悪で最も反社会的な暴政という〔支配〕形態を基礎とする恐るべき軍事権力を創造することとなるだろう。また南部の勝利は、あの偉大な民主共和国の威信を暫時破壊することによって、ヨーロッパの全特権階級に誤まった確信――恐らくは血を流すことによってしか消滅させられないほどの――を与えることになるであろう。」

議会で演説したミル――かれによれば、この演説は、かれの最もすぐれた議会演説の一つであった――は、裁判によるエアの処罰を求める動きのなかできわめて大きな役割を演じたのである。この一八六六年七月三一日の演説において、ミルは、バクストンがエアの非難を企図して提出した決議文にかんして次のようにのべている。

「そのような事態が起きたときには一応の法的処罰は要求されること、また〔それが〕法的処罰に値するのかどうか、また処罰に値するばあいの量刑はどれほどであるのかを決定できるのは刑事裁判所だけであること――わたくしの主張は以上の通りであります。弁明の機会も与えずに人の生命を奪うことは――今回の事件で、このようなことが行なわれたのは疑いないことであります――刑事裁判所では許されないことであり、また政府であれ本議会であれイギリス全国民であれ、事前に裁判や判決がなければ赦免権を行使することはできないのであります。……」

「戒厳令が施行されている限り、その公布によってすべての法が停止されるのは、法的にも軍事的にも十分に根拠のあることを否定はいたしません。しかし、戒厳令が解除されたのちにも、刑事・民事〔の裁判〕のいずれであれ、〔反乱時には〕自国の法律〔を守る〕責任はないといった説を権威づけるような人にはだれであれわたくしは反対いたします。……戒厳令は……恣意的権力――いかなる法的制限にも服さない力の支配――であるといっても差支えないとすれば、戒厳令を執行する人びとに求められている法的責任は決して軽いものではなく、それどころかきわめて重たいものであります。……極端な圧制者の暴力から身を守る保障はまったくありませんが、後日、圧制者を告発できるとするならば、自己の〔恣意的〕裁量によって他人の生命を奪う者は、必ずや、みずからの生命も危険にさらされるということを十分に知っておく必要があるのであります。……」

「わたくしたちが知りたいのは、次の両者のうちいずれが、わたくしたちの統治者であるべきかということであります。すなわち、イングランドの法を行使している女王陛下の裁判官ならびにわが同胞たる陪審員なのか、それとも大蔵大臣の発言にもありますように、わが国の法を行使する権限のない三名――うち二人は未青年――の陸海軍士官なのか、ということであります。……イギリス国民が、すべて行政官吏は法にたいする責任を負う、というわたくしたちの主張の大原則を支持してくれるかどうか、それは今後にならないとわかりません。……しかし、この重大な公的義務は、政府の助力なしにも果たされましょうが人民の助力はどうしても必要であります。人びとの大義とは、この公的義務を履行することであります。政府がわたくしたちの期待に答えてくれなければ、わたくしたちも政府の期待には答えられないのであります。」

ミルに向けられた敵意は、ついに暗殺の脅迫を受けるまでとなり、〔ミル反対派の〕努力が実を結んだことは、次回選挙におけるミルの落選からも判断できる。

急進主義と労働者階級にたいする保守主義者たちの恐怖は、一八六七年に、マシュー・アーノルドが記しているように、ミルよりもむしろブライトに関係していた。そして、ジャマイカ問題を闘っていた保守主義者たちの念頭には、実はアイルランド問題があったのである。アメリカの学者ゼムメルの適切な指摘によれば、「論議の争点は、エアではなくアイルランドであった。」

エア論争は、イングランドにおける議会改革運動とアイルランドにおける自治運動と同時に起こった。エア反対派は、参政権の拡大とアイルランド自治に賛成であった。改革同盟は、クラークンウェル・グリーン、ブラックヒース、プリムローズ・ヒル、およびロンドンその他の地域で大規模なデモを組織した。クラークンウェル・グリーンでは、一万人の労働者の面前で、「この大虐殺者」エアの模擬裁判が演じられ、有罪を宣告されたかれの似顔絵は絞首台にかけられ火を付けられた。リーズ、バーミンガムまたトラファルガー広場においても同盟による大集会が組織された。

次いで、一八六六年七月二三日、ハイド・パークでは有名なデモが行なわれた。トーリー党政府は、公園の門をすべて閉鎖したが、大群衆はその柵を押し倒し、警官隊と軍隊は、三日の間、公園から〔群衆〕を一掃できなかった。ますます勢いを増した同盟は、三万人が出席した農業会館で集会を開き、続いて、バーミンガム、マンチェスター、リーズ、グラスゴウ、ダンバートン、ニューキャッスル、ブリストルで大々的なデモを行なった。この運動が最高潮に達したのは、ハイド・パークでの別の大デモであった。しかし、政府はこれにおどしをかけ、実際に、軍隊による抑圧準備もすすめられていたのである。

したがって、戒厳令下のジャマイカで起きた流血の惨事にたいして、急進主義者のジョン・ブライトやジョン・ステュアート・ミルならびにジャマイカ委員会が展開した反対論は、抽象論に立った反対論ではなかった。アイルランド選出議員たちの議論もまたジョン・ブライトが下院に提出した以下の請願にみられるように抽象論ではなかったのである。

「自国を圧迫している諸悪の除去が明らかに絶望的な状況のなかで、尊敬さるべきアイルランド人が感じているのは、〔方法が〕いかに誤っていようとも力に訴えることは正当化される、ということであります。一言でいえば、慢性的な不満——そのあらわれがフィニア会運動である——には正当な根拠があり、したがって、フィニア会の人びとの誤ちには酌量の余地がある、ということであります。したがって請願者の願いは、適切と判断される措置を貴院にとっていただくことであります。第一に、フィニア会の人びとがすでに受けた判決を修正していく保証。請願者全体には、この判決はあまりにも腹立しく厳しいものにうつっております。第二に、フィニア会会員としての受刑者たちは、いかなるばあいであれ、かれらが服役している間、わが国法に違反した通常の受刑者と同じ扱いで収監しないで欲しいとの願いであります。第三の願いは、イギリス軍による一七九八年のアイルランドにおける残虐行為並びに〔最近の〕イギリス陸軍とその将校たちによるインドとジャマイカにおける行為、そして反乱鎮圧問題での政府言論と富裕者階級の一般的論調を、当然に請願者たちは記憶しておりますことから、現在アイルランドに駐留中のイギリス軍にたいして、公正かつ人為的な戦時法を、最高の節度をもって厳密に遵守せよと貴院から説いていただきたいのであります。最後に、請願者たちは、裁判を受ける前の囚人の適切な取り扱いと、秩序に反しない寛大な裁判と判決、並びに囚人の大義名分と犯罪が不名誉なものではないと以上、かれらの企図した特定の目的やその目的達成のためにとられた手段がいかに誤った方向にむいていようとも、請願者の目からみて当を失することのない名誉を重んじた処罰をしていただきたい、と願っているのであります。」

このような事態のなかで、ウィリアム・ユーアット・グラッドストンは、あたかも、かれの毒舌がアルメニア人虐殺に〔言及するために〕だけとってあるかのように、また、ジャマイカ人は、自由への闘争しかも正当な闘争をしているのではないかのように、奇妙な沈黙を守っていたのである。ディズレーリは、エア事件を政党レベルの問題にすることに反対する一方で可能な限り時を稼いでいた。〔エア問題をめぐる〕議会の討論と訴訟問題をみると、一八七二年にエアの裁判費用の支払いをグラッドストン内閣が可決し、他方、一八七四年に政権復帰したディズレーリ内閣はエアに総督退任年金を支払うことを可決しただけの結果で終わっているのである。

エア論争の最も奇妙な特徴は、イギリス司法部の対応にみられる。司法部は中立であり、審理中の問題については語らず、といったイギリス裁判官の定《きま》り文句も、論争が生みだした激しい熱気と党派抗争のなかでまったく捨て去られてしまったのである。

総督職にある者が犯した犯罪というかどで、ジャマイカ委員会がエアを訴追しようとしていた矢先に、バクストンはジョン・ステュアート・ミル宛の公開状を新聞に投稿している。またオーバントン卿は、サー・ロデリック・マーチスンの公開状に同じく公開状をもって応酬している。新聞紙上に掲載された同様の書簡には、H・V・アディントン閣下のような人びとからのものもあり、バクストン自身も、ジョン・ハンフリー国会議員からの公開状に公けに回答する形で、自分の最初の攻撃〔ミル宛の公開状〕を補足しているのである。〔このように〕エア裁判は、法廷内ばかりでなく新聞紙上でも行なわれたのである。

裁判手続も、イギリスの慣例からみて、きわめて異例なものであった。最高裁長官は、かつてセイロン事件のときには法務部長として戒厳令を弁護した人物であり、〔今回のエア裁判では、〕みずから大陪審に説明を与えているが、このことは、どう控え目に言ってもきわめて激しい論議を呼ぶ問題であったのである。〔もっとも〕ここで問題とされた人物はエアではなく、ジャマイカで軍法会議を指揮したネルソンとブランドという二人の将校であった。フィンラスンが、その『ジャマイカ事件の歴史』——分量だけは多いが、論旨に一貫性がなく十分に整理されているとはいえない——

のなかでのべていることをきいてみよう。

「〔最高裁長官は、〕かかる説明を行なったことだけでは満足せず、それを公表したのであった！この刑事手続の狙いが、反総督のためのものであったことは、周知のことであったにもかかわらず、〔最高裁長官は、〕この説示を公表して、非公式とはいえ、エアにたいする無情な非難と情け容赦のない自己の見解をも世間に公表したのであった。しかも、説明の全体の調子と傾向は、総督に偏見をもたせるように高度に計算されたものであった。〔つまり、〕最高裁長官は、総督に偏見をもたせるような説明を公表したのみならず、それだけでは満足せず、総督への敵意をますますかき立てようという考えから、総督への偏見をますます強めようと計算した語調で、ますます事実に立ち入って論じ、その説明に入念な註まで付けているのである。」

これで万事が終わったわけではなかった。ひき続いて、ブラックバーン判事担当で、エア自身の裁判が行なわれたが、ブラックバーンの大陪審への説明は、最高裁長官の見解をことごとく否認したものであった。しかし、かれは、自分は最高裁長官を含む同僚判事と合議し、かれらも自分の説明と法解釈を実質的には是認しそれを正しいと考えている、と付け加えている。最高裁長官は、ただちにブラックバーン判事にたいする詳細な反論を行なったが、この演説のなかで、かれは、ブラックバーンには賛成できないと宣言しただけでなく、その理由について詳細な説明を加えている。最高裁長官の演説から引用した次の二つの文章は、エア論争の司法的側面を知るには十分なものにちがいない。

「わたくしと学識豊かな〔ブラックバーン〕判事との第一の相違点は、かれが到達したと思われる結論すなわち、この国においては非武装の民間人にたいする戒厳令——近代的意味における戒厳令——が、とにかく合法性の名のもとにこれまで実施されてきたという結論についてであります。〔かれが〕引き合いにだしている事例は、きわめて疑わしいものであります。」

「第二に、ジャマイカ議会が総督に戒厳令を実施させる権限を有していることについては、わたくしも決して疑うものではありません。しかし、すでにのべたもろもろの理由から、島民へ兵役を強制したり兵役期間中の軍法への服従を求めるばあいを除いて、ジャマイカの諸法律が戒厳令になんらかの権限を委託しているかどうかについては、わたくしはきわめて疑問であると思っております。このような議論の余地ある問題については断定的な意見をのべることは差控えますが、次のことは言っておかなければなりません。この問題にはあまりにも多くの疑問がありますので、一判事が法廷における議論も法的決定もないままに、権威をかさに陪審員をあやつってこれらの諸法律は戒厳令の適用を正当化するという方向をだすことには承服できないのであります。すなわち、総督が、これらの法律がふつう植民地で理解されてきたような意味で実施したとしても、かれは刑法上の責任を問われないという点では、わたくしと判事も意見が一致しているのですから、わたくしは、〔判事の〕このような誘導はまったく必要ないと思うのであります。……」

「しかしながら、とくに、報告にもあるわたくしの同僚ブラックバーンの誘導に同意しかねるのは、ゴードン氏を戒厳令に服させるために、キングストンから戒厳令地区に移送したことは法的に正当であると判事が大陪審にのべている点であります。このような意見に同調することを、わたくしは断固拒否するものであります。」

知識人、政治家、裁判官たちやさまざまな階級が、この論争で真二つに分裂したとすれば、新聞もまた真二つに分裂したとしても驚くにはあたるまい。一流新聞のうちでは、『タイムズ』と『パンチ』がエア側につき、『エコノミスト』と『スペクテイター』は反エア側にまわった。『タイムズ』は、エアに無分別な行動のあったこと、また、エアが「その地方に蔓延した恐怖と激情から逃れることはできなかった」ことを認めている。

しかし、『タイムズ』は、型にはまった警句を用いて、エアを殺人者に仕立て上げようとする人びとが、エアを英雄に仕立て上げようとする人びとを怒らせているとのべ、ゴードンの処刑は、「正当と認められる殺人」ではないにしても、「申し開きのたつ殺人」であったとのべているのである。『パンチ』〔の論調〕は、はるかに通俗的なものであった。「われわれは、植民地を救った男を殺すことはできない」のであり、ゴードンは「褐色の皮膚をした偽善者ぶった悪名高い煽動家」であった、また「この訴追を受けた総督にイギリス人の共感を示す」ために、エアをミドルセックスの国会議員候補者として選出すべきである、とのべているのである。

イギリス人たちの生活と思想の最良の部分を数多く代表してきたリベラルな『エコノミスト』は、エアのとった方法は、帝国の団結を危くすると反対し、未開民族にたいして正義を行なうことは、イギリスの投資にとってはるかに好い結果をもたらすとのべ、公然とカーライルを攻撃している。『エコノミスト』は次のように書いている。

「カーライル氏のエア氏弁護論は、とどのつまりは、ほぼ正義の諸原理に近いものに基礎づけられているわが国の法による統治という制度に反対し、人間の自由を保護するものをすべて一掃し、それに代えて、一人の人間——かれはアリスティデス〔清廉のほまれ高いアテネの政治家〕かも知れないが、エアのような人物かも知れない——の意志をとり入れなければならない、ということを意味している」と。

エア赦免後の一八六八年六月に、『スペクテイター』は、その論争全般を分析し次のようにのべている。

「イギリス人のうちで、上流階級と中流階級、とくに後者に属する人びとは、黒人が、アイルランド人、スコットランド人、イングランド人と同じように配慮されるよう要求していることにたいして、いたく憤激しているのである。……連合王国でこうした事態が起これば、判断力に欠けた大半の善意の人びとが命を落すことになるだろう——フランスやオーストリアでこうした事態が起これば、それは大いなる呪詛の対象となるであろう——が、西インド諸島で起これば、そうした事態は、「強力な統治」の模範として心から賞賛されているのである。……」

「今回のエア赦免は、かれの判断の誤りが黒人にだけかかわっているからである。さもなければ、われわれ国民の目からみて事態は明らかに許しがたいものになっていたであろう。しかしわれわれは、エアを赦免したばかりでなくそれによって、イギリスの不偏不党の伝統とこうした重大なる判断の逸脱にたいして行政上の責任を感じる伝統を維持したいと願っている人びとをはっきりと笑いものにしている。……迫害という語はより高次な統治原理を維持しようとする人びとをおさえるばあいに用いられる語である。迫害の動機は純粋に悪意にもとづく動機である。本紙としては、今回の起訴をめぐってくりひろげられた全国民の精神をまことに恥ずべきものと考えている。それは大帝国を動かす人びとに必要とされる平等、雅量、自制とはまったく矛盾する気質、すなわち不公平で卑劣で不遜な気質が、われわれの心のうちにひそんでいることを明らかに示している。大帝国の拡大は、道徳的・宗教的に高次な徳を積むことによってのみ可能であり、またこの帝国が失われれば必ずや地上に無秩序がもたらされるのである。」

文筆家、科学者、政治家、貴族、労働者、法曹界、新聞――これらの人びとはすべて、いずれかの陣営に属した。では、歴史家たちは、どういう態度をとったのか。

自分の意見を表明したのは、キングズリだけであった。かれとケンブリジ歴史学派は事大主義に堕していた。オクスフォード大学で、愛する喜ばしい中世にどっぷりつかっていたスタッブズは、まったく発言しなかった。アクトンも同様であった。アクトンは、ジャマイカのなかに、かれのいわゆる「より完全な自由の保障に向かう進歩の理念や自由なる人間のもつ天賦の権利」の例証をみいだすことはできなかったし、またみようともしなかった。スタッブズは、ジャマイカ〔反乱〕を契機に、ウィッグ党を善良で賢明な良識あるウィッグ党にかえ、同じくトーリー党をそのようなトーリー党にかえるという自分の教えを実行に移そうとはしなかった。政治的デモクラシーに夢中になっていたフリーマンやジョン・リチャード・グリーンはどうしたか。かれらはひとことも不満をもらさずに、ジャマイカの自治が消滅するのをみすごしたのであった。

マコーレーは、エア論争にまき込まれるのをまぬがれている。一八五九年に他界していたからである。しかし、われわれは、かれが支持したであろう陣営を確実に予言できる。次の文章は、一八五七年のインド暴動についてかれが書いたものである。

「原住民からなるセポイの残虐行為は、わたくしの記憶する限りでは、前例のないほどに国民の憤激をかっている。もろもろの平和協会、原住民保護協会また犯罪者の矯正を目指す諸団体は沈黙している。あるのはただ復讐を求める恐ろしい要求だけである。……デリーの街中《まちなか》にいるたった一人のセポイですら容赦してはならないという気持が、ほとんどの人びとの気持であり、わたくしもそれに共感せざるをえないことを認める。」

イギリスの歴史家たちは、学問と歴史を裏切り、西インド諸島をも裏切った。一九三七年に、

『「タイムズ」のみた歴史』と題して出版された『タイムズ』の社説抜萃集一巻には、多少ともジャマイカ反乱にふれたものは削除されていてのっていない。このことをみても、ジャマイカ反乱にたいするイギリス歴史学のありさまが〔まるで〕墓碑銘を読むように〔はっきり〕浮かんでくるのである。カーライルの伝記作家ジュリアン・サイモンズは、ジャマイカ反乱についてはなにひとつふれていない。一九三八年に出版されたE・L・ウッドワードの『改革の時代、一八一五—一八七〇年』では、ジャマイカ反乱は〔わずか〕一五行で片付けられており、そのうちの三行は以下の通りである。

「……この問題は大きな興奮を巻き起こした。J・S・ミルはエアを暴君と呼び、カーライルはかれを英雄視した。この危機のもたらした永続的な影響は、ジャマイカにおける代議制統治の廃止であった。」

ウッドワードがこのように書いた二五年後には、〔すでに〕ジャマイカは独立国になっているのだから、結局、その影響はそれほど永続的ではなかったのである。真に永続的な影響は、魅力をはぎとられた西インド諸島にたいするイギリスの態度とイギリスの歴史学のなかにみられる。一八六六年の沈黙は、こんにちまで続いている。ひとりのアメリカ人学者——一九六三年に『ジャマイカでの流血とヴィクトリア時代の良心』を出版したバーナード・ゼムメル——から、イギリスの政治的汚辱とイギリス知識人の卑劣さが語られるしまつなのである。また、この本を書評したアメリカの週刊誌『タイム』だけが、当時アメリカのアラバマでの人種暴動をイギリスから嘲笑されたお返しに、一八六五年のイギリスの蛮行を嘲笑しているにすぎないのである。

第九章　イギリスの経済的衰退
——一八八〇年から一九一四年まで——

合衆国はいずれイングランドを追い抜くであろうとのべた一八五一年の『エコノミスト』の予言は、一八八〇年から第一次世界大戦が始まるまでの三四年間に現実のものとなった。この時期には折悪しくも、ドイツが経済的にそれ故に軍事的にも力をつけ、新興国日本が、東方の地平線上にわき上る小さな一点の雲のように出現したのである。

一八八〇年代の十年間には、出炭量を百トンとしたばあい、イギリスが三九トン、合衆国が二六トンを占めていた。一九一一年から一九一三年にかけては、世界の出炭量を百トンとすれば、合衆国が平均三八トン、イギリスが二二トンであった。出炭量を百万トン単位に換算すれば、一八八〇年から一九一三年にかけて、イギリスは一億四九〇〇万トンから二億九二〇〇万トンに倍増したのにたいし、合衆国の（亜炭を含む）産出高は、六五〇〇万トンから五億一七〇〇万トンに増大し、一九一三年の合衆国産出高は一八八〇年にくらべて八倍にもなった。この時期には、ドイツの出炭量は四七〇〇万トンから一億九〇〇〇万トンへと四倍に増大し、ドイツが世界の全出炭量に占める比率は、一七パーセントから二〇パーセントに上昇した。一八八〇年には一〇〇万トンを下回る出炭量しかなかった日本も、一九一三年には二一〇〇万トン以上も産出しているのである。

銑鉄の分野におけるイギリスの衰退は、さらにいちじるしかった。一八八〇年には、イギリスの銑鉄生産高は、ドイツ、合衆国、フランスの生産高の合計とほぼ等しかった。その内訳は、イギリス七七〇万トン、ドイツ二五〇万トン、合衆国三八〇万トン、フランス一七〇万トンであった。しかし、一九一三年には、イギリスと合衆国の地位は逆転している。――なぜなら、〔その年〕合衆国は、イギリス、ドイツ、フランスの生産高総計とほぼ等しい量の銑鉄を生産しているからである。その内訳は、合衆国三一〇〇万トン、イギリス一〇三〇万トン、ドイツ一九三〇万トン、フランス五二〇万トンであった。このように、イギリスの生産高は、三三年間に、三分の一の増大を示しているのにたいし、合衆国とドイツのそれは、いずれも八倍に増大しているのである。これを世界の総生産高に占めるパーセンテージでみれば、合衆国が二六パーセントから四〇パーセントに、ドイツが一五パーセントから二一パーセントに上昇しているのにたいし、イギリスは、三六パーセントから一三パーセントへと下降しているのである。

鉄綱生産の面でもイギリスはいちじるしく衰退している。一八八〇年には、イギリスの鉄綱生産高は一三〇万トンで合衆国の一二〇万トンをわずかに上回っていたが、一九一三年までには、イギリスの生産高が七七〇万トンと六倍に増大しているのにたいし、合衆国のほうは二六倍の三一〇〇万トンを超えているのである。一八八〇年には、ドイツの鉄鋼生産高はイギリスの全生産高の二分の一つまり七〇万トンであったが、一九一三年には約一九〇〇万トンに達し、イギリスの二・五倍となり、一九一三年のドイツの生産高は、一八八〇年にくらべて二七倍となった。合衆国が世界の鉄鋼総生産高に占める割合は、一八八〇年代から一九一一年―一九一三年の間に、三一パーセントから約四二パーセントへと上昇したが、イギリスのほうは、三一パーセント強から約一〇パーセントにまで下降している。そしてドイツの占有率は、八〇年代の平均一八パーセント弱から、一九一一―一九一三年には二三パーセントに上昇しているのである。

有名なイギリス綿織物工業も、それ以外のイギリスの堅固な砦《とりで》〔石炭・銑鉄・鉄鋼〕と同じ運命をたどった。世界の綿花総消費高のなかにイギリスの綿花消費高の占める割合は、八〇年代の三三パーセント強から一九一一―一九一三年には二〇パーセント弱へと減少し、他方、合衆国のそれは二四パーセント強から二七パーセントへと増大したと記録されている。ドイツの綿花総消費高は一〇パーセント弱のところをほとんど上下しなかったが、八〇年代には一パーセント弱であった日本の消費高は第一次世界大戦前までには七パーセントに増大している。これをパーセンテージでなく数量で表わせば、イギリスの綿花消費高は、一八八〇年の六四〇万キンタル〔一キンタル＝百キログラム〕から一九一三年には八七〇万キンタルと増大し、合衆国は四二〇万キンタルから三倍以上の一三五〇万キンタルに増大し、ドイツの消費高は、一四〇万キンタルから四九〇万キンタルへと増大しているのである。

早くも一八八四年に、イギリスは苦悩に満ちた悲鳴をあげている。すなわち一月二四日のブラックプールにおける演説のなかで、ランドルフ・チャーチル(一八四九―九五)は次のようにのべている。

「諸君、わが国の鉄鋼業は息の根をとめられました。それも完膚《かんぷ》なきまでに。石炭産業も……衰退しつつあります。絹織物工業は外国人の闇打ちにあい、半毛工業は死の床に瀕し、気息えんえんとしてもがき苦しみ、綿織物工業は救いようもないほどの病床にあります。」

自由放任主義政策は、死滅していた。ジョゼフ・チェンバリン(一八三六―一九一四)は、一八八五年のウォリントンにおける演説のなかで、「こんにち、われわれはすべて社会主義者である」とのべている。自由貿易は死滅してしまったばかりか、いまでは忌わしいものにすらなっている。一八九二年のヘースティングスにおける演説のなかで、ソールズベリ卿(一八三〇―一九〇三)は、「われわれは関税戦争のまっただなかに息づいている」とのべている。一八九四年四月七日付『エコノミスト』が慨嘆しているように、「コブデンならばそうした事態を決して認めなかったであろう。」

上記のことは、アメリカの勝利を意味する。一九〇一年のイギリスのある工場報告書には、蒸気機関時代の先端を切ったのがイギリスだとすれば、合衆国は電気時代を先導していると注記されている。一九〇〇年のパリ万国博覧会のベツレヘム・スチール社の展示をみた一イギリス人は、

「高速で回転する旋盤が、その先端を真赤に灼熱させながら青黒い鉄片をはじき飛ばしている

……のをみた技術者たちは、自分たちは、現在、工具用鋼と工作用機械の開幕時代に立ち合っていると感じた」

と証言している。

一八九八年——この年はちょうど、アメリカが最初の植民地を獲得した米西戦争の年にあたるが——に、デンヴァーで演説したアメリカ銀行家協会会長は、峻烈な言葉で、アメリカの「マニフェスト・デスティニー」〔西半球を支配するのはアメリカの天命であるという考え〕を高らかに宣言し、次のようにのべている。

「わが国は、いまや貿易拡大競争で使える三枚の切り札、すなわち鉄・鋼・石炭を手中に握っている。わが国はこれまで、長年にわたり世界の穀物倉であったが、いまや世界の工場となることを熱望しており、やがては世界の手形交換所になることを欲している。」

このアメリカ銀行家に答えて、一八九九年七月の『コンテンポラリー・リビュー』掲載の「イギリス貿易にみられる帝国主義」なる論文は、次のようにのべている。

「イングランドは、世界の工場としての地位を占め続けることはできなかった。イングランドはいまや急速に世界の手形交換所へと変貌しつつある」と。

イングランドはもはや商業国家ではなくなり、債権の利子で生活する国家となっていた。一九〇二年に、ホブスン〔一八五八—一九四〇〕がその『帝国主義論』のなかで強調しているように、海外投資によるイギリスの収入は、一八八四年の三三〇〇万ポンドから一九〇〇年の六〇〇〇万ポンドに伸張している。セシル・ローズ〔一八五三―一九〇二〕の言葉によれば、イギリス国旗は、「世界で最も強大な通商上の財宝」となったのである。

帝国主義への復帰が、スローガンとなり政策となった。重商主義がよみがえっては、アダム・スミスも浮ばれまい。帝国連邦制を構想した帝国主義者ジョゼフ・チェンバリンが、一八八八年に行なった演説を聴くがよい。

「現在、わが国にその保護と援助を求め、わが国貿易の資源確保のための市場となっている偉大な諸属領をわが国から切り離すならば、人口過剰気味のわが島国が、一日たりともたちゆかないことは分別ある人であればおわかりであろう。……〔国王の〕署名さえあれば、英帝国《ブリティッシュ・エムパイアー》は明日からでも連合王国《ユナイテッド・キングダム》に縮小できるものをと、それを望んでいる人びとのいることもたしかである。しかし、そうなれば、わが国の少なくとも半数の人びとが餓死することになろう。」

このような政治論を補強したのは実務家であった。セシル・ローズは、その最も有名な演説のなかで、帝国問題は胃の腑につながる問題であるとのべている。

「昨日、わたくしは、ロンドンのイースト・エンド〔下層民が多数居住〕に出掛け、失業者の会合に出席した。「パンを」「パンを」という叫び声を上げるだけの、興奮した演説をきいた。わたくしは、帰る道すがら、その光景をとっくりと考えてみた。そして、以前にもまして、帝国主義の重要性を確信するにいたったのである。……社会問題の解決は、わたくしがかねてより考え続けてきた問題であった。すなわち、連合王国四〇〇〇万人の人間を流血の内乱から救うためには、植民地をかかえるわが国の政治家たちは、過剰人口を入植させるための新たな土地を獲得し、工場や鉱山で生産された商品を売りさばくための新たな市場を用意しなければならないのである。わたくしがつねづねのべてきたように、帝国問題は胃の腑につながる問題である。もしも内乱がいやだというのであれば、諸君は帝国主義者にならなければならない。……職工たちはすでに、世界市場を保持しなければ、餓死するほかないという事実に気づきはじめている。「三エーカーの土地と雄牛一匹」があれば十分であるという考えがたわごとにすぎないことはとうの昔から知られている。労働者は自分が世界を制しなければならないことを知っている。世界から締めだされれば、労働者の生きる道はないからである。……自由党員と保守党員は、いずれがより偉大でかつ熱烈な帝国主義者であるかを示そうとして、互いに競い合っている。……イングランドは、国の規模こそ小さいが、その貿易量はかなりなものであるということは国民も知っている。またかれらは、他国民がイングランドの有する世界市場をしだいに奪いつつあり、また敵対的な関税を押しつけてきていることにも気がついている。イギリス国民は、「貿易は国権に従う」〔貿易は植民地獲得によってのみ増大する〕ということに気づきはじめ、かれらのすべては帝国主義者になりつつある。かれらは、いかなる領土たりとも割譲する気はないであろう。……イギリス国民は、これまでに入手した一インチの土地ですら手放すつもりはなく、それどころか、数インチでも多くの土地を確保する気構えにあるといえよう。」

あとは、帝国主義を合理化さえすれば良かった。その役割を引き受けたのがラドヤード・キップリング(一八六五―一九三六)であった。

「白人の重荷を負え
汝の育てし最良の子を送りだせ
汝の息子たちを海外に送りだすよう義務づけて
汝の捕獲せし者のために役立たせ、
日々の苛酷な仕事に耐えて、
騒々しい野蛮未開の人たちに
汝が新たに捕獲せし鈍重な人たちや
半ば悪魔、半ば子供のような人たちに
力を捧げるように」

〔『白人の重荷』(一九〇三年)、イギリス人に帝国主義の責任を担うように要請した冒頭の章句〕

かつてイギリスは、アフリカ人たちをアフリカから西インド諸島に連れだし、かれらを「文明化」した。かつてイギリス人たちは、西インド諸島の黒人を解放し、ジャマイカではエアが、いまだ文明化されていないという理由で黒人たちを撃ち殺した。しかし、いまやイギリスは、アフリカに乗りだし、アフリカ人をアフリカ大陸で「文明化」しなければならなかった。

イギリスにとって具合の悪かったことは、アフリカには競争相手がいたことである。かつてフランスの政治家ジュール・フェリ〔一八三二―九三〕は、一八八三年から八五年にかけて行なった数々の演説のなかで、後年チェンバリンやローズが語ることになるのと本質的には違わないことをのべている。かれにとっては、帝国主義か革命かが問題であったのである。

「……これは、たんなる目先の問題ではなく、今後五〇年ないしは一〇〇年先までかかわる問題、まさに国家の将来にかかわる、われわれが子孫に継承すべき遺産にかかわる、またわが国労働者たちの生活の糧《かて》にかかわる問題なのである。……工業力の基礎が固まると同時にヨーロッパの諸列強が直面しなければならない問題は、産業活動の基礎、つまりは死活問題そのものでもある困難な大問題、すなわち市場問題にあることは明らかではないか。諸君は、巨大産業国家が順次植民地政策をとりはじめてきていることにお気づきではないのか。こうした植民地政策を、近代国家にとってはぜいたくなものであるといってよいのだろうか。断じてそうはいえないのである。この政策は、われわれすべてにとって市場そのものと同じように必要不可欠なものなのである。

……御存知だとは思うが、こんにちでは、需要・供給の法則、取引の自由、投機の与える影響、これらのすべては、この全世界を取巻く一つの円環のなかで作動しているのである。……植民地は、富める国にとっては資本投下の最も有利な方法である。……資本がだぶつき、多額の資本輸出を行なっているフランスは、植民地問題のこうした側面に関心をもちその成り行きをみつめている、といえよう。……この問題は、いってみれば、わが国の産品のための販路をいかにしてみいだすかという問題である。……植民地政策は産業政策の落とし子である。なぜならあり余る資本を有し、急速に資本蓄積をはかりつつあるような豊かな国々、その国々の生産組織が、たとえ職人のうちの大多数ではないにせよ、少なくともそのうちでも最も生産的な職人層をたえず育成しひきつけているような国々、また地方を発展させ維持させるために、地方自体の工業化を迫られているような国々、これらの国々においては、輸出は、国富〔の増大〕の基本的要件となっているからである。……保護貿易制度は、それを調整し援助するものとしての健全で十分に検討された植民地政策が伴なわなければ、安全弁を欠くスチーム・ボイラーと同じである。……ヨーロッパでの消費量は、もうこれ以上は伸びない状態にある。したがって、地球上の他の地域に新たな多数の消費者をつくりだす必要があるのである。さもなければ、われわれは、現代社会を破産状態に追い込むことになるであろうし、二〇世紀初頭になれば、だれしもその成り行きについては予測できないほどの破滅的な社会的大変動を招来することになるであろう。」

ドイツもまた、当然の分け前を欲していた。東方にあって、日の出の勢いで上昇しつつある一帝国〔日本〕も、アジアにおける利権闘争の分け前にあずかることを主張していた。一八九六年にバルフォア卿〔一八四八―一九三〇〕がそのブリストルでの演説において楽観視していたようには、アジアとアフリカは、すべての〔帝国主義的〕競争者たちにとって十分に広大なものではないということが明らかになってきた。

イギリスにとって事態をさらに悪化させたのは、合衆国がカリブ海におけるイギリスの地位――イギリスはこれまでカリブ海をさほど重視してこなかった――をますますおびやかしはじめたことである。イギリスにチェンバリンとローズが、フランスにフェリが、ドイツにビスマルク〔一八一五―一九八〕と皇帝《カイザー》がいたとすれば、アメリカにはシオドア・ルーズヴェルト〔一八五八―一九一九〕がいた。米西戦争の責任者ルーズヴェルトは、フィリピン、ハワイ、プエルト・リコの併合を要求した。一九世紀全体を通じて、キューバの将来をめぐって展開されたヨーロッパ諸国家間の対立関係を承知していたルーズヴェルトは、キューバの独立を唱えることだけにとどめていたが、アメリカの政治家や実業家たちはすべて、ルーズヴェルトの考えていた独立の真の意味を知っていた。〔つまり、〕ルーズヴェルトは、キューバの独立だけでは満足せずに、カリブ海からいっさいのヨーロッパの勢力を追いだすことをもくろんでいたのである。一八九八年二月九日にかれは次のように書いている。

「わたくしは、究極的には、アメリカ大陸からヨーロッパ勢力を排除することを目指す外交政策を樹立するつもりである。手はじめにスペインを、そして最終的にはイギリスを含む他のいっさいのヨーロッパ諸国を追放したい。今後は、いかなる国家も、アメリカ大陸に新たな足場を築けないようにすることが、いま以上に重要なこととなろう。もしもドイツが共和国であれば友好国になる可能性も大いにありうるだろうが、現在のところドイツは専制主義下にあるので、われわれにとっては、イギリスよりもずっと憎むべき公然たる敵対者といえる。」

こうして、カリブ海は、合衆国においては、アメリカの地中海とみなされるようになる。国務副長官ルーミス〔一八六一―一九四八〕は、一九〇四年に次のような新しい理論をのべている。

「……合衆国をカリブ海の主導勢力と考えないようなわが国の将来像は、いかなるものであれ完全とはいえない。……」と。

ルーズヴェルトの構想は、カリブ海だけに限定されたものではなかった。かれは、ラテン・アメリカ全体をにらんでいたのである。英領ギアナとベネスエラとの境界紛争にかんして、合衆国がベネスエラの要求を無条件に支持したのは一八九〇年代のことであった。ルーズヴェルトは、自分を「国際警察官」に擬して、一九〇四年に次のようにのべている。

「文明社会の諸関係が一般に弛緩したために起こる慢性的違法行為や無気力状態は、世界の他の地域と同じくアメリカ大陸においても、ついにはいずれかの文明国の干渉を必要とするにいたる。モンロー主義を堅持する合衆国は、みずからは望まなくとも、西半球においてかかる違法行為や無気力状態がはなはだしくなれば、国際警察力の行使を迫られるかも知れないのである。」

ベネスエラ問題にさいして、ルーズヴェルトは、「これらのディゴー〔色の黒い外国人とくにイタリア・スペイン・ポルトガル人〕たちが立派に振舞えるように教えてやる」のが、自分の義務であると考えていた。金の力で成し遂げえないことは、艦砲の威嚇で成し遂げた。ルーズヴェルトは、かつてパナマ運河を奪い取ったのであるが、これこそ、かれすなわちアメリカが欲するものを奪い取ったものである。一九一一年三月二三日のカリフォルニア州バークレイでの演説でのべた次の言葉は、上記のことを誇らしげに語ったものといえる。

「わたくしはパナマ運河に深い関心をもっている。わたくしがその開鑿《かいさく》に着手したのだから。当時わたくしが伝統的なまた保守的なやり方にしたがっていたら、おそらくは二〇〇ページにも及ぶもったいぶった公文書を議会に提出しなければならなかったであろうし、それをめぐる論議もいまだに続いていていただろう。しかし、わたくしはまず運河地帯を奪い取っておいて議会に討論させるという方法をとったために、論議続行中に運河開鑿も進行したというわけである。」

次の二つの事例は、イギリスの経済的衰退と、もはや押え切れなくなった世界的規模での抗争のなかで、とくに戦闘的なアメリカニズムの新精神をまさに十分に示したものといえる。その好例の一つは、シオドア・ルーズヴェルトの対外強硬論《ジンゴイズム》であるが、一八九七年六月二日に、ロード・アイランド州ニューポートの海軍大学校開校式にのぞんださい、かれは次のように演説している。

「誇り高く気概ある真に偉大な国民であれば、国家的名誉を犠牲にしてまで手に入れる卑劣な繁栄よりも、それがいかに悲惨なものであれ、敢然として戦争の道を選ぶであろう。……民族が臆病な態度をとることは、個人のばあいと同じく、許しがたい罪悪である。意識的に危険に備えようとしないのは、臆病心と同じように有害な結果をもたらすであろう。……これまでに、武装した腕《かいな》でみずからの権利を守る準備を怠った国民はすべて、世界のなかでその地歩を保持しえたためしはなく、また真に価値ある仕事をもなしえていないのである。……いかなる形態の侵略であれ、外敵の侵略にたいしてふがいなく屈従するのは、卑劣で恥ずべき行為である。……もしもわれわれが外敵によって敗北の憂き目に合わなければならないとしたら、あるいは不正と侮辱的行為にふがいなく屈服しなければならないとしたら、アメリカ人の名に値する人間はすべて、そのことを不名誉で恥ずべきことと感じるであろう。……もしも国民が、栄誉や名声を失って屈服するよりは、必要とあればすすんで戦争という究極的な裁定に勝負をかけ、また、惜し気もなくその生命・財産を賭し、悲しみの涙を流すことがないとすれば、その国民生活にはなんらの価値もないのである。」

第二の事例はアメリカ人の経済観についてのもので、それはアメリカ銀行家協会会長が誇らしげに語った、かの商業上の優越的地位を求めるゲームにさいして使用できる三枚の切り札に支えられた経済観であった。以下に引用するのは、一八九六年七月八日のウィリアム・ジェニングズ・ブライアン〔一八六〇―一九二五〕の金本位制にかんする演説〔「金の十字架演説」といわれる〕である。

「……われわれは複本位制でもよいが他の諸国家が協力しない限りそれを採用できない、とかれら〔イギリス〕が、いうのであれば、われわれ〔合衆国〕も以下のように回答する。すなわち、イギリスが金本位制を採用しているから〔われわれも〕金本位制を復活するというのではなくて、合衆国が複本位制を採用するのだからイギリスにも複本位制を採用させるべきであると。もしも、かれらがあえて戦いを挑み、金本位制をよしとして防衛しようとすれば、われわれもまた徹底的に戦うつもりである。われわれの背後には、国内外の生産者大衆――商業階級の利益、労働者階級の利益、世界の労働者たちによって支持されている生産者大衆――が控えているので、われわれは金本位制の要求にたいしては次のように答える。すなわち、労働者の頭上にかかる荊《いばら》の冠をかぶせてはならない、人類を金の十字架の上で磔にしてはならないと。」

イギリスは、対外的には競合する上記の帝国主義諸国家に、対内的には内なる敵の社会主義に対処しなければならなかった。当時は、フェビアン主義者たちが優位を占めている社会主義運動の黎明期であった。かれらは、現在でこそ穏健で中庸をえているようにみえるが、第一次世界大戦前には官憲からはきわめて危険な破壊分子とみられていたのである。そのことはもちろん、フェビアン主義者たちのせいではない。なぜならかれらは、自分たちは穏健であるから必然的に漸進主義をとるとわざわざ強調しているからである。その点についてバーナード・ショウ〔一八五六―一九五〇〕は、一八八八年九月七日のバースにおけるイギリス学術会議の演説のなかで次のように力説している。

「では、社会民主主義のいう漸進的移行の特徴とはなにか。それは、参政権の漸進的拡大と、地代並びに利息の分割払い——一時払いではない——による国家への移管をさす。このように考えると、われわれは、すでに、この道をはるけく歩み続けてきており、自分が社会主義と関係しているなどとは夢にも思っていない多数の政治家たち——それどころか、かれらは社会主義と関係をもつのは自分の汚点になると大まじめで拒否しているのだが——によって、この道は、ますます推進されていることがただちに看取されるであろう。……」

「したがって、上記のことは、こんにちでは、実践的な社会民主党員にとっては耳新しくもなんともない行動綱領《プログラム》であり、そこには目新しい項目はなにひとつないのである。万事がこれまで承認されてきた諸原理の適用であり、またそれらはすでに十分に実地でためされてきたものを拡大したにすぎないのである。それらの原理のすべては、イギリス人の考えにまさにぴったりと適合しているとの教会のお墨付きを頂戴している。それらの原理には、社会主義とか革命とかいった言葉をどうしても用いなければならないものはなにもないし、またいかなる点からみても、ギロチンによる処刑とか人権宣言とか国家にたいする忠誠義務の宣誓とか、その他本質的にいって非イギリス的と思われるようなものはなにひとつないのである。そして、それらの行動綱領は、必ずや実現可能なものであり、たとえそれらの実現を恐れる政党に所属していようとも、先見の明ある政治家ならばはっきりとみえる方向におかれた道標のようなものである。」

社会主義者たちのこの平凡な行動綱領とはなんであったのか。ウェッブ夫妻〔シドニイ・ウェッブ一八五九―一九四七、ベアトリス・ウェッブ一八五八―一九四三〕は、それを、「ナショナル・ミニマム」――すなわち賃金のナショナル・ミニマム、余暇とレクリエーションのナショナル・ミニマム、公衆衛生のナショナル・ミニマム、教育のナショナル・ミニマム――と呼んでいる。一九一一年に、ラムジィ・マクドナルド〔一八六六―一九三七〕が、その著『社会主義者の運動』のなかで、「栄光に包まれてはいるがすでに時代遅れとなった語句を大切に扱おうとして」、社会主義者たちはいまでも「革命」という語を用いているが、かれらは、その語句を「従来とはきわめて異なる方法」で使用しているのであるとのべたとしても、別段驚くにはあたらない。かれらのいわゆる社会主義とは、のちにオリヴィエ卿が有名な『フェビアン・エセーズ』という書物のなかで強調しているように、常識以外のなにものをも意味していないのである。〔アメリカでも〕アメリカ労働総同盟のサミュエル・ゴンパース〔一八五〇―一九二九〕をスポークスマンにしたかれらと瓜二つのアメリカの社会主義者は、イデオロギーとイデオローグたちのどちらにも反対し、イデオローグについて、ゴンパースは、かれらは、経済学的には不確実、社会的には有害、産業的には実現不可能なこと〔をのべている〕としてあっさり片付けている。

しかし、ロシア皇帝《ツァー》――一九〇五年に、かれは、ロシアの労働者代表に向かって、汝らの要求を高く掲げるために煽動的議会を召集するのは犯罪的行為であると、放言している——と手を結び、国際社会主義者運動を分解させるのはそれほど簡単なことではなかった。もっとも、国際社会主義者運動のほうも四分五裂の状態にあった。〔たとえば、ロシアの〕ボルシェヴィキたちは、独自の革命路線をとっていたし、ドイツの社会主義者たち——ビスマルクは、かれらを打倒しようとやっきになっていた——は、一九一三年に、ゼネストを要求する人びとにたいして、そうした考えはロマンチックなものであると非難し、またヨーロッパの社会民主主義〔政党〕は、一九一二年一一月のバーゼルにおける臨時国際社会主義者・労働者・労働組合会議宣言〔反戦と革命の宣言〕の趣旨に反して、それぞれの国で第一次世界大戦に協力していったのである。

以上が、第一次世界大戦前の世代に属するイギリスの歴史家たち——前世代からの生き残りのアクトン、そのほかにフルード、レッキー、シーリー——が、羽振りをきかせ活躍した時代の経済的・政治的状況であった。この世代が経験したのは、「黄禍」論、アフリカの強奪、中国人の自堕落な生活——一九〇六年九月二〇日の勅令のなかで、中国皇帝は、アヘンを「この有害なる汚物」と表現している——、ローマ・カトリック教会の教皇レオ一三世〔一八一〇—一九〇三〕が、一八九一年の回勅『新しい現実』〔労働問題にかんする回勅〕のなかで宣言したような社会哲学、ドレフュス〔一八九七—九九〕事件に劇的に表現された反ユダヤ主義の擡頭、さらにはタスキーギ学院の設立、ブカー・T・ワシントン〔一八五六—一九一五〕の成功、一九〇九年に有色人種向上全国協会の発足をみたアメリカ合衆国における公民権問題などであった。

思想界をみれば、この時代のイギリス歴史家の先学たちは、トマス・カーライルやフリードリヒ・ニーチェ〔一八四四—一九〇〇〕の唱えたネオ・ファシズムを経験していた。カーライルは英雄〔論〕を、ニーチェは超人〔思想〕を教えるとともに、かれらは社会の頂点にいる人びとには権力への意志を、底辺にいる人びとには服従の習慣を身につけることを力説した。「庶民」を軽蔑したカーライルと同じく、ニーチェもまたカーライルとともに、この世は不平等であるという基本的信条に立ち、戦争を賛美し、女性には戦士を休養させる役割をあてがっている。

以上が一八八〇年から一九一四年にいたるまでの時代状況であった。世界はもはやイギリスの儲《オ》けの《イスター》種になるような状況ではなかったし、自由を確信できる方向に不断に進歩しつつあるという状況でもなかった。世界は、古代ゲルマンの先祖たちのかの民主的初期議会を回顧するといった時代ではなかったし、また、もはや、神がそして神のみが天にましますという思想を確信できる時代でもなかった。そして、一九〇三年一二月一七日には、ライト兄弟が、発動機による最初の滞空飛行——五九秒間——を試み成功しているのである。

世界は平和な時代とはいえなかった。ドイツは第一級の海軍を建設中であった。ウィンストン・チャーチル〔一八七四—一九六五〕は、その海軍を「ぜいたく品に類するもの」と片付けているが、ドイツ皇帝は、海軍が、将来、海上において光栄ある地位をドイツにもたらすものとの期待をかけていた。それはのちの電撃戦争の到来を最初にかいまみせてくれた、これまでに経験したこともなかったような世界であった。折しもイギリス海軍本部委員会の文官委員アーサー・リー〔一八六八―一九四七〕は、一九〇五年二月四日に次のようにのべている。

「現下の状況で、不幸にも宣戦布告が発せられるならば、敵側がその新聞報道を読む余裕すら与えずに、イギリス海軍は緒戦の一撃で敵を叩きのめすであろう。……」

スタッブズ、グリーン、アクトン、フリーマンが築き上げたイギリスの全思想体系も、一九一二年には、トランプのカードで組み立てた家屋のように〔もろくも〕崩壊したのである。この年、アイルランド自治《ホーム・ルール》問題をめぐって、トーリー党指導者ボナ・ロー〔一八五八―一九二三〕は、アイルランド自治法案が下院を通過すれば、「議会多数党〔政権担当政党〕よりも強力なものが存在する」ようになるとのべ、他方、アイルランドのイギリス人指導者サー・エドワード・カーソン〔一八五四―一九三五〕は、たとえ軍事訓練と義勇兵が非合法と宣告されようとも、「非合法を恐るることなかれ」とつけ加えていたのである。

第十章　イギリスの歴史叙述と西インド諸島

——一八八〇年から一九一四年まで——

一八八〇年から一九一四年にかけてのイギリスの歴史叙述は、帝国主義思想——植民地の正当化、奨励、擁護、弁明——が基調となっている。その指導的な歴史家たちには、カーライルの旧友で弟子でもあったオクスフォード大学欽定講座教授フルード、キングズリの後任のケンブリジ大学欽定講座教授シーリー、レッキー、そしてオクスフォード大学植民地史教授エジャトンなどがいる。

かれらは、一八九三年一一月二〇日の帝国貿易奨励館館長就任講演で、レッキーが「帝国《エムパイア》〔連邦制〕、その価値と成長」というテーマのなかで強調しているように、かつて、カーライルが「キャラコの至福千年説」と冷笑したもの、すなわち、自由貿易が世界中に拡大し、平和な御世《みよ》が到来するのをついにその目でたしかめることのできなかった世代に属していたのである。ふたたびレッキーの言葉を借りれば、この世代の目には、世界はすっかり考朽化し悲しむべき状態に陥ってしまったようにみえたのである。

一八八三年に『イングランド膨脹史論』を書いた段階では、シーリーは、いまだに前世代の遺物にとりつかれていたため、かれにつきまとっていた「発展と進歩の理念」について、またイギリス国家が目標としてきた「自由とデモクラシー」について、依然として語ることができたのであった。しかし、そのような信念も長続きはしなかった。そこで、レッキーは、『デモクラシーと自由』(一八九六年)のなかでは、現代への幻滅つまり時代病について、より的確に表現しているのである。そのさいかれは、

「ヨーロッパ大陸のデモクラシーにみられる最も不吉な二つの特徴、つまり教皇至上主義に立つカトリシズム政治権力の異常な増大と社会主義の着実な伸張」

に気付いているのである。

フルードは、他の人びとよりもはるかに公然と、いわばカーライル張りにデモクラシーを拒否し、著書『オシアナ』のなかで次のようにのべている。

「わたくしは、デモクラシーが長いあいだ存続しうる統治形態であるとは思っていない。デモクラシーは、個々の市民はすべて、自国の運営にあたっては平等の発言権を有するという仮説の上に立っている。しかし、個々の人間をみれば、悪人もいれば善人もおり、賢者もいれば愚者もいるといったように、永遠に不平等なのである。また、権利の有無は適性の有無で決まるのだから、前述の仮説は正しいものとはいえず、そこで、幻想に依拠する制度はなんであれ永続しえないのである。」

歴史家たちは、政治家のためのプロパガンダを用意し、植民地拡張のための新たな推進力の普及に努めた。植民地とは、「領土の大拡張にほかならず、領土をもたない国々には土地を、窮乏状態にある国々には繁栄と富を与える」とシーリーはのべている。

シーリーは、獲得本能にしたがって、「うわの空で世界の半分を征服し植民してしまった」かつてのイギリス人のことを非難したにもかかわらず、その獲得方法にかんしては、恥知らずにも良心の苛責をいっさい感じまいとしていた。かれは、『イングランド膨脹史論』のなかで次のようにのべている。

「イギリスの領土は、歴史の光に十分に照らして獲得され、不法手段によって獲得されたものはごくわずかである。したがって、他の多くの列強諸国による領土〔獲得〕とくらべれば、不正の度合は少ないといえる。またイギリスの植民地支配は、いまでは最も歴史が古くまたその基礎も確立されているので、列強諸国の支配にくらべて、これまた不正の度合ははるかに少ないものといえよう。」

しかし、これは一八八三年の話であって、その後、さらに多数の領土が併合されている。〔そこで、〕それから十年後の就任講演のなかでは、レッキーはシーリーよりもずっと巧妙に植民地領有の問題を擁護しなければならなかったのである。かれはいう。

「砂のように定まらず、半未開で無秩序状態にあるさまざまな人種のまっただなかで建設される帝国は、それ自体の安全のためにも、また治安の観点からだけでも、その領域の拡大を余儀なくされるのである」と。

二〇世紀のエジャトンは、気の毒にも、ますます高まる植民地体制批判——こうした批判は第一次世界大戦末期になっていやがうえにも強まった——にいやおうなく直面させられることとなる。一九二二年に出版された『二〇世紀におけるイギリス植民政策』の序文のなかで、エジャトン自身が語っていることを聞いてみよう。かれは、「健全な帝国主義を権威をもって弁護する」好機が到来したとばかりに、次のようにのべている。

「その歩みは遅くとも、秩序正しく自治領化への方向にもっていこうとしたイギリスのインドでの努力は、インド人たちの積極的な協力をえられずに失敗したことが明らかとなり、そのことは、インドとはまったく状況の異なる地域での帝国問題の処理に暗いかげを落としたのである。一部の人は、「帝国」とか「帝国主義」とかいう言葉そのものをひどく毛嫌いし、社会のある階層のあいだでは、現在、こうした感情が最高潮に達しているのである。……」

「才気あふれる若い大学生たちの集会で、白人の統治責任についていささかでも口にすれば、嘲笑を買い質問ぜめにあうだろう。にもかかわらず、白人の〔統治〕責任は依然として存続しているし、また白人は、過去において、優位に立つ者として、それ相応のことはしてきたのである。将来にわたって優位に立っていることができるのであれば、われわれは、インテリ層が神経をとがらせている現況を笑って見過ごしていればよいだろう。しかし、もしも優位に立つことができないとすれば、ふたたび混乱が起こるであろう。」

エジャトンが弁護しようとしているものは、結局のところなんだったのか。端的に言えばこうなる。

「それ〔帝国主義・植民地統治〕は、単調で退屈な残忍この上ない野蛮状態に秩序をもたらした。……ところで、一方では、帝国主義はすべていまわしいもの、と考える傾向と、また、原住民にたいする政府の態度はつねに同じであると考える傾向とがある以上、たえず次の点について主張しておく必要がある。すなわち、原住民問題の取り扱い方には、正しい方法もあれば誤った方法もあるということ、また、イギリスやアメリカにおける批判者たちは、その〔原住民〕問題は解決できないとのべて口をつぐんでいるが、一見平凡で取るに足りない多くのイギリス青年たちが、その解決策をみいだしているということである。」

帝国主義の正当化とその弁護にさいして、とくに害毒を与えたのは、かの人種的偏見であるが、この問題についてはすでに、わたくしは、スタッブズとアクトンに関連して、またいうまでもなく、かれらよりもはるかにしばしばカーライルに関連して指摘してきた。

かかる帝国主義思想を貫く主題《テーマ》は、なによりもまず、イギリス民族とその性格にたいする賛歌であった。たとえば、一八九三年のレッキーの就任講演を取り上げてみよう。

「……〔イギリスの支配は、〕ヒマラヤ山脈からコモリン岬〔インドの南端〕にいたるまでの広大な地域にわたって、完全に平和な統治をもたらし、二億五千万人を超える人びとにたいして、完全な宗教的自由と、生命・自由・財産の完全な保障を与え、これらのおびただしい数の群衆の真只中に、西欧最良の知識によって導かれた強力な中央〔集権的〕政府を樹立し、またこの政府は、飢饉の予防、病気の軽減、野蛮な慣習の絶滅、文明と進歩の増進を着実にすすめてきた。……世界史上、この二つの小さな島からなる島国が、イギリス国旗の下で、世界において最も偉大なかつ最も慈愛に満ちた君主政国家に成長したことほどに、素晴らしいことは他にみられない。」

レッキーは、エジプトもインドも一括して取り扱っている。かれは、『デモクラシーと自由』のなかで、帝国主義者たちの合唱を指揮している。

「こんにちのきわめて困難な状況の下で、イギリスのエジプト統治ほどに、手際よく成功した慈愛深い統治の行なわれてきた例は他にみられないし、また、ローマ帝国以来、その偉大さと壮麗さという点で、インドにおける英帝国の成功に比肩しうる世俗的統治もないのである。数世代にわたり、広大な地域に、平和と繁栄と秩序を保持し続けた巨大な帝国を建設し、また数々の野蛮な戦争をやめさせ、数多くの残酷な慣習を根絶させたのは、わがイングランドの最も誇りとする政治家たちなのである。こんにち、かれらがそのすぐれた統治の術を忘れてしまったという形跡はないし、また統治にさいしてそうした人びとや方法が本国並みに採用されていたならば、古くからある数々の不正行為や不満の種も、とっくの昔に消滅していたであろうに。」

インドとエジプトの次には、熱帯アフリカの問題がある。エジャトンは、第一次世界大戦後の一九二二年に、セシル・ローズの成功を念頭において、アフリカにおけるイギリスについて次のようにのべている。

「重要なのは法律の条文ではなく、法律の精神であることは確かである。なぜなら、法律の条文は、いずれにせよ、文明の遅れた原住民には理解されないであろうが、法律の精神は、実際に統治をする人びとに活力を与えるからである。この点については、自慢するわけではないが、イギリス人の性格のなかに、後進民族を取り扱うばあいにとくに役立つある種の特性がみられるのである。正義や公明正大さを愛する本性、ユーモアのセンス、謙虚さ、繁文縟礼《はんぶんじょくれい》を嫌う心、野外活動を好みとくに冒険と体力を要する課題遂行に発揮される不屈のエネルギー――これらの特性は、ローズベリ卿〔一八四六―一九二三〕が、英帝国の「基礎は国民にあり」とのべた言葉の正しさを証明するものである。英帝国の官吏は、その大部分が、階層的には中流の上にある人びとから補充されてきたのであり、そのなかには、公爵の御曹司だとか職人の息子だとかは含まれていない。オクスフォードやケンブリジの教師《テューター》は、いかなるタイプの学生が官吏となるかについてよく知っている。そして、教師は、このタイプの学生は決して成績優秀者ではないが、かれよりもはるかに成績の良い多くの同期生に劣らず、人生の闘いにおいては信頼のおける同志になることを確信しているのである。」

帝国主義が次に提起している主題は、原住民の能力蔑視である。『イングランド膨脹史論』のなかでシーリーがのべているインドにおける英帝国観――それはマコーレーの帝国観をうけついだものであるが――を取り上げてみよう。

「インドのことはインド自身にまかせることのできる時期が、おそらくは到来するであろうが、ここ当分の間、われわれはインドを永久に支配するつもりで臨む必要がある。……インドは、あらゆる国々のうちでも、安定した統治を自力で発展させる可能性の最も少ない国である。……以上のすべてを勘案するとき、インドを、わが国の統治を頼みとするように導き、他のいかなる統治にも頼れないようにしておいて、われわれの政府をそこから引き払うならば、それは、およそ考えられうるすべての犯罪のうちでも最も許しがたいものとなり、またおそらくは、およそ考えられうるすべてのもののうちでも最大の災厄を招来することになるということがわかるであろう。……われわれの支配は、インド国民の意志による支配でないとの理由から、われわれがかれらの意に反して支配しているに違いないと考えるのは、まったくヨーロッパ人の抱く偏見にすぎないのである。……わが帝国の最も特筆すべき功績は、バラモン教の真只中にヨーロッパ的世界観を導入したことにある。……わが帝国は、ローマ帝国と類似しており、他民族を支配することのできる民族であるばかりか、かれらを教育し文明化できる役割を荷なっているのである。……かくて、われわれは、無意味な征服欲に起因するにせよ、巨大な諸悪にとどめを刺したいとの博愛主義的欲求に起因するにせよ、わが帝国を建設したのである。」

また、エジャトンはイギリスのアフリカ支配を分析しているが、かれは、カーライル流の極端な人種的偏見にどっぷりつかったままである。かれはいう。

「アフリカにおけるイギリスの支配を論じた本章を結ぶにあたり、その価値を評価しようとするならば、人びとのかかげた理想によって判断すべきで、誤りやすい存在である人間には避けがたい欠点によって判断すべきではないということを、われわれは、忘れてはならないのである。ところで、イギリスのかかげた理想は、これまでずっと表明されてきている――すなわち、アフリカ人たちの体内深くしみ込まされてきている奴隷状態からかれらを救いだすこと、また、これまでかれらが長い間もち続けてきた奴隷根性を除去できる唯一の方法としては、かれら一人々々に自尊の意識を創りだすことである。その理想〔の実現〕は困難をともなう仕事であり、空虚な議論を振り回すアフリカ人理論家とヨーロッパにおけるその支持者たちとの早とちりの自信が、ときには、その仕事を後退させることもあろう。にもかかわらず、その仕事は、イギリス帝国主義を正当化する――現時の状況では、帝国主義の正当化は、戦利品を獲得することでもないし、ましてや効率の良い利益をあげることでもないのだが――目標を指し示しているのである。「木はその果実によって知らるべし」〔マタイ福音書第七章一六節〕である。そして、イギリスの支配によってもたらされた果実は、数百万の人びとが人命の尊厳を知るようになり、また、家族や社会関係をうまく組織したことにより幸福をかちえたことにあることは間違いない。」

ジャマイカ総督エアの辞任後、わずか三〇年たつかたたないうちに、上記の歴史家たちは全世界に向かって、まるでエア論争をめぐってイギリスの世論が真二つに分裂して闘われたことがなかったかのように、ほとんど感傷的なまでに歴代の植民地総督たちを賛美しているのである。エジャトンは、もしも多くのイギリス自治領に総督たちをイングランドから送り込めなくなる事態になれば、帝国の団結にとって具合の悪い時代がくるのではないか、と考えているのである。〔この点については、〕レッキーも、その就任講演のなかで、キングズリもかくやと思われるほどに徹底した考えをのべているのである。

「……わが国のインド並びに諸植民地の総督を、その性格、能力、経験の三点からみるならば、概して、かれらは、いかなる世襲君主や公選大統領といえども及ばないほどの高いレベルの統治能力を備えていることがはっきりするのである。」

したがって、シーリーが、「一定期間植民地統治下にあった植民地では、解放を望む理由がまったくなくなる」と考えたとしても、さして驚くにはあたらないのである。そしてフルードは、その『オシアナ』のなかで、オーストラリアとニュージーランドの分離にすら抗議しているのである。帝国主義理論の発展を助長したイギリス全体の経済的土壌のなかで、政治家や歴史家のインドやアフリカにたいする態度が以上のようなものであったとすれば、未開の見捨てられた西インド諸島植民地にたいして、歴史家たちがどのような態度をとったかはおよそ見当がつこうというものである。

西インド諸島については、一八三三年までこの地域の支柱であった奴隷制度を抜きにしては考えられない。かつてカーライルは奴隷制度の復活を望み、トロロプはその廃止を嘆いた。この奴隷制度は、古い社会関係や非理性的な偏見——エアは恐怖政治によってそれらを保持しようと努めた——を、その廃止後もあとあとまで残したのである。

イングランド膨脹史を跡づけたシーリーは、奴隷制度〔の問題〕をうまくかわして通り過ぎるわけにはいかなかった。したがって、かれは、ひとりよがりの熱弁に訴えた。イギリスはその武勇によって、「この邪悪な取引きで、偶然にも最大の分け前を獲得した」とのべながら、かれは次のように続けている。

「この問題にかんして、われわれに罪ありとするならば、あらゆる他の植民地保有国も同罪である。この犯罪の発明者はわれわれではない。また、もしもある時期まではわれわれが他の国家よりも罪深い行為をしたとしても、〔その後、〕われわれが自己の犯した罪悪を公けにし、それについて後悔し、また最終的にはそうした犯罪行為と手を切ったことは、多少ともその犯した過失を軽減したものといえるのである。……しかし、古代の例でみてもわかるように、奴隷階級を別につくって、他の人びとが単調な骨折り仕事から解放されるようにすることは、文明の高度な形態と矛盾しないのである。」

レッキーは、その就任講演のなかで、このシーリーの考えをさらに押し進めている。かれにとっては、その罪悪がはじめはいかに緋のごとく極悪なものであれ、それが雪のように純白に洗い清められる〔旧約イザヤ書第一章一八節〕ことが重要なのである。

「奴隷制をめぐる問題は、かつてわが国でも存在した。——われわれは、アメリカを分離することによって、この問題の最も厄介な側面にかかわることを免れたけれども。しかし、この問題は、その道徳的側面に加えて、わが国の最も豊かな植民地の物質的繁栄にたいしてもきわめて重大な影響を与え、自治領植民地の内政問題への〔英〕帝国議会の干渉権をめぐるきわめて面倒な憲法問題をひき起こし、またそれは、アメリカ革命以来のいかなる問題にもまして、本国政府と植民地政府との間に深刻な対立をもち込んだのである。西インド諸島植民地の奴隷制度廃止にさいしてわれわれのとった措置が賢明であったかどうかは別として、奴隷解放を実現するため、帝国財源のうちから二千万ポンドの支出を可決した議会の寛大な態度だけは、少なくともだれも否定できないであろう。」

エジャトンは、レッキーの考えをより洗練されたものにしようとしている。かれは、『イギリス植民政策小史、一六〇六—一九〇九年』のなかで、先学たちの作り上げた伝統をひきつぎ、奴隷制度と奴隷貿易をめぐって、「イギリス人の良心がいたくうずく」時代が到来したことを強調しているのである。かれは、第二作目の重商主義時代にかんする著書の結論部分で、次のようにのべている。

「奴隷解放が不可避であったことは、現在ではもはや十分に明らかである。しかし、自由な黒人労働が奴隷労働よりも能率的であるという解放論者たちの予言にも、大きな誤りがあることがただちに判明し、また補償金問題についても、多くの議論がでたところである。たとえば、人間が人間を所有するという考えはまったく自然の正義に反するので強制的にこの制度を廃止したことにたいして補償金のたぐいを支払うなど許せないとの主張がでたのも当然である。しかし、イギリス議会のこれまでの行動をみるとき、こうした議論の取り上げられる余地はまずなかった。ともかく、いったん補償金が認められたのであれば、その支払いは適当ではないとはいえないのである。まず、植民者に貸付金を認めることだけが提案され、次いで、かれらに補償金二千ポンドの与えられることが決定された。この時点では、解放奴隷の労働時間の四分の三が、今後一二年間、奴隷所有者に年季奉公分として留保されるはずであったが、最後にはこの一二年間の年季奉公は七年間に短縮され、結局、年季奉公にかんするいっさいの取りきめは破棄されたのである。強制的に没収された財産〔奴隷〕は、少なくとも四千万ポンドから五千万ポンドの価値があった。いいかえれば、奴隷解放を声高に自画自賛するお祭り騒ぎの一方で、国家は、〔没収財産〕の半分にはわずかに及ばないにせよ、〔奴隷主に〕補償金を支払ったのである。」

前述したように、奴隷解放後、インド人契約労働者の導入、ジャマイカ反乱、ジャマイカ自治制の廃止と次々に問題が発生した。トリニダードと英領ギアナにおいて数々の問題をひき起こすことになる契約労働について、エジャトンは『二〇世紀におけるイギリス植民政策』のなかで、アフリカの状況を片方でにらみながら、高圧的態度で次のようにのべている。

「しかし、契約労働制の廃止が賢明な措置であったかどうかはともかく、少なくともその措置は、現在の状況のもとで、政府が世論の要求に敏速に対応し行動していることを示しているといえる。国家の経済発展に奉仕するために一定期間協力することが、兵役につくことよりも品位を落とすことになるという理由については明らかではないが、インドの知識人の世論はそのように判断し、したがって、政府要人たちもそれに同意見であるといわざるをえなかったのである。契約労働制が、過去において、〔インド系〕移住者自身にとってばかりでなく、英領諸植民地にとって役に立つものであったことに注目している者としては、いまより前の代の人びとは、この制度にさしたる不快感をおぼえていなかったということで満足するほかあるまい。」

一八九七年に初版がでた『イギリス植民政策小史』のなかで、エジャトンは、奴隷解放後のジャマイカにおいては、「〔当時〕黒人民主制は、カーティアン湾前方の入江にまできているように思われた」と強調したのち、ジャマイカ反乱と〔その後の〕進歩に逆行したジャマイカの直轄植民統治について次のように続けている。

「一八六五年に暴動が起こり、それに経済的混乱が続いたため、寡頭制支配者たる農園主層のうちでも最も頑固な人たちですら、憲法廃止の措置〔自治制の廃止〕をのんだのであるが、もしそうした措置〔自治制の廃止〕がとられなかったとするならば、たとえ当時のジャマイカの状況にとって、自治政府がいかに不適当なものであろうとも、改善策の一つもだされることなく不満や軋轢はあとをたたなかったことであろう。実際、この暴動は、必要以上に報道されたのである。エア評価をめぐって巻き起こったすさまじいまでの論争は、その渦中に多数のイギリス思想界の指導者たちをひきずり込み、敵と味方に分かれさせたが、この論争が引金となって、それについての細々した問題にまでわたってイングランド中の人びとが熱心に検討することになるのである。しかし、わたくしは、ここではさしあたって、一人の経験豊富な軍人植民地総督と二人の著名な法律家からなる王立委員会の調査結果を記《しる》すことで十分であると思う。かれらの調査によれば、組織的謀議の存在したことも事実であるが、戒厳令が必要以上に長期にわたり実施されたことも事実である。恐怖心は残虐行為を生むものである。総督エアの過去の経歴からみて、かれを臆病者とみなすことはできないが、おそらくかれは、他の人びとの恐怖心にひきずられるたちの人であったのだろう。そのことはともかくとして、反乱はついに旧憲法を廃止させ、これが全党派にとって大きな利益となったという事実が最も重要なのである。植民地議会は、みずからの死刑執行令状に署名した。二〇〇年にわたったいわゆる民主統治ののちに、ジャマイカは、指名制の一院制立法議会をもつ直轄植民地へと変更させられたのである。」

しかし、エジャトンをあまり非難することはできまい。なぜなら、かれは改悛の情などこれっぽちもない帝国主義者だったが、いずれにせよ、もしもかれが主張しようと思えば、ジャマイカ反乱の同時代人の一人で、ジャマイカ民衆に最も同情しかつ総督エアに最も敵対的であった人物〔アンダヒル〕が変節したのちの見解と、自分の見解とは本質的にみてなんら変わらない、と主張することもできたからである。一八九五年に、アンダヒルの『モラント・ベイの悲劇』が公刊されたが、かれは、少なくとも直轄植民地支配を支持していると思われるような驚くべき一節によってこの書物を結んでいるのである。

「モラント・ベイの悲劇が発生した時点では、人びとは損失を受け、悲嘆に暮れ、苦悩の淵に沈んだが、この悲劇は、人には測り知ることのできない神の摂理によって、結果的には、「これまで長い間侮《あな》どられ見捨られてきた」〔イザヤ書第五三章三節〕民族の幸福に寄与する、神の恵みの満ち溢れるものであることがわかったのである。〔すなわち、この悲劇は〕「荒野《あらの》とかわいた地とは楽しみ、砂漠は喜びて花咲き、さふらんのように盛んに花咲き、かつ喜び楽みかつ歌う」〔イザヤ書第三五章一―二節〕〔地にジャマイカを変えたのである〕。」

フルードは、いかなる先学たちとも異なり、西インド諸島にその注意を向けている。先学たちはそのほとんどが、西インド諸島を無視したし、たとえとりあげたばあいでも、過去の視点からのみ論じたにすぎない。しかし、フルードは、かれらとは違って、一八八七年には、実際に西インド諸島を訪れ、『西インド諸島におけるイギリス国民あるいはユリシーズの弓』と題する観察記を残しているのである。この著作は、それ自体が重要な著作であるばかりではなく、それがフルードによって書かれたということで貴重な文献となっている。

フルードは、カーライルの誠実かつ忠実な弟子であった。学者としては決して凡庸ではなく、オクスフォード大学で教鞭をとったのである。西インド諸島を訪問する以前から、すでにかれは、ゴリゴリの帝国主義者としての悪名をはせ、とくにアイルランドを毛嫌いしていた。フルードの関心は、イギリス的・プロテスタント的なものは正しいという点にあった。アイルランド人は劣等人種であり、カトリシズムは偶像崇拝に堕しているから、カトリック教徒を殺害しても罪にはならないというわけである。自分を守る力のない者に自治の権利はないとのべるフルードの言葉には、カーライルでさえほとんどつけ加える言葉をもたないであろう。

このような人物であったからこそ、かれは、その帝国連邦制の理念や英帝国の昔日の栄光をふたたびよみがえらせるのに不可欠な地域となるべき、いまでは沈滞し切っている西インド諸島を訪問することを決意したのである。フルードの思想的立場はだれの目にも明らかであり、かれは、アイルランドであれインドであれ、はたまた西インド諸島であれ、それらと帝国との関係が切れることには断固反対なのである。そうした見解を、かれは次のようにのべている。

「オーストラリアのばあいには、われわれがその独立を承認したことによって、われわれの関係は、これまでにないほどの緊密度をましたが、その独立をアイルランドにまで拡大するならば、アイルランドは、われわれから離脱するためにそれを利用するであろう。われわれが、ベンガル、マドラス、ボンベイにまで独立承認をひろげていくならば、それらの地を無政府状態に投げ込み、わが帝国〔連邦制〕を終焉させることになるだろう。わが国の安全のためには、われわれはアイルランドを手放すことはできないし、またアジアの諸自治領《ドミニオン》を手放すつもりもない。いずれの植民地をとってみても、それとイングランドとの関係を現実的にみれば、イングランドの力の優越という事実がある。われわれは、そのすぐれた統治によって、従属を尊敬に、尊敬を自発的連合へと転換させるまでは、力の優越性に依拠しなければならないし、またそうすることを隠そうと努める必要はまったくないのである。」

フルードは、なんのてらいもなく堂々と人種的偏見を展開している。おそらく、カーライルは別として、イギリス人著作家のなかで、黒人の性格分析にあたり、かれほどに激しい口調で西インド諸島の黒人を侮辱した者はあるまい。かれは、基本的には奴隷制擁護の立場から出発し、カーライルもかくやと思われる口ぶりで次のようにのべている。

「しかしながら、白人の権威とその影響力を保持するには、奴隷制よりもはるかに高貴なすぐれた方法があるかも知れない。奴隷制はすでに過去のものとなった社会秩序の遺物であり、またそれはこれまで維持できなかった。しかしだからといって、奴隷制が本質的に犯罪的であるということにはならない。アフリカ商館で、商人たちに売り飛ばされた黒人の大半は、それ以前にはよりいっそうたちの悪い主人に隷属していた奴隷か、古い言葉ではセルウィと呼ばれた者か、戦時捕虜か、あるいはセルウァティつまり死刑執行を延期されている犯罪者かである。もしも奴隷に売られなければ、かれらは殺されていたであろう。また奴隷貿易が廃止された現在では、かれらはふたたび、あのひじょうに有名な風習によって殺されているのである。奴隷貿易が犯罪となるのは、捕虜を奴隷にして換金するために、族長同士が戦争を起こすばあいである。しかし、多くのばあい、いやおそらくはそのほとんどのばあい、奴隷貿易は犯罪的ではないし、善なる行為ですらあったのである。自然は、われわれを生まれつき不平等に造ったから、法律もわれわれを平等にすることはできないのである。指導する立場の者もいれば服従する立場の者もいるのである。問題は、もっぱら〔服従の〕程度と質にある。わたくし自身についていえば、わたくしは、下院多数党や自分の愚《おろか》しさの奴隷となるよりは、むしろシェイクスピア〔一五六四―一六一六〕やバーレイ〔一五二一―九八、ウィリアム・セシルのこと〕のような人物の奴隷になることのほうがまだましである。奴隷制は、それに付随するすべてのものとともにいまでは消滅している。しかし、もしもだれかが自分自身より賢明な人びとに服従することをもはや強制されず、また各人が、自分自身の目からみて正しいと思うことだけを行なうようになるならば、それは人類にとって不幸な時代となるであろう。〔そうした時代では、〕権威は存在しているかも知れないが、服従する者はいない。すなわち、兵士は、命令一下動かないし、水夫や子供や妻のばあいも同様である。だが、かれらは、自分自身の意志では生きられないし、自然が定めたかあるいはかれらが自発的に入った境遇から随時に自分を解放することもできないであろう。西インド諸島の黒人たちは子供のようなものであり、しかもまだ反抗期にも達していない子供である。かれらもかれらなりの夢を抱いているが、現在のところでは、それはたんなる夢の段階にすぎないのである。もしも諸君が、かれらが求めてもいないのに自治統治を強制するならば、諸君は夢を現実で打ち砕き、また、かれらを故意にその父祖たちの置かれていた状態に追い返すことになるであろう。奴隷貿易は、かれらをその父祖たちの状態から解放した第一歩だったのである。」

こうした考えを根底にもっていたので、フルードは、当然のことながら、イギリス人が西インド諸島人を指導し続けることを主張し次のようにのべている。

「西インド諸島の黒人はみずからの欠点を知っているし、また、たいていの人びとよりも、自発的に指導者の指示に答えている。かれは、自分を公正に扱い親切にしてくれる人にたいしては忠実であり、親愛の情を示す。賢明な統治が一、二世紀も続けば、黒人は、自分が劣っているのは生来のものではなく、また白人と同一の機会を与えられるならば、白人と同一水準にまで到達できることを証明するであろう。わたくしは、イギリス国民が、黒人にたいして今後はそうした機会が閉ざされることはないであろうということを主張し続けて欲しいし、また、イギリス政府の要職にある人にたいして、この不幸な黒人たちを、役立たずであるとして、「自分のことは自分でせよ」とばかりに放り投げ、そうすることによって、かれらにたいする責任を放棄してはならないし、また放棄することはまかりならぬということを、わからせて欲しいと願わずにはいられないのである。」

西インド諸島の黒人からこうした指導を取り去るならば、かれらは未開状態に逆戻りすることになろうと警告して、フルードは次のようにのべている。

「われわれが黒人に嫌われているという事実はない。かれらは、われわれに無関心なだけなのである。しかし、こうした無関心でさえ忠誠心に転じさせることはできるのであって、それには、われわれが、忠誠心を取り戻すためにほんの少しばかり努力しさえすればよいのである。哀れな黒人は、かれが奴隷である限りは忠実な下僕である。〔しかし〕自由民となってもかれは、心の奥底では、自分が白人より劣っていることを知っているので、かれは、少なくともスパニエル犬と同じほどには忠実に、理性を有する白人の雇主に愛着をもつであろう。かれは、その本来備えているすぐれた資質を白人の指導の下に伸ばす機会を閉ざされるならば、スパニエル犬よろしく、またもやずるずると不潔な野良犬のような人間に逆戻りするであろう。」

フルードの西インド諸島問題にたいする解決策は、インドにおけるイギリスの支配方式をモデルにしたものであった。かれは、以下のように説明している。

「われわれの庇護下にある大多数の人びとは劣等人種である。わたくしはかれらをあえて劣等人種と呼ばざるをえないが、その理由は、いまのところ、全体的にみて、かれらはヨーロッパの法律、ヨーロッパの教育、ヨーロッパの権威の下にある以外には、その父祖たちの状態から脱けだし、相互に戦争しあうことを回避する能力をもっていないからである。かれらは親切に取り扱われれば、従順で大人しく、優秀で忠実な下僕《しもべ》である。しかし正邪についてのかれらの考えは、ごくごく初歩的なもので、かれらの教育は、予想通りのほんの上っ面だけの教育にすぎないのである。しかも、アフリカの古い迷信がそのままの形でかれらの魂に深くしみ込んでいる。かれらに独立を与えて見給え。二、三世代たつうちには、かれらは、上着やズボンをいともたやすく脱ぎ捨てるように、これまで学んできた文明など脱ぎ捨ててしまうであろう。インド統治と同様な良心的な保護と責任感と公正さ——この公正さは、最高のまた最も名誉ある意味において、わが国の臣下の福祉にたいして払われる無私なる精神と同じもの——をもってかれらを統治するならば、われわれは世界にたいして、インドのほかにもう一つの証拠を示すことになるであろう。すなわち、その証拠とは、イギリス人はこの荒廃した土地にかれら自身の自由な集落を充満させるとともに、他方では、イギリス人の援助を必要とし、その保護を受ける宿命にある〔土着の〕人びとの指導者ならびに支配者として、いつくしみ深くはあるが強大な力をも行使できるということである。」

フルードは、イギリスの政治制度を西インド諸島に導入することには頑として反対している。かれのみるところ、イギリスの政治制度は、西インド諸島の状況にはまったく不適合なものに思われたからである。

「もし万一、〔イギリスの政治制度を〕導入しようとすれば、ジャマイカを完全にわが国から切り離す覚悟で導入するか、イギリスの政治的迷信――それは、選挙権の行使は、神的な徳目のあらわれであるとし、また本国にはかなりの程度適合している自治の形態は、他のあらゆる国々にも、いかなる状況下にあっても、等しく有益であるという考えに立っているが――の正当さを認めた上で導入するかの、いずれかになるであろう。」

ジャマイカにおける自治統治に反対したフルードは、グレナダの自治統治にもはげしく反対している。

「この島は暗黒状態にあり、将来もその状態は続くことであろう。現在の状況では、この島にヨーロッパ人たちが戻ってくることはまずありそうにも思えない。しかし、もしも思慮深い総督がこの島にいて、かれに本来そなわった影響力を行使すれば、この島を統治することはきわめてたやすいことに思われるのであるが。この島は、英領であるから、われわれは、自分の作りだしたものに責任があるし、黒人自身のためにも、われわれはかれらを実験の具にするようなことをしてはならないのである。黒人は自分自身の欠点を知っているので、かれらは、どんな政治制度を与えられるよりも、賢明なイギリス人統治者を与えられるほうをはるかに強く希望しているのである。かれらにだけまかせきりにしておくと、かれらは、一世代か二世代も経過しないうちに、もとの野蛮人に逆戻りするであろう。グレナダだけでなく、すべての英領西インド諸島の統治方式については、次の二つのうち一つを選択する以外に道はないのである。すなわち、東インドの統治のように純粋かつ一元的なイギリス支配の方式をとるか、あるいは、結局はハイチのような状態――ハイチでは住民は赤子《あかご》の人肉を食し、白人は一ヤードの土地といえども所有できないが――に陥るかのいずれかである。」

このことはバルバドスでも同様であって、この島は、一八七六年以後の政治状況のなかで、〔西インド諸島に〕なんらかの形での連邦制を創出するかどうかといった古くから存在する問題をかかえていたのである。ここでもフルードの関心は、人種的不平等にもとづく旧秩序の維持にのみ向けられているのである。

「もはや、旧来のやり方にそっては統治できない状況にある。少数の白人たちは、かれらの以前の召使たちと同じ条件の下で、自力で救済策を講じなければならない、といわれている。そうしたことは決してあってはならないのである。オーストラリアとニュージーランドのばあいならば、十分にたのみにできる独立のエネルギーも、ジャマイカやバルバドスではみあたらないから、その問題については新たな解決方法が求められなければならないのである。」

「西インド諸島間の連合案こそ、その救済策になるのではないかという意見がある。西インド諸島を一つの政治体制《コンスティテューション》の下に結合させてみよ。そうすれば、白人は結集され、一つの無視できない集団となり、その自己主張も実を結ぶであろう。この連合案は、かつてわたくしがトリニダードにおける〔連合〕運動についてのべたように、同じ素材で新しい模様《パターン》をつくるあの万華鏡のひとつの模様にすぎない。西インド人による自治統治は、黒人に完全な選挙権を与えることによってのみ可能である。白人が団結できるのであれば、黒人とて団結できるであろう。自治統治は、黒人による黒人のための統治となるであろう。こうして、一世代か二世代のちになって旧来の伝統的制度が廃止されるならば、イギリス人総督が、黒人から成る諮問会議の議長をつとめ、イギリス人総督が黒人総理大臣の用意した演説を読み上げることになるであろう。しかし、こうした統治はどの位、続きうるのであろうか。イギリス紳士ならば、だれしもそのような馬鹿げた状況が続くことにはとうてい同意できまい。二つの人種は平等ではないしまた融合することもないであろう。そこで、白人が自発的に退去しなければ、黒人の立法によって、白人は並みはずれてすぐれた人物でない限り、その諸島にとどまれなくさせられるだろう。イギリス系アイルランド人の新教徒たちは、カレッジ・グリーン〔ダブリンの中心地〕に旧教徒系のアイルランド議会ができればアイルランドから退去するであろう。それと同じ理由で、白人は西インド諸島から退去するであろう。そして、英帝国と〔西インド諸島と〕の関係は、かれらが退去するとともに消滅するであろう。いや間違いなく消滅する。こうした状況でなおなにほどかのことを期待する人がいるとすれば、それは、自分の個人的将来にのみ関心を寄せ、またその野望を自党派の目先の勝利にしかおいていないような政治屋たちにほかならないのである。」

トリニダード直轄植民地についても事態は同様であった。フルードの〔西インド諸島〕訪問中、トリニダードは、制度改正要求で物情騒然としていた。きわめて冷酷な目で、フルードは、トリニダードとその島を通してみた西インド諸島の状況を分析して次のようにのべている。

「ところで、なぜトリニダードには、タスマニアやニュージーランドと同じような自治が認められないのか、また、なぜジャマイカには、なぜすべての西インド諸島には自治が認められないのか、と問う人がいるかも知れない。わたくしは、その質問には、別の形の質問によって答えとしよう。すなわち、われわれは、これらの島々をいつまでも英帝国の一部として残しておきたいと願っているのか、これらの諸島はなにかわれわれの役に立つのか、あるいは、われわれは、これらの島々にたいして、なにか逃《の》がれられないような責任があるのか、と。人民の多数決(これ以外に諸制度の設立を基礎づけるものがあるとは考えられない)によって選ばれる政府は、必ずその選挙人の性格を反映するものである。すべての西インド諸島の土地はしだいに分割され、黒人小自作農のものになっている。グレナダでは、そうした過程はほぼ完成寸前にある。トリニダードでもその過程は急速に進行中である。いかなる人もそうした過程を押し止《とど》めることはできないしまたそれを止めようと考えてはならないのである。しかし、自由保有地を所有することと、政治権力を掌握することとは別問題である。黒人の進歩が可能であるかどうかは、黒人の間にある白人社会の在り方いかんにかかっている。少数の白人居住者による黒人支配は、黒人にとって望ましいものではないし、またそのような支配は不可能であるが、そのことは、白人が黒人に支配される逆のばあいについてもあてはまるのである。現時点における住民比率からいえば、トリニダードにおいて統治の責任をもつのは、黒人議会と黒人内閣による統治を意味することになろう。そのさい黒人有権者は、まず第一に、混血の代表者か黒人の支持をえようと努める白人たち(かれらはその仲間うちではきわめて不評判である)を選ぶであろう。しかし、黒人はムラト(白人と黒人の混血)を嫌っているし、また黒人の下僕になるようなことを承諾する白人を軽蔑している。黒人は現状に満足しているし、黒人は生来、政治嫌いで、小さな自分の畑地さえもっていれば、それ以上にさきゆきのことについて思いわずらうことは決してないのである。ところで、黒人は、サント・ドミンゴの事件を知っている。黒人は自分と同じ肌をした人種が、西インド諸島のうちで最も美しい島をすでに完全に手中にしたことも知っている。黒人がそのように事態を変えようと考えたり願ったりでもすれば、他の島々も、サント・ドミンゴと同様になる可能性がある。そして、諸君が黒人に権力を委ねようとするならば、黒人はその権力を行使するものと覚悟しなければなるまい。諸君が樹立しようとしている制度では、白人と黒人は、名目上は平等であるかも知れないが、数の上では黒人は圧倒的に優勢であるから、そうした平等も名だけのものにすぎなくなるだろう。そして、真に重要な存在であるイギリス人は、少なくとも、そうした偽瞞的で屈辱的な地位にとどまることは拒否するであろう。すでに、トリニダードのイギリス人住民の数は、自分たちの地位が将来不安定なものになることを見越して、しだいに減少しつつある。その仕事〔自治統治〕を完成し、黒人総理と黒人議会をもつ制度を作り給え。そうすれば、イギリス人住民は強制退去を命じられるまえに、自発的にトリニダードから引き揚げるであろう。スペイン人住民とフランス人住民が、少数ながらいまなおハイチにとどまっているのと同じように、〔イギリス人住民も〕貿易上の利害に惹《ひ》かれて、ポート・オブ・スペインになおもとどまるかも知れない。やがてその優越性を回復したかれらが、みずからの優越性を主張しだす可能性もないわけではない。しかし、イギリス人には、〔トリニダード以外にも〕広々とした世界が開かれているから、かれらは、いまよりは劣悪でない条件で暮らせる土地を求めていくだろう。ハイチの黒人共和国は、白人には自由保有地をまったく認めていない。ハイチ以外の黒人たちも、ハイチと同じ機会が与えられるならば同じ野望を抱くようになるだろう。」

「われわれは、西インド諸島を、女王陛下の統治下につなぎとめておくつもりなのか、それともそういうつもりではないのか。われわれがそれらを進んで手離すつもりならば問題は解決される。

しかし、われわれは、別の解決策をとるようにすべきである。われわれの側もその名誉と安全を失わずに、またわれわれがその地に連れてきた黒人たちの利益も損わずに、西インド諸島植民地を保持しうる統治形態はただ一つしかない。東インドにおける統治モデルがそれである。このモデルによってわれわれのおさめた成功があまりにもみごとなものであったために、それは世界の驚異の的となっている。またその成功が、きわめて独特で非凡なものであるために、今後われわれが模範にしようとするさいの典型例は、これ以上にはないように思われるのである。」

フルードは、人種論を根拠にして、自治は西インド諸島には適合的でないこと、また同じく人種論を根拠にして白人の優位を排除するような自治は望ましくないと確信し、次のようにのべている。

「それ〔自治〕は、結局のところ、黒人にとっても利益にならないであろう。〔しかし〕それらの島々を再び荒れ放題にすることは許されないし、また、われわれがそれらの島を放置すれば、黒人《カラード》の繊細な感情をあまり大事にしないようなほかのだれかがそれらの島々を支配するかも知れないのである。〔しかし、〕そうした事態にはならないと考えてよいだろう。その諸島は、なおわれわれのものであり続けるだろうし、イギリス国旗が今後とも砦の上にはためき続けるだろうし、またいかなる統治形態であれ、女王陛下の名の下に統治されるであろう。もし自治制をとることに価値があるなどといえば、黒人議会と黒人内閣ができ、憲法で定められた大臣の助言によって、ハイチの土地法のような措置を勧告されるイギリス人総督の〔あわれな〕姿が目に浮かんでくるではないか。」

「イギリス人ならば、破産した貴族でさえ、そのような地位に甘んずることは決して認めないだろうし、もしも認めれば黒人のほうでもイギリス人を軽蔑するであろう。また黒人と同じ人種と肌の色をした者が総督になれば、両者の関係はどのくらい長続きすることができるのだろうか。」

では、西インド諸島の将来はどのようなものでなければならないというのか。フルードは、ふたたび、イギリスのインド支配にならって西インド諸島を支配せよと強調している。フルードは、西インド諸島人の性格と西インド諸島の将来の政治を分析して次のように結んでいる。

「西インド諸島には無限の富があり、それは知性と資本によって開発されることを願っている。イギリス人とアメリカ人はいずれもそうした知性と資本をもっているので、今後もなおこの地に定住し、黒人たちに礼儀作法を身につけさせ、かれらをより高度な文明形態にまで導きたいと思うようになるかも知れない。しかし、黒人の将来はどうなるのか、また黒人にたいするわれわれの恒久的な影響力はどうなるのかという問題は、黒人がおのれにうちかち、かれらを利用しようとする陰謀家たちから自分たちを守られるかどうかにかかっている。かれら大衆が国の統治への参加をほとんど認められていないばあいでも、かれらが繁栄し正当に扱われている限りでは、かれらを操縦することはたやすい。闇の子は光の子よりもずっと統御しやすいのである。〔そこで〕これらの諸島を東方〔インド〕のわが帝国の統治をモデルにして統治すれば、一世代か二世代かたつうちには、そこに黒い肌をした市民たちが定住し、かれらは、われわれと同じように、これからもイギリス国旗の下で繁栄し続けていけることを誇りとし、また防衛についても現在のところではたしかに無関心であるが、今後は、いかなる敵の侵略にたいしても進んで防衛に立ち上るようになるであろう。不公平な選挙による評議会、地方選出の評議会などは、不満を増幅し、汚職を助長する機構としてしか役立つにすぎないのである。それらは、将来、かれらとわれわれとの間の亀裂をひろげ、それよりも規模は小さいが、現在われわれがアイルランドにおいてひじょうに苦しんでいる――アイルランドでは、民衆の要求を認めるたびごとに両国の関係の維持がますますむずかしくなっているが――のと同じ状況を招来するであろう。太平洋地域の諸植民地〔オーストラリア、ニュージーランド〕では、当然の権利《ナチュラル・ライト》として自治が認められている。植民者たちはわれわれの分身であり、われわれが自分自身のことを処理する権利をもっているように、かれらもかれら自身のことを完全に処理することを要求する権利をもっているのである。かれらにたいするわれわれの干渉が少なくなればなるほど、かれらはますます心からわれわれと一体化するのである。しかし、もしもわれわれが、この上さらに帝国であり続けようとする強い願望を抱き、また、われわれが武力で征服した東インドのような国々や西インド諸島のような国々――これらの国々は〔他国から〕獲得したもので、そこにはわれわれ白人をはるかに上回る数の人種が住み、かれらの多くは英語を話さず、われわれとは気持の上でのつながりはないし、利益の面でも目にみえるほどの結びつきもなく、またわれわれのほうでも、かれらと結婚するつもりや社会的な交際を求めるつもりもなく、優越者として、劣等者であるかれらから超然としているのである――を、われわれの属領《ドミニオン》としてつなぎ止めておきたいと決心するのであれば、そのような国々にたいして、われわれでさえ最近になってようやく到達しえたばかりの自治統治を押しつけること、また圧倒的多数のかれらがその気になれば、われわれから手を切ることができるような力を与えること、さらに、面倒を避けたいというのがわれわれの真の動機であるときに、かれらを信頼すると見せ掛けて、その信頼に感謝したかれらが積極的な忠誠心を高めるものと考えることは、万に一つも成功する見込みのない、また失敗することが決定的であるような実験を試みることにほかならないのである。」

植民地における政治組織と人種関係について、フルードは、以上のような見解を抱いてジャマイカ反乱の問題に取り組んでいるのである。当時、かれは、その論争には加わっていなかった。しかし、かれの考えはカーライルに近く、西インド諸島にかんする著作のなかで、自分は当初から、エアが「不当にも民衆の要求の犠牲に供された」のだ、と考えていた人たちのうちの一人であることを認めているのである。次いでかれは、二人の立役者ゴードンとエアを分析している。

フルードのゴードン評は、かれのような気性の人間としては奇妙に思われるが、一見したところ、感情の高ぶりを抑えたものであった。

「黒人ゴードンは、反対派の有力議員であった。かれは、島の辺鄙な場所に黒人を集めて大衆集会を行ない、世論の力で敵に圧力を加えようとしたのである。白人と黒人の数がきわめて不均等であり、また白人と黒人相互の間にほとんど接触がないところで、無知で興奮しやすい人びとを集めてこうした手段をとったことは軽率であったかも知れないが、ゴードン氏は、憲法上認められている権利を逸脱した行為はしていなかったし、演壇でのべたかれの言葉も、激烈で煽動的ではあったろうが、われわれが本国で聞く忍耐心を要する演説以上のものではなかったのである。民主政のもとでは、人民が主権者であり、議員は人民の代表者である。また議員はだれでも、意見の違いがあればそれを表明せよと、有権者に向って呼びかける権利を有している。たとえ警官への投石や騒擾的な喚声が上ったにせよ、それぐらいのことは当然予想されたことであったのである。……」

「かれ〔ゴードン〕にたいする反対感情はきわめて強かったので、キングストンに住む白人のうちだれが陪審員に選ばれようとも、満場一致で有罪判決が下り、厳密な細々した法解釈上の検討もしなかったであろう。残念ながら、ゴードンが死罪に値するほどのことをしたかどうかは疑わしい。治安の破壊をみずから教唆煽動するようなことをしていなければ、かれは、政治的情熱に訴え、また愛国的だが陳腐な演説を存分に行なう権利を有していたのである。しかも、かれが教唆煽動したということは容易に証明できることでもなかったのである。しかし、かれは、政府反対派の指導者であり、反対派は暴動を起こしたのである。ゴードンは、そうした感情をかきたて暴動に至らしめた、という点で有罪だったのである。かれに追随した者たちが銃殺刑や鞭打ち刑に処せられているのに、指導者であるかれが処刑を免れるなどということは許されないことであったのである。ゴードンの住むキングストン地区では、通常の法が施行されていたため、エアはゴードンを戒厳令施行地区に連行し、軍事裁判にかけ絞首刑に処したのである。」

フルードは、ゴードンを論評したばあいと同じく、エアを擁護したばあいにも、まるで問題はほとんどなかったかのように、平静な筆致で論評しているのである。

「モラント・ベイの暴動は、やかん《ポット》から熱湯がふきこぼれているのに似て、興奮した愛国者の雄弁から発生したものにすぎなかったとしても、悲しむべき残虐行為と暴力沙汰をひき起こした。しかし、それもまた当然な成り行きであった。最近まで自分の召使いであった者が、いまや政治の主導権を手中にしつつあるとすれば、それを我慢してみていることはできないであろうし、また恐怖のあまり最悪の人物のいうことですら信じてしまうものである。すぐれた総督であれば、人びとの熱した感情を鼓吹するよりも、むしろそれを抑制したであろう。しかし、(暴徒をだいたい抑圧したと考えられる限り)、エア氏にたいしていえることのすべては、かれのような立場におかれれば、一〇〇〇人中九九九人までがかれと同じ行動をとったであろうということ、またかれ以上の行動は、ふつうの植民地総督には期待されうべくもないということである。」

ジャマイカ問題全体にかんするフルードの要約は、ジャマイカ反乱は、熱帯植民地にイギリスと同じ制度を導入することは不適当であるということをまたもや証明したにすぎないとし、また、この反乱がジャマイカの政治制度の一時的停止をもたらしたというものであった。フルードは次のようにのべている。

「わたくしの考えでは、今回の過ちの原因は、エア氏でも不運なゴードンでもなく、人口がきわめて不均衡な状態にある国に、立憲的な統治形態を適用しようと主張した人びとにある。白人の数が黒人とほぼ同数であったならば、不満はさほど大きくならなかったであろうし、白人の生来の優越がおのずとその力を示し、混乱も起こらなかったからである。〔しかし、〕ジャマイカのように両者の人口がはなはだしく不均衡なところでは、また、知性と財産が少数者〔白人〕の側にあり、そのかれらと、教化途上にある野蛮人——かれらは最近まで食人種であり、ハイチで実際に起こったように、ふたたび人肉を食する風習に復帰できる連中である——とが、政治的に平等な立場にある人間として共存しているところでは、そうした経済的混乱《パニック》が必然的に生じ、それに起因する恐怖心から、まさに破局がもたらされるのである。結局、相互間の恐怖と不信のいきつくところ、暴力による衝突以外に道はない。多数者が少数者を統治し、両者の道徳的・精神的特質の間にはなはだしい違いがないばあいには、〔立憲〕制度によってかなりの程度立派な生活様式がつくられるというのが立憲統治の理論である。〔しかし両者の〕性格、精神力、活動力、教養が、まったく平等でなく、不平等——しかもそれがこれまで数千年間も続き、エジプトのファラオ時代にみられたような不平等が現在でもみられるといったような——が存在するところでは、知性ある少数者が知性を欠く多数者へ服従することを期待するのはこれまでに前例がなく、また決してあってはならないことを期待するに等しいのである。白人が黒人を支配するように委託されることはありえないが、黒人が白人を支配することはそれ以上に変則的なことである。イングランドが両者の間に入っていなかったならば、両者間で殲滅戦が展開されていたであろう。しかし、イングランドがそれを阻止したので、両者に、力で平等を強制する形で、均衡が保たれているのである。西インド諸島が英領である限りは、イングランドはみずから統治しなければならないし、またその統治は公平なる統治でなければならず、それ故にイングランドは、みずからの選択した責任を立派に果たさなければならないのである。われわれの民族が主体となっている諸植民地のばあいには、われわれがみずからを統治しているように、かれら自身にその統治をまかせてもかまわない。イギリスの選挙民は、カナダやオーストラリアの選挙民にたいしてなんの権利も有しない。なぜならカナダ人やオーストリア人は、われわれがみずからの問題をうまく処理できるのと同じように、かれら自身の問題をうまく処理できるからである。かれらが自分自身の手で総督を選出することを望んだばあいでさえ、思い通りにさせるがよい。われわれとかれらを結びつけているのは、血と利益を同じくする共同体《コミュニティ》である。したがって、統治の些細なやり方をめぐって、われわれが離間することもないであろう。しかし、他のわが国の植民地のばあいには、あるがままの事実を受けとめなければならない。現実を認めようとしない者は結局は、つねに敗北するのである。」

フルードにとっては、西インド諸島の現実なるものは、以前となんら変わらず、またなにか変化しうる気配もなく、永久に不変なものと映じているのである。〔しかし〕フルードの西インド諸島訪問後わずか五〇年にして、ジャマイカと西インド諸島の状況は大きく変化し、その現実をがんとして認めようとしなかった人びとは結局は敗北しているのである。イギリスの影響力と軍事力は両大戦間に急速に衰退し、第二次世界大戦末期にはついに二流国に転落しているが、そうした事実を認識できなかった人びとのうちでもとくに目立った存在は、二〇世紀のイギリスの歴史家たちであったのである。では、次章で、両大戦間におけるイギリスの歴史叙述についてのべることにする。

第十一章　戦間期におけるイギリスの歴史叙述

第一次世界大戦前からすでに合衆国に追越され、ドイツに脅かされてきたイギリス経済は、戦間期にも急速な衰退を続け、ヒトラー空軍の猛攻を受けた戦争末期には、ついに完全な壊滅状態に陥り、合衆国の援助をあおぐことになる。

戦間期経済を特徴付けているのは、合衆国経済の優位――世界恐慌による経済的退潮にもかかわらず――である。石炭および亜炭の世界総出炭量に占める合衆国の比率は、第一次世界大戦中の四三パーセントから、一九三三―三五年の三〇パーセントへと下降しているが、イギリスの出炭量比率は、大戦中の二〇パーセント、一九三三―三五年の一九パーセントと横ばい状態を続け、他方ドイツの比率は、なんと二〇パーセント弱から約二三パーセントへと増大しているのである。世界の銑鉄生産量に占める合衆国の比率は、この時期に、五二パーセントから三七パーセントまで下降したが、イギリスも一四パーセント弱から一一パーセントへと下降し、他方ドイツは、またもや一七パーセントからほぼ一九パーセントまでその比率を伸ばしているのである。鋼についてみるならば、世界の生産量に占める合衆国の比率は、五二パーセントから四一・五パーセントへと下降し、イギリスの比率は、いずれの時期〔大戦中と一九三三―三五年〕にも、約一二パーセントと横ばい状態にあった。一九三六年の石炭および亜炭の合衆国産出量は、不況期にもかかわらずイギリスの二倍、銑鉄および鋼は、イギリスの四倍も生産しているのである。合衆国の木綿消費量は、イギリスの二・五倍強であった。

イギリスが第一次産業革命の先頭を切ったとすれば、合衆国は第二次産業革命の先陣を飾ったのである。合衆国の経済的優位を示す図表と記録は、一九一四年の合衆国議会臨時国民経済委員会の厖大なレポートの中に、数頁にもわたって具体的に記載されている。カルテル、超大企業、食料品チェーン店、集中方式をとる映画産業、電信・電話業、鋼・製鉄業――これらを最高裁判事ブランダイズ〔一八五六―一九四一〕は、アメリカの技術革命の生んだフランケンシュタインと名付けている。イギリスが鋼時代の先頭を切ったとすれば、合衆国はディーゼル機関時代の先陣を飾ったのである。そして両大戦間には、当時はまだほんの予測の段階にしかすぎなかったが、「ほとんど人力を要しないエネルギーの一形態」としての原子力エネルギーが出現し、そのことはさらに、合衆国の優位を強めることになったのである。

第一次産業革命は社会問題を生みだし、そのためにイギリスが注目されたが、第二次産業革命も社会問題を生みだしたために、今度は二〇世紀の合衆国に注目が集まったのである。一九二九年に合衆国で起こった経済不況が劇的に示したことは、一九世紀におけるイギリスのばあいと同じく、二〇世紀のアメリカが、技術革新による労働者の解雇と、豊かさのなかでの失業増大の典型例となったということである。一九三八年の合衆国国家資源委員会による消費者所得分析によれば、合衆国では、年収二千ドル未満は一〇人中八人、年収三千ドル未満は一〇人中九人で、この九世帯のなかでは、年収五百ドル未満は二世帯、九世帯のほぼ半数は年収千ドル未満であった。

技術革命がこうした不均衡を生み、主として人間と機械を遊ばせておくことによる莫大な無駄の存在する状況のなかで、一九三九年に国家資源局が作成した『アメリカ経済の構造』と題する研究では、アメリカ社会の〔当面する〕最も重要な問題とアメリカ・デモクラシーに向けられた最も重大な挑戦が確認されている。以下、この研究を引用してみよう。

「厖大な人間と機械を遊ばせているという状況の下で、アメリカ国民は重大な国家問題に直面している。〔しかし、〕人力、資材、技術を用いれば、現在よりもはるかに高度な生活水準を確立できるのである。これらの資源を十分に利用することができていないという重大な問題が、わが国のデモクラシーを危機に陥れているのである。……」

「こうした〔資源利用の〕チャンスが、今後、どの位の期間アメリカ・デモクラシーに開かれているかという問題は重大である。より高度な生活水準を求めるチャンスもひじょうに大きいが、チャンスをえられないことからくる社会的挫折感にも、ひじょうに切実なものがある。したがって、民主的解決法が効を奏しないとすれば、まったく別の手段をとらざるをえないだろう。〔しかも、」そのような解決法をみいだすための時間は、無制限にあるわけではない。」

アメリカの現実は、当時の世界的状況を反映した典型例にすぎないが、こうした状況から、一方では、レーニンおよびボルシェヴィキのロシア共産主義理論が、他方ではヒトラー・ドイツのファシズム論が出現したのである。このようなデモクラシーとレッセ・フェールと議会多数決制からなる一九世紀世界の全面的崩壊を論じた代表的思想家に、『西欧の没落』(一九一八—二二年)のなかで独裁《カエサリズム》論を展開したドイツのシュペングラー(一八八〇—一九三六)がいる。シュペングラーが独裁論に期待したのは、かれのいわゆる金権政治の政治的武器となっているデモクラシーの打破にあったのである。

合衆国の政治家たちは、そうした危険性を認め、その挑戦を受けとめている。フランクリン・D・ルーズヴェルトは、一九四一年一月六日の議会への教書のなかで四つの自由——言論・表現の自由、信教の自由、欠乏からの自由、恐怖からの自由——を宣言し、それに続けて、新しいデモクラシーの信条を明確にのべている。

「健全で強力なデモクラシーの基礎を説明するのは、なんらむずかしいことではない。政治・経済体制についてわれわれが国民から期待されている基本的なことがらは、単純なことなのである。すなわち、それらは、

青年その他の者にたいしては機会均等を

就労可能な人びとには職業を
保護を必要とする人びとには保護を
少数者のための特権は廃止を
万人には市民的自由の保持を
生活水準の広範な不断の向上のためには科学的進歩による成果の享受を
〔保障すること〕である。」
「上記のことは、この混乱に満ち信じられないほどに複雑な現代世界にあっても、決して忘れてはならない単純かつ基本的なことがらである。わが国の経済・政治制度がどれほどその内的持続力をもっているかは、それらの制度が先にのべた諸要求をどの程度実現できるかどうかにかかっているのである。」
それから二カ月後に、ルーズヴェルトは、所属政党の民主党にたいして、「デモクラシーは、目下のところ、多くの国々で人びとの要求を満足させえない状況にある」とのべているのである。また、かれは、国民の約三分の一は衣食住に窮しているという有名な声明によって、合衆国の現状を劇的に表現しているのである。副大統領ヘンリ・ウォーレス〔一八八八―一九六五〕は、「六千万人に職を民衆《コモン・マン》にデモクラシーを」と叫び、またデモクラシーを「唯一真実なキリスト教の政治的表現」と定義し、一七九二年以来の一五〇年間の歴史を「長期国民革命」と解釈しながら、ウォーレスは、

「普通人《コモン・マン》の世紀」にかんして有名な声明をだしているのである。

「現在はアメリカの世紀であるとのべる者もいる。わたくしにいわしむれば、われわれが現在足を踏み入れつつある世紀――それはこの大戦の結果生まれる世紀になるだろう――は、普通人《コモン・マン》の世紀となるし、またそうなるにちがいない。その世紀は、おそらく、普通人《コモン・マン》が生きていくために必要なもろもろの自由や義務を、アメリカが指示する条件となるであろう。いかなる国の普通人《コモン・マン》も、自分自身の手で実用化して自分の産業を建設することを学ぶに違いない。またいかなる国の普通人《コモン・マン》も、自分とその子供たちがこれまで受益してきたものを、結局はこの全世界《ワールド・コミュニティ》に還元できるように、その生産性を向上させることを学ぶに違いない。いかなる国家も、他の諸国家を搾取する天賦の権利をもたなくなるだろう。歴史の古い国家は、より若い国家が工業化への道を目指して進むのを援助する特権はもつであろうが、軍事的帝国主義や経済的帝国主義はなくなるに違いない。一九世紀には通用した方式も、これから開始されようとしている民衆《ピープル》の世紀には、うまく適合しないであろう。」

全世界がかれの言葉に耳を傾けた。なかでも最も熱心だったのは、リンカーンの奴隷制廃止宣言以来、その市民的諸権利を求めて長い闘争を続けてきたアメリカの黒人であった。公平雇用実施委員会が設置され、雇用のさいの人種差別問題が取り上げられたが、それは、アメリカの生みだした問題に、きわめて真剣にかつ理性的に取組むための努力と考えれば、まさに、それは、社会工学

――スウェーデンの経済学者グンナー・ミュルダール〔一八九八―〕の考えたもの――の問題であったのである。一九四四年に出版された『アメリカのジレンマ、黒人問題と近代デモクラシー』という有名な著作のなかで、ミュルダールは次のように書いている。

「黒人問題は、アメリカの最大にして最も目に立つ汚辱である。……」

「〔しかし他方では、〕アメリカが心から望んでいるのは、国内における黒人問題の克服であるという明るい側面もある。この国は〔建国〕当初には、国家存立の道徳的基礎として、平等と自由の原理を規定しているのである。……」

「アメリカは、国内外でのデモクラシーの達成をたえず目指している。アメリカ史の主潮をみれば、このアメリカの信条が漸次実現されていくのをみる。」

「こうした意味から、黒人問題は、アメリカ最大の失策であるばかりでなく、アメリカが将来発展する上で、きわめて重大な好機ともなるのである。」

植民地諸地域もまた、アメリカの黒人と同じように熱心に、〔この演説に〕耳を傾けた。大統領選挙〔一九四〇年〕でルーズヴェルトの対立候補となった共和党のヴェンデル・ウィルキー〔一八九二―一九四四〕の功績も大である。アメリカと世界にたいして、かれは、大西洋憲章と四つの自由は、西欧諸国にのみかかわる問題ではないと警告した。ウィルキーは、われわれが一つの世界に住んでいること、また四つの自由は、「世界の人びとがそれらを具体化するように努力してはじめて実現する」

と強調し、続けて『世界は一つ』〔一九四〇〕というかれの著書の中でも最も有名な一節において、次のようにのべている。

「世界中の人びとは、肉体的にも知的にも精神的にも進歩向上をとげつつある。東欧とアジアの何億という人びとは、これまで数世紀にわたって無知蒙昧なままで服従してきたが、いまやそのねむりをさまされた。これまでかれらが恐れてきたものも、いまでは、脅しにはならないであろう。かれらは、もはやすすんで西欧の利益の奴隷にはならないだろうし、世界中の人間の福祉が相互依存関係にあることに気づきはじめている。かれらは、国際社会ではもとよりのこと、かれら自身の社会内部においても帝国主義のつけ入る余地を許すまいと決心しているし、われわれもまたそのように決心しなければなるまい。泥で作られた掘立小屋に取り巻かれた丘の上に立つ大邸宅も、いまでは、畏怖の念をおこさせる神通力を失ってしまっているのである。」

西欧の利益のためにもはや進んで半植民地的な奴隷になろうとしなかったのはひとりアジア・アフリカばかりではなかった。ラテン・アメリカも、ペロニズム（ペロン（一八九五―一九七四）の唱えた主張）といういささか内容の判然としない旗印の下で進軍中である。ルーズヴェルトは、ラテン・アメリカ問題には干渉しないとの善隣政策を宣言することによって執拗なヤンキー帝国主義にたいする批判を静めなければならなかったし、また自治の方向へと勢いよく踏みだしている人びとのドル外交や砲艦による侵略にたいする根強い不信感をも除去しなければならなかったのである。

丘の上に立つ大邸宅は、植民地世界のいたるところで、すでに畏怖の念を起こさせる神通力を失ってしまった。ところが、ウィルキーの著書が出版されるほんの数年前に、あくまでも頑固な保守政治家サー・ウィンストン・チャーチルは、その一連の演説のなかで、〔イギリス国王の〕王冠の上に燦然と輝く高貴な宝石〔インド〕を、イギリスは放棄すべきではないという考えを明らかにしているのである。そして、このことは、チャーチルが、先行するイギリス史家たちの伝統のなかにいたことを示しているのである。

「実際のところ、ガンジー主義とそこから生まれるもののすべては、遅かれ早かれ、取り組まなければならない問題であり、また最終的には粉砕されなければならないものである。虎に猫のえさを与えて満足させようとしても無駄である。このことに気付くことが早ければ早いほど、それにかんするすべての問題をめぐるいざこざや不幸はますます減少するであろう。……」「とりわけ明確にされなければならないのは、イギリス国民は、インドにおける使命を放棄したり、インド大衆への義務を怠ったり、あるいは平和や秩序や善政にとって不可欠の最高監督権のうちの、いかなる監督権も放棄する意図はないということである。われわれは、王冠の上に輝くたぐいまれなる高貴な宝石〔インド〕を放棄する意図はまったくないのである。インドは、わが国のあらゆる他の自治領や属領にもまして、大英帝国の栄光と威光を発揮しているのである。インドを失うならば、それは大英帝国の没落を告げるものであり、またその没落の完成を意味するものである。わが有機的結合体〔帝国連邦制〕は、一挙にその生命力を失い過去のものとなるだろう。〔そして〕そうした破局から回復することは不可能であろう。……」

「しかし、幻の最終目標としてならばともかく、遠い将来においてすら、インドが、カナダやオーストラリアのような自治領となる事態は起こりそうにもない。……」

「煽動的なミドル・テンプル法学院出身の弁護士ガンジー〔一八六九―一九四八〕氏が、イギリス国王兼インド皇帝の代理人との対等な会談にのぞむために、市民的不服従運動を相も変わらず組織し指導しながら、東洋ではよくみかける回教の托鉢僧をよそおい、半裸のままで総督府の階段を大またで登っていく光景をみるのは驚くべきことであり、また吐気をもよおすようなことでもある。……」

「かれは、インド国民議会が外国産布地〔の輸入〕禁止措置をとるか、あるいはそれに禁止税をかけるかするまでは、外国産布地のボイコットを続行しなければならないと公言している。もしそうした措置が認められるならば、ランカシアーは究極的破滅に追い込まれるであろう。またかれは、借款拒否を強く主張し、軍隊と外交問題の監督権を要求している。……これらのことは、悪意に満ちた破壊的で狂信的〔な要求〕である。……このような煽動活動をしているインド議会やその他の諸分子は、数や勢力の点でまた徳性の面でも、なんらインド人を代表するものではない。かれらが代表しているインド人とは、軽薄な西洋文明を学び、また、いまではヨーロッパ自身がますます放棄しはじめているデモクラシーにかんする書物だけを読んでいる人びとにすぎないのである。」

それから一五年後には、チャーチルの保守頑迷なもくろみは、恐竜のように死滅し、世界におけるイギリスの経済的優位もまた過去の遺物となった。アトリー〔一八八三―一九六七〕首相がインドにかんする声明をだした一九四七年に、インドはその独立を達成する。それから一年も経たないうちに、オランダのヴィルヘルミナ女王〔一八八〇―一九六二〕はインドネシアでの植民地主義は終わったと放送している。一九四六年九月には、フランス政府はインドシナにおいて植民地主義が終わったことを認め、同じ年の数カ月後には、アトリー首相はビルマにたいして民族自決を約束する。一九四七年には、ナイジェリア国民会議とカメルーン人は、ナイジェリアのための民主憲法を提案し、その一年後には、ケニア・アフリカ政治連盟が、ケニアにおける民主主義運動から生まれた基本的諸要求を突きつけている。四つの自由は、世界の人民が、その具体化に努力し続けたことによって急速に実現されつつあった。

戦間期のイギリスの歴史家たちが活躍しその思想を展開したさいの経済的土壌と政治的風土は以上のようなものであったのである。次にあげる四人の歴史家――一般史関係ではH・A・L・フィッシャー〔一八六五―一九四〇〕とアーノルド・トインビー〔一八八九―一九七五〕が、西インド諸島にとくに関係のある植民地問題についてはサー・レジナルド・クープランド〔一八八四―一九五二〕とオリヴィエ卿〔一八五九—一九四三〕——は、本研究にとってとりわけ重要である。

フィッシャーは、一九三五年に出版したさいに大いに人気を博した有名な著書『ヨーロッパ史』のなかで、「ヨーロッパと奴隷制」と題する一章を書いているが、これは、その問題にかんするイギリスの歴史叙述を要約したものといえる。かれによれば、奴隷制は、ヨーロッパ史のなかでもとくに不名誉なこととして記《しる》されるべきもので、それは、人間性をはなはだしく侮辱したものである。しかし、イングランドの下院には、隠された事実を明るみにだし、恥ずべき事態を恥ずべきこととしてあばきだすことのできる委員会《アセンブリ》が存在したし、また〔イングランドには〕、その他の諸力——アダム・スミスの経済的良識、ジェレミ・ベンサムの合理的人道主義——も大きな力にはなったが、〔奴隷制〕廃止を可能にした主たる勢力としては、人びとに活気を注入する敬虔な宗教心と道徳心が存在したのである。そして、「この宗教心と道徳心は、その数は少ないが、高潔な精神と旺盛な精力をもったイギリス人の良心をひじょうに強く支配しているので、かれらは、大きな誤謬が正されるまでは安心できなかったのである。」このことから、フィッシャーは、いかなる道徳をひきだしてくるのか。それについては、「ヨーロッパと奴隷制」という章の最後の一節で、次のようにのべられている。

「奴隷制と奴隷貿易に反対する長い闘争は、キリスト教の布教活動や経費のかかる社会奉仕を生みだした人道主義政策の発展の一環で、また、児童保護団体や動物愛護団体を作りだした運動の一環でもある。このことは、旧社会と現代社会を区別するすべての特徴のなかでも最も人びとの心に励みを与え、またそれは、人類の犯罪や悪徳や愚行がやまない光景をみて、憂うつな気分になっている人びとにまちがいなく慰めと希望を与えているのである。近代ヨーロッパの民主主義的な文明には多くの欠陥がある。しかし、この文明は、人類愛と相たずさえて社会的弱者を経済競争のもたらす苛酷な結果から保護するために努力し、弱者に不利な判決をするのをやめるように提訴し、民主主義的文明が誇るあの科学的成果に歯止めをかけ、豊かな物質的進歩をもってしては〔なかなかに〕満足しないのである。」

シュペングラーの挑戦を真正面から受け止めたトインビーは、その記念碑的な著作である『歴史の研究』に取りかかった。スタッブズとその研究仲間たちのイギリス的伝統のなかで育ったトインビーは、世界がまるで狂ったような速さで破滅に向かって突進していくのについていくことができず、また、この個々バラバラになった一九世紀世界を結合して、中世のようなより大きな一つの世界をつくることはできないのではないかという恐怖にとりつかれたために、ひたすら神を信仰することに救いを求めている。かれは、バニヤン〔一六二八—八八〕の古典〔『天路歴程』一六七八年〕に登場する主人公クリスティアンが、福音伝道者との出会いで救済されたことを想起し、「神の本性が人間の本性よりもうつろいやすいものとは考えられない以上、かつて神がわれわれの社会に認め給うた罪の猶予を、悔い改めた心と失意のために再び求めるわれわれを、願わくば拒まれんことをと、われわれは祈ることができるし、また祈らなければならない」とのべているのである。

　このようなかれの一般的な考え方のなかに、トインビーの奴隷制分析を知る鍵がひそんでいるのである。トインビーは、新世界の黒人奴隷制とギリシア・ローマの古典時代の奴隷制とはきわめて異質であること、また黒人奴隷制は、「産業主義のすさまじい推進力がいったんそれに適用されると、それはとうてい許されえないほどの恐るべき害悪」になったことを強調しつつ、奴隷制の廃止をもって、闇にたいする光の勝利――しかし、「この問題をめぐるアメリカでの戦争の結果は、この地上から光が闇を完全に駆逐することがいかに困難なことであるかを示すものであった」――と考えているのである。かつて、新世界においてアフリカ人たちに押しつけられた奴隷制は、「現代では偽装された形態をとって」、南アフリカや東アフリカのオランダやイギリスの植民者たちによって、アフリカ現地のすべての黒人に押しつけられることになるであろうと警告しながら、それにもかかわらずトインビーは、未来に一条の希望の光、すなわち奴隷制のかつてのもろもろの不正から逆に将来への利点をみいだしている。その希望の光とは次のようなものである。

「実際のところ、黒人は、アメリカ大陸に住む白人たちの心をとらえるような先祖伝来の宗教を、アフリカからもち込むことはなかった。黒人の原始的な社会的伝統はきわめてもろかったので、その構造の断片にいたるまでことごとく、われわれ西欧文明の最初の一撃によって粉々に吹き飛ばされてしまったのである。こうして黒人は、肉体的にも精神的にも裸の状態でアメリカにやってきたのである。そして、かれにとって事態は、奴隷主の脱ぎ捨てた衣服で裸体を包むという、まったく予期しないことになった。黒人は、キリスト教のなかに、西欧キリスト教世界が長いこと見落としてきたある本源的な意義と価値を再発見し、新しい社会環境の厳しさに自己を順応させてきているのである。黒人は、福音にたいしてその素朴で感じやすい心を開きながら、イエスの使命のもつ真の性格を見抜いているのである。黒人は、イエスこそが、権力の座にあるものの力を強めるためにではなく、おだやかで謙虚な者を高めるために、この世に現われた予言者であるということを理解してきているのである。……」

「アメリカにおいてキリスト教の真理をみいだした黒人奴隷移住者たちが、死者をよみがえらすという、より偉大な奇蹟を行なうこともありうるだろう。かれらは、純真な霊的直感と宗教体験の感動を自然な形で美的に表現する天分をもっているからこれまでわれわれがかれらに伝えてきた、しかしいままでは〔すっかり〕火が消えて灰となってしまったキリスト教にふたたび点火し、かれらの心のうちに、神の火をふたたび燃え上らせるほどになるかも知れない。いやしくも、キリスト教が、再度この瀕死の状態にある文明にとって生き生きとした信仰になると考えられるならば、おそらくや、そうした形態をとるであろう。こうした奇蹟が、実際に、アメリカの黒人教会によって成し遂げられることになるとすれば、これまで黒人が社会的に不利な立場におかれてきたことにたいする返答としては、人間がいまだかつてなしえなかったほどの最も強力な答えになるだろう。」

以上のようなことを書いたにもかかわらず、また驚くほどの学識をもっていたにもかかわらず、トインビーは、ヨーロッパ人による奴隷貿易が始まる以前のアフリカ文明についてはまったく無視し、過去四百年の間に、西欧社会は、新旧両世界で、ちょうどそれぞれの人種を代表する八つの文明——正統キリスト教文明、その分枝であるロシア〔正教〕文明、イスラム文明、ヒンズー文明、極東文明、その分枝である日本文明、中央アメリカ文明、アンデス文明——と接触してきたことだけを強調しているのである。

次にわれわれは、エジャトンの後継者であるオクスフォード大学植民地史担当教授クープランドに移る。クープランドは、イギリスの奴隷貿易および奴隷制廃止運動とくにウィリアム・ウィルバフォースの専門家であった。かれは、一九二三年に、『ウィルバフォース伝』を書き、一九三三年にはイギリスにおける奴隷貿易および奴隷制廃止運動についての小論を出版し、またこれを追いかけるようにして、一九三五年には植民地問題にかんする講演や評論をまとめて『現時の大英帝国——その一解釈』と題して出版しているのである。

クープランドの歴史叙述は、とくにスタッブズによって一九世紀に確立されたイギリス歴史学の伝統を引き継ぐものであり、それらの著作は、ますます強まりつつある帝国主義批判に立ち向かうために、その伝統にさらに磨きをかけたものといえる。かれの歴史理論の核心は、奴隷制廃止運動を人道主義的運動の成果としてみる分析方法にある。クープランドは、一九三五年の講演において、全世界のうちでイギリスだけが奴隷制を廃止した唯一の国であったかのように、合衆国やキューバやハイチで奴隷制が廃止されたのは、内乱が起こった結果によるものではなかったかのように、また、プエルト・リコの大農園主たちが奴隷制廃止に賛成したのは、経済的理由とはまったく無関係であったかのように、さらにアダム・スミスは、その『諸国民の富』を書かなかったかのように、また、スミスは奴隷制と独占を表裏一体のものとして捉えず、さらには自由労働および奴隷労働の利害得失を計算した上で奴隷制を論じはしなかったかのようにのべているが、この点についてかれは、「ウィルバフォースの想い出」と題する講演のなかで、ウィルバフォースとの架空対談という形式をとって次のようにのべているのである。

「〔貴下の御仕事の第一の意義、つまり奴隷制廃止の教訓は何だとお考えになりますか〕、〔これにたいしては、〕ただちに次のような返答が確実に返ってくるだろう。すなわち、「それは神の御《み》業《わざ》であり、神の御意志の人間の利己心にたいする勝利を意味し、またいかような利害や偏見による障害があろうとも、信仰と祈りによって除去しえないものはないということを教えております」と。」

「こうした言い方は、旧式な言い方だという人もいようが、どういう言い方をするにせよ、ウィルバフォースのなしとげたことは、現実世界において、純粋な理想主義の力が示した顕著な事例

──おそらくは、近代史上で考えられうる最も顕著な事例──であったという点で、われわれの意見は一致するに違いない。ウィルバフォースの成し遂げたことの真の偉大さを考えて見給え。一七八三年当時のイギリス人のほとんどは、イギリス本国に奴隷が存在しなくなってからすでに十年の年月がたっていたにもかかわらず、海外の帝国の生活には、奴隷と奴隷制が必要であり、またそれはいつまでも変わることのない要素であるとなおも考えていたのである。またこうした現実的な宿命論は、連綿と続く重商主義的帝国主義の伝統や、過去数世代にわたって定着させられてきた信念に立つ官吏や専門家、政治家や外交官や提督によってだけではなく、われわれの社会と政治に深く組み込まれている最も強力な「既得権」の持主たち──すなわち、大農園所有者、抵当債権者、銀行家、砂糖商人、債券所有者、船主、保険代理業者、リバプールとブリストルの繁栄の分け前にあずかっているすべての人びと、また直接間接に、ある程度その生計が奴隷所有者や奴隷貿易に依存している多数の人びとのすべて──によっても、一致して支持されていたのである。実際、腑抜けの人道主義者とはほど遠いバーク〔一七二九―九七〕が、奴隷貿易の廃止だけは「架空の目標」であると書いていたほどに、イギリスの奴隷制は、人びとの思想をしっかりとおさえ、またその利益と完全に結びついていたのである。しかし、わずか五〇年の間に、奴隷貿易ばかりでなく、イギリスの奴隷制全体あるいはそのほとんどが根底から破壊されたのである。思想と行動にみられるこのような革命は、考えれば考えるほど、ただただ驚くべきことに思われるのである。〔しかし、〕熱帯植民地における生活の社会的・経済的基盤全体の破壊は、この思想と行動の革命が生みだした成果のうちでも最もささやかなものであった。それは、白人と黒人との、ヨーロッパとアフリカとの諸関係を変えてしまい、そのため先見の明ある歴史家ならばだれでも、その革命を人類史上における人知も及ばないような事件の一つとみなすことに異を唱える者はあるまい。しかし、この変化の度合がかくもきわだっているとすれば、それに劣らず、その変化をもたらした方法もまたきわだっているのである。なぜなら、それは、たんなる精神面の変化によるのみならず、それよりもはるかにまれな魂の変化によって起こったものであるからである。これはまさに道徳革命であったのである。」

クープランドは、イギリス史のこの部分《ページ》〔奴隷解放運動〕が、いかに高潔で道徳にかなったものであったかを、憑かれたもののように強調しはじめる。この態度は、かれの研究に先立つ百年間余りのイギリス史の伝統に典型的にみられるものである。しかし、かれは、少なくとも西インド諸島にかんする個所では、いやしくも歴史家であれば用いなければならないはずの基本的な資料を完全に無視している点で、とくにきわだっている。クープランドは、その簡潔で感傷的なイギリス奴隷制反対運動研究を次のような一節で結んでいる。

「ここでこの研究は終わるが、この研究は、これよりもさらに大きなテーマ――すなわち、人類のうちのさまざまな人種間の、白人と黒人との間の、強者と弱者との間の永続的な関係――の一側面を扱っているにすぎない。〔しかし、〕将来、イギリス人がこの関係を、なにか抗争と抑圧の手段よりもむしろ相互理解と相互協力の手段にすることができるようにしようとするならば、これまでのべてきたことを知っておくことはイギリス人にとって役立つであろう。なぜならこのイギリスの奴隷制反対運動史は、偉大な民衆の伝統に霊感と刺激を与えるからである。この運動が、その指導者たち——シャープ〔一七三五—一八一三〕、ウィルバフォース、クラークスン、マコーレー、バクストン〔一七八六—一八四五〕、パーマストン〔一七八四—一八六五〕、リヴィングストン〔一八一三—七五〕、ゴードン〔一八三三—八五〕、カーク〔一八三二—一九二二〕、ルガード〔一八五八—一九四五〕、その他の人びと——の性格に負うところ大であるなどと誇張しすぎてはならないであろう。なぜなら、イギリス国民の大多数の世論が、〔奴隷制の〕悪弊——イギリスは、かつてその創出・維持に大いに力をつくしたのだが——の廃止を断固としてまた執拗に決意しなかったならば、かれらはなにもできなかったからである。イギリス史のなかには、うす汚れたいかがわしい部分もかなりあるが、少なくともこの部分にかんしては清潔そのものである。すなわち、この部分はきわめて清潔であるから、おそらくは、ヨーロッパ世界の道徳的諸力の盛衰を冷静に分析したレッキーが、その運動に与えた賞賛も決して大きすぎるということはないであろう。かれは、「倦《う》まず弛《たゆ》まず、また地道に人知れず続けられたイギリスの奴隷制反対運動は、おそらく諸国民の歴史のなかの完璧に道徳的なできごとを記《しる》した三、四ページに含まれると考えてよいだろう」と書いているのである。」

レッキーやその他の歴史家たちは、このように、イギリスの高潔さに賛辞を呈すれば、それで満足できたのであるが、クープランドの時代には、さらに進んで、帝国主義を合理化して位置づけるとともに、かれが生を享けている失望と苦悩に満ちた世界のなかに、前世紀のいわゆる〔イギリス的〕高潔さが引き継がれていると論ずることが必要であったのである。クープランドはその『ウィルバフォース伝』のなかで一九世紀の人道主義的伝統にそって、このような二〇世紀の帝国主義を位置づける努力に乗りだしたのである。それは、かれ自身の言葉を借りていえば、次のようなことになる。

「ウィルバフォースは、他のだれにもましてアフリカ〔黒人奴隷〕という悪夢からこの世を救っただけではなかった。かれは、もっと積極的なことをなしたのである。すなわち、かれは、他のだれにもまして、弱い立場にある文明の遅れた黒人――かれらの運命はイギリス人の手中に握られていた――にたいする伝統的な人道主義と責務を、イギリス人の良心に植えつけたのである。そしてこの伝統は、これまで一度も途絶えることなく、ヨーロッパやアメリカにたいしてアフリカが古くから長いこと支払ってきた犠牲を皮肉屋や運命論者たちが正当化したり弁明したりすることもまったくなくなったのである。これまでにも利己的で残酷な行為がアフリカで行なわれたし、ときには商業上の収奪の倫理が奴隷制を支える倫理と分かちがたく結び合わされたこともあった。

しかし、イギリス連邦内では、いずれにせよ、そうしたことがたとえなされうるとしても、それは、目につかない形でしか行なわれえたにすぎず、もしもはるかかなたのロンドンの地にいるイギリス〔本国〕の大臣や官吏たちが、そうしたことがらをただちにまた強制的にやめさせることのできる現地に居合わせたならば、それらはまったく行なわれなかったであろう。なぜなら、熱帯地方の産物を世界が必要とするにつれて、アフリカの経済を発展させるためには、アフリカ人の隷属と堕落は必要ないしまたそうしてはならないという確信が、しだいに高まってきたからである。ピットの予知した〔アフリカの〕夜明けは、きわめてゆっくりとした足どりではあるが、いまその幕を明けつつあるのかも知れない。しかし、少なくともアフリカ文明は、いまでは、要約できるテーマ以上の重要なものとなっているのである。アフリカにおけるイギリスの統治は、純然たる利他主義から発するものばかりとはいえないし、その統治の基準も、必ずしもまたあらゆる地域で同一であるとはいえないかも知れない。しかし、概していえば、イギリスのアフリカ統治は、これまで委託〔アフリカの文明化〕原理に忠実に従ってきた――これに異議を唱えうるのは無知と偏見だけである――といえる。またそれは、原住民の道徳的・物質的利益を保護することに努力してきたし、ヨーロッパ人の奴隷主からはもちろんのこと、アフリカ人奴隷主からも原住民を救ってきたし、またそれは、原住民たちが自力で獲得しうるよりもはるかに厳格な正義と真の自由をかれらに与えてきたのである。イギリスのアフリカ統治は、原住民教育という長期計画に踏みだし、現在までのところ、原住民はいまだその力は弱く、無知で、しつけも不足し、その能力はほとんど抑えつけられいじけたものになっているが、これまで数世紀間の経験が教えるにすぎないにせよ、その能力をのばすことは可能であるとして、かれらを世界大の社会をもつイギリス人の仲間とみなすための努力を重ねてきたのである。」

「イギリスの熱帯〔植民地〕行政の原理と実践を、奴隷貿易を擁護するためにイギリスの世論を指導した一八世紀の人たちの発言とイギリス商人たちが奴隷貿易に従事したさいに行なったことを対比してみるならば、ウィルバフォースとその友人たちがいかに重要なことを成し遂げたかがわかる。まことにそれは、道徳革命以外のなにものでもなかったのである。概して、世界という生命体を、諸国家・諸国民のみならず、諸大陸・諸人種からなる複雑で変化に富んだ複合体であり、必ずしも調和してはいないが相互依存的であり、異質であるがすべてが一つの人間家族に属していると考えるならば、イギリス人は歴史上高い地位が与えられるであろう。かれらこそ〔道徳〕革命をもたらし、またアフリカとヨーロッパの諸関係の道徳的基礎を変えるために、多大のことをなしたのである。」

こうした方向の議論は、クープランドの「ウィルバフォースの想い出」という講演のなかでさらに磨きをかけられ、ますます明瞭なものにされている。

「全イングランドの良心が覚醒された。ひとことでいえば、奴隷制はこのようにして廃止されたのであり、奴隷制の廃止が政策に有利であったからでもなかったし、取引きに有利であったからでもなかった。——奴隷制の廃止は、そのいずれでもなく、その反対であった。奴隷制は、それが不公正であったが故に廃止されたにすぎなかったのである。」

「たしかにこのことは、わが国の戦後にあらわれた皮肉屋どもにとっての頂門の一針となろう。〔かれらによれば、〕結局のところ理想主義とは、感傷的な幻想、無能な天使のおなさけ、慈愛深い間抜けな連中にとっての慰め、ぜいたく品と麻薬をまぜ合わせたようなものでしかないのである。個人生活においては、しばしば利己的な目標が追求されるだろうし、政治とは、しばしば競合する利害抗争のかくれみのにすぎないだろう。しかし、ウィルバフォースと「聖者たち」の生涯と仕事をみれば、個人ばかりでなく、共通意志すなわち国家でさえも、ときには、純粋無垢《く》な高みにまでのぼりうることを確証しているのである。とするならば、いたずらに悲観ばかりするのはやめようではないか。」

「……最終的には、イギリス国民は、偉大な伝統の相続人並びに後見人となるためにアフリカに正義を行なうであろう。アフリカにおいて正邪いずれを行なうや率直に選択せよといわれるならば、かれらは、その先祖たちが自己の良心に従ったように、かれらもまたその良心に従うであろう。もしもヨーロッパが、アフリカの扱い方について手本を必要とするならば、イギリスは一八〇七年と一八三三年に示したと同じように、再度その手本を示すであろう。今日も明日も、イングランドは、ウィルバフォースのことを忘れることはないであろう。」

こうして、奴隷解放から委託〔説〕の時代に移行する。一九三五年、クープランドは、オクスフォード大学の学生――この大学が、卒業生のうちの何人かを〔一九〕世紀最後の四半世紀間に植民地行政官として送り込んだのは疑う余地はない――をまえにして、次のように演説している。

「われわれの社会がいかに不十分で変則的なものであれ、この世界大に広がるわれわれの社会によって、人類の必要が多少は満たされるということがわれわれの行動を律する第一の規範といえるだろう。アイルランドのような特殊な例は別として、わが帝国《フレームワーク》が、たえがたく重苦しく抑圧的なおもしとなっているところはどこにもないように思われる。……帝国は、人類のほぼ四分の一近くにのぼる〔連邦〕構成員の利益ばかりでなく、世界全体の利益にも奉仕しているのである。……英領熱帯アフリカの人びとは、だれしもが認めうる唯一の究極的な人間関係すなわち平等な関係へ向かって一歩々々前進しているのである。」

こうした考えは、一九世紀に確立された歴史的伝統に典型的にみられる視点である。フルードは、直轄植民地統治を当然のことと考え、その独裁的性格をいささかも隠そうとはしなかったが、クープランドのほうは、直轄統治を正当化し、まったく奇妙なことに、それを民主主義の道具にまで仕立てあげているのである。かれは次のように書いている。

「総督の意志を最終的に万事に優先させることが、〔直轄統治の〕肝心《かんじん》な点なのである。そのことは、実は、総督をなにものにも拘束されない独裁者にすることではなく、逆に、かれを効果的な他の〔権威の〕道具、すなわち一見きわめて逆説的にきこえるかも知れないが、民主的権威の道具にすることにあるのである。英領熱帯アフリカの主権者は、主権の存する議会《キング・イン・パーラメント》である。議会の意志こそすべてに優位するのである。そこで、もしも総督が、議会の代理人である植民地大臣の命令を自由に実行できなければ、議会はその意志を達成できないであろう。」

クープランドが、いかに注意深くジャマイカ反乱とエア総督に言及するのを避けようとしているかは、以上の駄弁のなかで十分にうかがえるであろう。

アフリカと奴隷制、また奴隷制とイギリスとの歴史的関係は、いまやクープランドの念頭に離れ難く結びついている。一九三五年のイタリアのエチオピア侵攻、アフリカにおける帝国主義者間の形勢を複雑にした同年の悪名高い英仏間のボーア・ラヴァール平和条約〔の締結〕を契機に、クープランドはその関心を東アフリカに転じ、一九三九年には、『東アフリカの搾取、一八五六年—一八九〇年、奴隷貿易と収奪』を出版する。この本は、イギリスの歴史家たちの〔著作〕のなかでも最も退屈なものであり、そこからは、二カ所ほども引用すれば十分であろう。

最初に、東アフリカと西インド諸島との関連を論じた引用を挙げる。クープランドは次のように書いている。

「しかし、アラブ人奴隷貿易の廃止を、だれか個人の努力によるものと考えるならば、その見方は狭い。〔なぜなら、〕「こうした方向をとらせたのは、イギリス国民の意志によるものだからである。」イギリスの人道主義的伝統を覚醒したのはリヴィングストンであり、カークがそれに呼応しているのである。かつてイギリス人が西部アフリカ人を救出したように、今度は東部アフリカ人を救出することになったのは明らかな事実である。そして、このことは、現代にいたるまでのアフリカ史のなかで最も重要な事実であったのである。……」

「一八七〇年頃、アフリカで奴隷にされたり虐殺されたりして減少したアフリカ人の数は、どう控え目に見積っても、一年間に八万人から一〇万人——もっともリヴィングストンならば、それよりも高い数字をはじきだすかも知れないが——にのぼるだろう。さらに、その時までに、奴隷狩りが東アフリカ地方の人口を減少させるとともに、その地方をすっかり荒廃させてしまっていたのである。キルワとザンジバルから西へ入ったアフリカ内陸部の広大な地域では、人的資源と生産能力はいずれもみるみる減退していったのである。こうした現象をくい止めたのがイギリス国民である。そして、イギリス国民は、それによって、諸国の歴史のなかに、もう一つの「高潔な部分《ページ》」を書き記したのである。イギリス人のこうした行為こそ、ヨーロッパ人、アジア人、アメリカ人が、東アフリカ人にたいしてこれまで行なってきた〔東部〕海岸地方でときたまなされた伝道の努力を別にすれば、唯一の真の奉仕であり、測り知れないほどの価値ある奉仕であったのである。」

さて、最初の引用が西インド諸島の過去を回顧したものであったとすれば、クープランドの著作をしめくくる文章《パラグラフ》である第二の引用は、アフリカの将来に期待をかけているものといえる。第二次世界大戦前夜にあらわれたこの分析は、次のようにのべている。

「一九二二年一月一五日にカークはこの世を去ったが、そのときにはすでに、東アフリカの状況は再び変化していた。ドイツは、戦争〔第一次世界大戦〕にその領有していた植民地を賭けたが、〔敗戦により〕それを失ってしまったのである。イギリスは、中東アフリカ全域を占領したものの、暴力沙汰と流血事態をひき起こした。四〇年前だったら、おそらく何んらのいざこざもなく、また砲火も交えることなくその占領は可能であったろうに。しかし、いまでは、占領の意味が異なってきていた。一九二二年までには、〔すでに〕国の帰属《フラッグ》をめぐる変化よりもはるかに基本的な変化が、ヨーロッパ・東アフリカ関係の間に起こっていたのである。つまり、東アフリカの将来が、東アフリカ人たちの将来と切り離しては考えられないという事態にまでなっていたのである。カークがザンジバルで過した大半の時期には、イギリスの政策の主な動機は、無力な〔東アフリカ〕人たちに向けられていた。しかし、その動機――すなわち、奴隷貿易から東アフリカ人とその国を救出するという動機――は、いわば消極的なもので、しかもそうした動機は、〔植民地〕争奪戦がなされている間は、経済的・政治的・戦略的といったその他の動機のかげにかくれてきたのである。しかし、一八九〇年から一九一四年のあいだに、その動機はふたたび優勢となり、いまでは積極的なものとなったのである。〔アフリカ〕内陸の占領は、すでに住民統治の問題を含むものとなり、そうした統治の第一の目的は、あらゆる統治理論においてもそうであるように、被治者の福祉の増進にあるということが認識されるようになってきたのである。〔そして、〕一九一四年までには、支配する人種と服従する人種の観点からものごとを考え、また、熱帯地方植民地をその領有者が収奪すべき所有物・財産・地所とみなす「帝国主義」に立つ古い学派は、すでに時代遅れのものとなっていたのである。さらに、第一次世界大戦の勃発と終結によって、国際関係の再検討や再調整が迫られると、黒人はきわめて遅れてはいるけれども、かれらだけを別個の人種として取り扱うことはできないし、また他のすべての人びとには与えられている「生命・自由および幸福追求」の機会を、いつまでもかれらに拒むことはできないということも明らかであるように思われてきたのである。いまや、個々のアフリカ人を奴隷の生活に追い込むことと、アフリカ社会を恒久的に政治的・経済的従属状態におくこととの間には、ほとんど差異がないように思われてきた。その地〔アフリカ〕に住む自然権をもつ唯一の人びとの利益も考慮せずに、アフリカの運命を決定すること、また、まるで生命のない地図の上に境界線を引くようにアフリカを分割すること、さらに「まるでゲームをするさいの金銭や担保物でもあるかのように、一つの国家から他の国家へと」、数百万人のアフリカ人を「物々交換する」こと、そうした行為は、戦争で終りを告げさせられた旧秩序の考え方の残りかすであるように思われたのである。そして、戦後に、世界中の人びとが抱いた自由と友好という新時代の夢のなかには、後進国の人びとが、自分たちの国で自分たちの生活を最善のものとするように、またやがては国際社会のメンバーとして、正当な地位を獲得するように援助されるという夢も含まれていたのである。カークの死後数カ月たった一九二二年七月二二日に、中東アフリカの南部すなわちタンガニーカは、国際連盟理事会が規定するイギリスの委任統治領であることが確認され、翌年には、イギリス政府は、委任統治の原理を、タンガニーカと同じようにケニア北部にも適用すると言明した。こうしてイギリス国民は、東アフリカにたいする委任権を与えられたのである。かれらは、委任統治の要請通りに、「その地域住民の物質的・道徳的幸福と社会進歩を最高度に促進すること」、また規約通りに、やがては、世界のなかで、「自立できるために」、住民を援助することを誓約したが、これらの約束は誠実に行なわれたものであり、そしてそれは、リヴィングストンが、「アフリカと世界にやがてくるであろうようなよりよき時代」と考えた未来に実現されるであろう。」

以上の著作を書く以前の一九三五年の冬に、クープランドはトリニダードを訪問していた。総督の賓客としてかれは、一九三五年一二月一七日に、トリニダード歴史協会において講演を行なっている。〔ところで、〕このオクスフォード大学植民地史担当教授は、ふだんはトリニダード人について大学生に講義したり、またイギリスがかれらの先祖たちを解放した点について書いたりしているが、当のトリニダード人をまえにして、何を語らなければならなかったのか。西インド諸島におけるイギリスの奨学資金制度〔の不備〕のために、トリニダード人の知的水準は低かったが、その点を最大限考慮に入れたにしても、この講演は、かつてトリニダード人にたいして行なわれた講演のうちでも最も唖然とさせられるようなものの一つであったことだけは間違いない。

クープランドの講演の要点は次のようなものである。

(1)「皆さんは、わたくしに歴史とはなにか、とおたずねかも知れません。わたくしは、歴史とは、諸事実の科学的研究並びにその説明であると定義いたします。では事実とはなんでしょうか。時間・空間の全領域にわたって存在するすべての事実であります。歴史とは、人類の始まりから現在に至るまでの連続した過程であり、原因と結果の間断のない連鎖であります。いまわたくしは、「現在」と申しましたが、わたくしがそう申しましたことがもうすでに歴史なのであります。ところで、空間という点においては、それが人類の生存している全世界にまたがるものでなければ、その歴史は不完全なものであり、また明らかに偽りであり、人びとを惑わすものとなりましょう。」

この程度の講演では、オクスフォードの学生ならば部屋を抜けだすものだが、トリニダードの聴衆は、総督が着席したままでいる以上、抜けだすこともできなかったのである。

(2)「わたくしは、皆さんに次のことをお願いしたい。そしてこのことは、実際、歴史研究のうえできわめて重要なことであります。皆さんのうちどなたかが、古い家族の記録、書簡、日記、法律文書、遺言書、土地譲渡証書などをもっておられますならば、それが余り重要でないからといって破棄しようなどとお考えにならずに、それを保存していただきたいのであります。たとえば、トリニダード歴史協会のような、なんらかの公的団体にそれを提供していただければなおさら有難いことです。そうすれば、それは保存されましょう。皆さんは、歴史という建造物を作り上げるばあいに、いかにそれがつまらないもののように思われようと、またそこでのべられている人びとの身分がいかに低かろうとも、それがどんなに重要な意味をもっているか御存知ないかも知れませんが、その資料がたとえ不完全なものであっても自由に使用できるならば、当時の社会体制の真の姿を構築しようと忍耐強く努力している後世の歴史家たちにとっては、そうした資料でも、欠落している〔歴史の〕部分を立派に補うものとなるかも知れないのであります。そうした資料を焼失すれば、皆さんは事実を抹殺することになり、それはいったん消滅してしまえば、永久に人びとの記憶から失われてしまうのであります。」

このような言葉を吐いた人物が、基本的な歴史文書を調べもしないで、ウィルバフォースの伝記やイギリスの奴隷制反対運動史を執筆した人間と同一人物であったとは、まったくあいた口がふさがらないのである。

（3）「〔西インド諸島について、〕無知で語るには適切でない一外国人のわたくしの言葉のなかに、なにか皆さんのお気にさわるようなことがありましたらどうかお許し願いたい。わたくしは、いま自分のいる場所が、西インド諸島のうちのどこなのかさえよくわかっていないのであります。」

「わたくしには、この偉大なカリブ海域にある一つ一つの天然の国家が、西インド諸島を全体として形成しているものと思われます。それぞれの島には、それ自身の貴重な個性があります。熱帯の海に浮かぶこの一連の宝石にも似た島々が、世界の奇蹟の一つとなっているのは、この個性の違いにあり、またそのまれにみる変化に富んだ多様性にあります。しかし、これらの島々はすべて、ある一つの共通した背景をもっていることもたしかであります。結局のところ、わたくしには、サー・ノーマン・ラモントの西スコットランドの田園と、美しいところもあるがうす汚れたわが愛するロンドンの下町とが違っているほどには、バルバドスとトリニダードとの間に違いがあるとは思えないのであります。バルバドスもトリニダードも、ともにイギリス国家の一部であります。そしてこの偉大なカリブ海域には、ある共通する特徴つまりわたくしたちが国民的感情と呼ぶ、あのいくぶんあいまいで不明確な概念に共通の関心をもった共同体が存在している、と考えざるをえません。これが、一外国人であるわたくしの受けた第一印象であります。」

一九四七年に、イギリス労働党政府が立案した〔カリブ海域〕連邦化の失敗を、クープランドが予測できなかったからといってかれを責めることはできないが、少なくとも、かれは、一八七六年にイギリスが後楯となった連邦化〔構想〕の範囲と、その後の成り行きについては知っているべきであったろう。

（4）「わたくしたちの理想とする歴史研究は、決して一国家だけの範囲を研究するのにとどまっていてはなりません。一国家内だけの活動に限定いたしますと、それは不十分なものとなるからであります。」

「それは二重の意味で不十分であります。まず第一に、その研究がもっぱら政治的研究に終始しているような歴史研究は不十分であります。歴史家の関心が政治に集中してきたために、これまで歴史は痛手をこうむってまいりました。古いイギリスの歴史書のなかには、下院における発言いや上院における発言については何頁も割いているのに、イングランドの経済・社会生活についてはほとんどふれていないものがあります。われわれがいま是正しようとしている欠陥とはそうしたものであります。」

「尊大で排他的なナショナリズムをあおるような歴史は、不十分で人を惑わせる歴史であります。真の歴史家とは、世界を全体として捉えて認識することにかけての第一人者でなければなりません。」

最も国家主義的な歴史家の一人、クープランドにとってあとなすべく残されたことといえば、公けの場で、表面的だけでも悲嘆にくれてみせ、「わたくしの間違いから、わたくしの間違いから、わたくしの最も悲しむべき間違いから」とのべることであるはずだった。かれは、トリニダードでは悔悟の気持を表明しているが、不幸なことに、この悔悟の気持も、歴代イギリス人総督の名だけを刻み込んだトリニダード政庁の銘板のなかに、スペイン人総督の名を付け加えようとした事例以上にでるものではなく、ほとんど無意味なことだったのである。

(5)　「こんにち、人類が、その自由と統一という二重の目標に向かって、その歩みは遅くとも着実に前進していることは、わたくしの少年時代よりも明らかだと思います。この世界において、自由の価値が、以前にくらべて、よりよく理解されてきていると申し上げますと、近年のように独裁が登場してきている時代には、あるいは逆説的にきこえるかも知れません。しかし、先ほどのべましたことは、たしかなことであります。たとえば、わが帝国でも、もろもろの自由が攻撃を受けているからこそ、わたくしたちが支持する自由をなおさらのこと大切に守っているのではないでしょうか。また大陸の独裁者たちが、わたくしたちの信じているデモクラシーは衰退しまた廃棄しなければならないと考えているからこそ、このデモクラシーをよりすぐれたものであると感じているのではないでしょうか。」

クープランドのトリニダード訪問から一八カ月後に、イギリス海兵隊がトリニダードに上陸し、いかに不十分な形態であれ、トリニダードに民主的な制度を確立しようとしていたトリニダード人の運動から、イギリス帝国主義を救出したのである。知られる限りでは、クープランドは、そのことについてはまったく言及していない。

さて次に、クープランドからオリヴィエ卿に目を転ずると、すがすがしいまでの気分になる。オリヴィエ卿については、一九世紀末のフェビアン社会主義者の一人として、われわれは、(本書でも)すでにふれている。かれは、第一次世界大戦の直前にジャマイカ総督となり、そのジャマイカでの個人的体験を、のちに『総督エアの神話』――かれがこのなかで行なった分析はイギリス人による唯一のエア論争の分析である――という本にしたばかりでなく、一九三六年にも、『ジャマイカ、この祝福された島』――有益でジャマイカにたいする共感に溢れた地域研究――という本を出版しているのである。

オリヴィエ卿の歴史解釈には、先学たちに特徴的なあの人種的優越の思想はまったくみられない。かれは、黒人の進歩は不可能であり、黒人は不道徳で犯罪的また怠惰であるというあの広く流布している中傷から、断乎として黒人を守っている。かれによれば、黒人が現に進歩しつつあるという事実こそが、黒人の進歩は不可能だとするいっさいの論議に決着をつけており、また黒人は不道徳で犯罪的であるという非難のほとんどは、人種的排他主義の宣伝を支持し正当化するために作りだされ、黒人に罪をおわせ誇張されたものであった。オリヴィエは、自分の経験から、西インド諸島に住む白人の婦人たちは、ヨーロッパのいかなる国に住む白人の婦人たちと比べても、同じ位に安全――より安全とまではいえないとしても――であるし、またいわゆる黒人の怠惰という問題にしても、要するに、黒人は機械のように働く勤勉な習性をもたないということであって、黒人を自由気ままにさせておくと、「たんなる経済的思惑では決して動かない」ということがわかると主張しているのである。

オリヴィエと他の著作家たち――イギリス国民を「トロロプ的」に捉え、また「フルード流」に楽しませてくれた人たち――との違いは、西インド諸島とアフリカにおけるかれの広範囲にわたる個人的体験から説明できるばかりでなく、本国におけるかれの社会問題にたいする態度からも説明できるのである。カーライルにとっては、法と秩序と権威がその最重要な関心事であり、大衆はそれらにたいして挑戦することはまかりならなかった。これにたいして、植民地行政官オリヴィエは、ジャマイカ反乱を次のように捉えているのである。

「本質的には、〔ジャマイカ反乱は、〕解放された人びとが、市民として認められた合法的権利を拒否されたことにたいする抗議〔であった〕。……公権力の濫用があれば、それは、そのこと自体で行政批判の正当な理由となり、また憤激した民衆感情の筋の通った〔反抗の〕根拠・説明となる。公権力の濫用をなくすことこそ行政当局の義務なのである。その義務を怠たれば、当局自身が、民衆の怒りに点火することに手を貸すこととなるのである。」

このようなオリヴィエの主張は、ジャマイカ人の自治という要求にくみするものでなかったが、カーライルの「黒人恐怖症」とは大きなへだたりがある。これまでの植民地総督のうちで、その統治している黒人、かれらのかかえているさまざまな問題、またかれらがもっている潜在的な能力について、オリヴィエほど共感と深い洞察を込めてその著作を書いた人物はいない。その有名なジャマイカにかんする書物のなかで、かれは次のように書いている。

「奴隷解放後百年間のジャマイカの社会発展の歴史が示した教訓とその他の西インド諸島植民地とのそれを、事実にもとづいて比較検討してみると、それは文句なしに次のようにいうことができる。すなわち、その教訓は、ヨーロッパ人とアフリカ人が混在している社会を健全に発展させるためには、黒人を経済的にも産業的にも自由にさせてやることが重要であるということ、またそうした発展の第一条件としては、黒人たちが故郷の南アフリカや東アフリカにいたときのように、かれら自身の土地を保有させて食料を自由に調達させることであり、そうした自由を奪ってはならないということである。こうした基礎的な条件を認めるならば、アフリカ人は、ジャマイカにおいてと同じように、その進歩は十分に可能であり、またかれは、ヨーロッパ文明社会においてもいかなる職業にもつけるであろう。そして、白人農園《プランテーション》での賃労働に依存するように強制されていては、黒人は決して得《とく》にならないし、またいかにすれば進歩するかという方法も学べないであろう。かかる〔強制的〕関係は、黒人にとっては、道徳面からみて教育上の価値はなにひとつないどころか、かえってその反対であり、それは、しだいに増大する生活必需品を満たすための補助的収入を獲得するものとしてしか役立つにすぎないのである。」

イギリスの歴史叙述をみるばあい、この戦間期には、それぞれ皆トリニダード出身者である三人の西インド人著述家が登場している点でとくに重要である。

そのうちの二人は、ジョージ・パドモア〔一九〇三―五九〕とC・L・R・ジェイムズであるが、かれらは、国際共産主義運動とその第三インターナショナルと第四インターナショナルへの分裂に関与していた。ジェイムズは、その著『黒いジャコバン』のなかで、歴史上忘却されていたハイチの奴隷の革命とトゥサン・ルヴェルテュール〔一七四三―一八〇三〕の反乱を掘り起こしているのである。かれの分析は、奴隷廃止についてのイギリス的解釈にたいする最初の挑戦の一つに過ぎないとしても、この書物のもつ意義は深くまた長い間影響を与えてきているのである。しかしかれの関心は、もっぱらマルクス主義の問題と一九三〇年代のブルームズベリ派が確信し期待した世界革命にあったから、このような西インド諸島史への批判的言及は、一時的な脱線にすぎなかったのである。

ジョージ・パドモアのばあいには、その関心は、西インド諸島よりもアフリカに集中していた。『黒人労働者の生活と闘争』〔一九三一年〕では、まず控え目な叙述で始めているが、この歴史家というよりはむしろジャーナリストといったほうがよいトリニダード人は、のちに、アフリカ、アフリカの帝国主義、アフリカの民族主義運動にかんする世界第一級の権威者となる。かれは、エンクルマ〔一九〇九―七二〕の政治顧問であったが早世し、生前に書いた最も著名な書物には、『イギリスはどのようにアフリカを支配しているか』、『汎アメリカ主義か共産主義か、来るべきアフリカのための闘争』などがある。

ジェイムズにもパドモアにも、スタッブズやアクトンの、ましてやカーライルやフルードの根跡はまったくみられない。トリニダードの三人の歴史家のうちの最後の一人、エリック・ウィリアムズにもそうした痕跡はみられない。国際的には日の当たらない西インド諸島を見捨て、国際的な表舞台のほうをとったジェイムズやパドモアとは異なり、ウィリアムズは、もっぱらその展望と関心を西インド諸島に向け、国際的経験を生かして、西インド諸島の状況を明らかにしようとした。かれの『資本主義と奴隷制』〔一九四四年〕は、奴隷制廃止についてこれまでいい古されてきたイギリス的テーゼにたいして明確な攻撃をしかけている。かれによれば、奴隷制の廃止とは、経済発展の論理的帰結であり、経済発展の基盤としての奴隷制が不必要となった以上は、かつては世界の先端を切ってその経済発展をもたらした当の奴隷制も廃止されたのである、というものであった。ついで、かれは、解放後の世紀つまり奴隷制廃止後の経済的・政治的諸問題を分析し、西インド諸島全域にこの分析を適用して、カリブ海域の経済的・文化的共同体のスローガンを大胆に打ちだし、またその西インド諸島の教育的伝統を注意深く分析し、そこから西インド諸島大学構想を中心とする将来の教育にたいする諸要求を概括したのである。

ジェイムズとパドモアは、共産主義的伝統に立つ著作家として、イギリスで好ましからざる人物とみられたことは当然である。しかし、オクスフォード大学の卒業生であったウィリアムズのばあいには、オクスフォード大学がその発展に大きく寄与したイギリスの歴史的伝統への反逆者として、イギリスの敵対勢力が一丸となってかれを攻撃したのである。かれの歴史分析には、きわめて陰険なおどしがかけられた。また一九四四年の出版当時、合衆国では高い賞賛を博したかれの『資本主義と奴隷制』にたいしても、イギリスの出版者たちは一九六四年になるまでは目もくれなかったのである。その理由としては、一九三九年に、のちに『資本主義と奴隷制』という形をとることになる論稿に興味があるか、とある左翼系書籍の出版で有名なイギリスの出版業者がたずねられたとき、「そのような本をだすのはまっぴら御免だ。それはイギリスの伝統に反している！」と答えた言葉がもとになっていたとしか考えられないのである。

第十二章　第二次世界大戦後のイギリスの歴史叙述と西インド諸島

第二次世界大戦後、イギリスで出版された西インド諸島関係の歴史研究のなかで最も重要な研究は、G・R・メラーの『イギリス帝国の委託説、一七八三―一八五〇』〔一九五一年〕である。そもそもこの本の執筆意図は、エリック・ウィリアムズの『資本主義と奴隷制』にたいする反論にあり、その旨著者はくり返しのべている。

クープランドの仕事が守勢に立たされた帝国主義の姿を表明しているものとすれば、メラーの書物は、後退しつつある委託説の現実を描いているといえるだろう。クープランドが、〔奴隷〕解放を二〇世紀におけるイギリスのアフリカ統治と結びつけようとしたように、メラーもまた、〔奴隷〕解放を二〇世紀におけるイギリスの西インド諸島統治と結びつけようとしているのである。この本の結びの章の最後から二番目の節《パラグラフ》のなかで、メラーは次のようにのべている。

「本書には、「現代における植民地の発展と福祉政策の起源」という表題をつけることも十分可能である。イギリスの奴隷制反対運動の開始期と、「植民地の発展ならびに福祉にかんする諸法」

（一九四〇年と一九四五年に制定）との間には、大きなへだたりがある。しかし、一連の出来事が示しているように、肌の色と出自がなんであれ、人間は人権を有す、という基本的で不変の原理は、人びとのなかにしだいに広まってきている。もしも、本書の読者が、一八七三年と一九五一年との間に存在する歴史的連関、すなわち、初期工場法と二〇世紀の社会改革立法との間に存在する連関と論理的には同じ意味をもっている連関を感じとれなかったとするならば、著者の狙いの一つは果たせないことになる。両者は、いずれも社会的良心の発達が生みだした産物なのである。」

クープランドは次のように弁明している。すなわち、自分が提示しようとしているウィルバフォースの偉大な伝統が、イギリスによって継承され守られている以上、結局のところアフリカは、イギリスから正当な扱いをうけるであろう、と。次いで、メラーは、次のように弁明している。すなわち、偉大な伝統を継承し守っているイギリスから、西インド諸島は正当な扱いをうけている、と。では、とくに、〔奴隷〕解放後の時期に焦点をあてながら、この偉大な伝統とはなにか、を分析してみよう。メラーの本の中でこの時期を論じた章は、「解放の余波」と「他植民地からの移住労働者」の章であり、インドの「苦力《クーリー》」、アフリカのホッテントット、オーストラリアの「ブラックフェロー」、ニュージーランドのマオリ、アメリカのインディアンについてもそこでは論じられている。しかし、以下の分析で取り上げるのは西インド諸島だけに限られる。

一八三三年以降の西インド諸島史を熟知している者であれば、次の六つの主要な特徴がなにを指しているかはわかるであろう。

（1）農園主《プランター》に黒人解放奴隷を自由使用させるためにイギリス政府が支払った努力

（2）諸外国にアフリカ奴隷貿易の廃止を説得するためにイギリス政府が支払った努力

（3）農園主に年季契約労働者を供給するためにイギリス政府が支払った努力（（1）と（2）の代案）

（4）甜菜糖の進出に脅やかされた西インド諸島の農園主がかれらのイギリス砂糖市場での地位を守るために支払った努力

（5）カリブ海の他の諸地域における奴隷制の廃止

（6）西インド諸島における政治的発展

そこで、以上の六つの主要な特徴をそれぞれに検討し、次いで、これらの特徴との関連でメラーの著作を考察しよう。

（1）農園主に黒人解放奴隷を自由使用させるためにイギリス政府が支払った努力

奴隷解放論争の最大の争点は、労働力の供給にたいして、解放がいかなる影響を与えるか、という問題であった。この問題は、一八三二年一二月の植民省政務次官ハウイク卿〔一七六四―一八四五〕の覚え書のなかで、はっきりとのべられている。ハウイク卿の覚え書のなかから、この問題に関連する個所を以下に抜粋する。

「わが国植民地の奴隷解放計画を作成するさいに解決されなければならない重大問題がある。それは、奴隷監督官とその鞭の恐怖から解放された奴隷たちを、砂糖生産の続行に不可欠な規則的・継続的労働につかせるために、なんらかの方法を考案しなければならないという問題である。この問題の解決は、農園主のためばかりでなく、奴隷たち自身にとっても望ましいことである。わたくしの考えるような、なんらかの規制も設けることなく解放が行なわれ、その結果として砂糖栽培と砂糖製造が放棄されるならば、農園主が被害を受けることはかなりはっきりしている。というのは、農園主がこれまで砂糖経営に投資してきたすべての固定資本はたちまちにして無価値なものとなるからである。しかし、植民地貿易が壊滅し、植民地貿易に依存しているすべての人びとが破滅すれば、奴隷にとっても大きな損失となる。そうなれば、こんにちまで徐々に文明への段階を歩んできた住民の抱く最良の展望も失われるであろう。」

「農園主たちは裕福ではない。また、わが砂糖植民地のほとんどすべての地域は、土地の広さにくらべて人口が少ないという不均衡な状態にある。この二つの状況こそ、自由労働による砂糖生産の道をはばんでいる障害物である、とわたくしには思われる。」

「こんにち、農園主たちは、その雇用している労働者たちに、生活必需品だけを買う〔賃金を〕支給している。しかし、農園主たちは自分たちが破滅寸前にあると不満をもらし、それにも理由がないわけではない。したがって、かれらに気前よく賃金を支払う能力がないことは、まったく疑問の余地がないように思われる。しかし、諸外国の経験に照らしてみれば、たとえかれらにその能力があったとしても、土地は現在と同様容易に購入できるだろうが、砂糖栽培と砂糖製造に要する労働力を獲得することは、その賃金をもってしても困難であることは確実である。」

「奴隷にその規則的な労働習慣をなくさせないために、かれらが容易に土地を入手できないような措置を奴隷廃止のさいに講ずるならば、それは黒人たち自身の真の幸福に大きく寄与するであろう。また、この目的を実現するにあたって、どうしても克服できないような困難というものもわたくしにはみいだせない。それどころか、これは、きわめて簡単に実現できるものと確信する。奴隷解放がなんらの予防手段もとることなく実施されるならば、農園主は破滅するであろう。しかし、この〔先ほどのべたような〕措置によって、かれらは破滅から救われるばかりではなく、かれらが現在かかえている悩みから解放されるためにも、この措置は少なからず役立つであろう。」

「アイルランドの農民のばあいには、地代を支払わなければならないという現実がかれらに大きくのしかかっているので、やむなくかれらは勤勉になっているが、この事態から当然導かれることは、黒人にもアイルランド農民と同じような差し迫った気持を起こさせる措置をとる必要であろう。一方では、土地はあり余るほどにだぶついているのに、ほんとうのことをいえば、地代を取り立てることはできないというのが現状である。しかし、土地に課税してはならないという理由はないし、また地代によって、一般的方法による収入と同じ効果をあげてはならないという理由もまったくないように思われる。したがって、奴隷解放が実施されたばあいには、農園主がその仕事を続行できるようにする手段としてわたくしが主として期待するのは、土地にたいしてかなりの額の税金を課することである。」

この目的のために、すなわち奴隷解放後も黒人労働者を砂糖栽培に自由に使用するために、イギリス政府は、一定期間――当初七年間であったが、のちに五年間に短縮された――の年季制を導入した。農園主たちは労働者たちの年季明けとともに、かれらを賃金労働者として引続き強制的に砂糖農園で働かせようとした。ほとんどの労働者は、非占有地――たとえばジャマイカの「バックランド」――に定住するほうを選んだ。〔このため、〕とくに英領ギアナとジャマイカではきわめて厄介な問題が早速にもちあがった。

英領ギアナの農園主たちは、農園労働者の雇用規則を公けにし、一八四二年一月一日から実施した。これら一連の規則によれば、労働者が無断欠勤し、〔労働〕時間を厳守しなければ処罰され、労働者の土地占拠も禁止されていた。これらの規則に怒った労働者たちはストライキに突入した。総督ヘンリ・ライトは次のように報告している。

「労働者たちの消極的抵抗は、かれらが農園主たちの無分別な行為を十分に感じとっていることを示している。衡平法によれば、労働者が農園主の土地で働くことを拒んだばあい、労働者の占拠している小屋と土地を返還するよう要求できる権利が農園主側に認められていることは確かである。ふだんであれば、半ダースやそこいらの、怠惰なあるいは強情な労働者たちを排除するのはわけもない。しかし、二万人もの数の労働者を、だれが退去させうるであろうか。また、よしんば退去させえたとしても、かれらの立ち退き先がどこにあるであろうか。」

総督ライトの良識・機転、そしてこの負け犬たちに向けられたかれの同情心が、重大な騒乱を回避させた。とくにかれは、労働者の弾圧に軍隊を出動させることを拒んだ。英領ギアナの総督が、エアではなくライトであったことは幸いであった。ジャマイカには、カナダに転出する前のエルギンがいた。エルギンは、問題の本質は農園主の非妥協的態度にあることにすばやく気付き、一八四五年八月五日付け訓電のなかで次のようにのべている。

「これらの考え〔労働力の確保〕を実際に具体化し通用させるために、奴隷制と外国からの移民援助という方法にのみもっぱら依存してきたやり方を農園主にやめさせ、かれにとって入手可能な資源とくに高度な熟練労働者やまた知力のすぐれた労働者に、その目を向けさせる必要がある。……」

「わたくしは、植民地のかかえているさまざまの重大な困難を解決するための実際的なかつ唯一有効な救済策としては、移民労働者だけにもっぱら依存することはきわめて重大な危険を生み、また、植民地の利益にも反するとつねづね考えている。かかるやり方は、その当時でもすでに無謀な公債支出という結果を招いている。口にだしていわれたにせよいわれないにせよ、この〔立場の〕根底に流れている仮説は、奴隷制度が実施されていたあいだに行なわれていた耕作方法こそ、熱帯地方に適合した方法であるというものである。したがって、こうした考え方は、農業改良に水を差し、開明的な農園主と農民との間の親密な協調関係――この推進をわたくしは強くのぞんできた――の成長を阻害することになるのである。」

奴隷解放後に、黒人小農を人為的に創出することを制限しようとするこの政策こそ、シューエルが非難し、カーライルやトロロプが擁護したもので、それがジャマイカ反乱の直接的原因となったのである。一八九七年の王立西インド諸島委員会によって、この政策は全面的に否定され、西インドの将来の恒久的福祉のためには、労働者を小農として土地に定着させる改革以外に、いかなる展望も開けないことが強調されている。西インド諸島の農民が、その国の経済的発展に参加しようとするのを人為的に制限したこの政策こそ、トバゴの農園主たち――かれらは、一八四七年の壊滅的〔損害をもたらした〕ハリケーン以後分益小作農が登場したことに不満をもっていた――によって、この島をわずか二万ポンドでカナダ人資本家たちに売却したいと提案させる原因ともなったのである。

（2）　諸外国にアフリカ奴隷貿易の廃止を説得するためにイギリス政府が支払った努力

こうした努力は、奴隷貿易は海賊行為に等しいと宣言した一八一五年のウィーン会議に端を発し、カースルレイ、カニング〔一七七〇―一八二七〕、ウェリントン、それにパーマストンの外交政策のなかできわめて大きな役割を演じているのである。議会関係の文書やハバナの公文書のなかには、この問題をめぐる厖大な文献があるが、フランス・アメリカの両国は、奴隷貿易の疑いありとみた船舶にたいして、イギリスが公海上で臨検する権限を行使するのに猛烈に反対し、このためにイギリスの対外関係は悪化したのである。駐ハバナ領事デヴィッド・ターンブルは、たえず職権を濫用し、イギリスとスペインとの関係が紛糾した。一見、人道主義的にみえるイギリスの態度が、実は偽善以外のなにものでもないこと、また、イギリスが〔奴隷貿易廃止〕に努力する背後には、カリブ海の非英領地域とブラジルにおける競争から英領西インド諸島の自由労働者を保護する企図があるということは、諸列強も十分に承知していた。イギリスがアンティル諸島で「セネガルの子供たち」に、あれほどまでに博愛的行為をとるのは、「ガンジス河の子供たち」の犠牲のうえに、インドで利益をえているイギリス自身の免罪のためではないのか、また、「ジャマイカの大地主たちに大アンティル島〔キューバ〕での収奪をほしいままにさせる」ためではないのかと、キューバでは話題にのぼったのである。

(3)　農園主に年季契約労働者を供給するためにイギリス政府が支払った努力〔(1)と(2)の代案〕

この政策はまさに一八四二年の下院西インド諸島植民地委員会が勧告した政策であった。

「このような労働力供給の減少をおぎなう明らかに最も望ましい方法は、新しい労働人口の移入を促進し雇用競争をつくりだすことである。」

スタンレーの一八四三年のピール宛書簡では、まさにこの点が念頭におかれていた。

「現在、西インド諸島に与えられている保護を縮小する処置をとるばあいには、それと同時に労働力獲得の便宜を増大させなければ、ますます大きな困難をひきおこすことになろう。」

この政策こそ、一八四八年以来、イギリスが英領ギアナ、トリニダード、そしてジャマイカにたいして実施してきた政策であり、そしてこの政策は、ジャマイカ総督サー・A・マスグレイブが、これ以上国庫から農園主階級の私的経営奨励補助金はださないと拒絶する一八七八年まで続いたのである。

この政策こそ実に、ゴードンがジャマイカで反対した政策でありまた、かれと大農園主層並びに総督エアとの衝突の因となった政策であったのである。

こうして、数十万人のインド人が西インド諸島に移入された。かれらが受けた苛酷な処遇は、法――その最も良い例は一八九九年のトリニダード条例である――もひそかに認めていたのである。この苛酷な処遇は、一八七〇年に英領ギアナで全面的な調査対象となったし、さらに一九一五年のインド政府の任命した委員会の調査報告では、補助金制度のもとで軽労働三人分のために四人の労働者が移入されていると強調されている。大規模なサボタージュと逃亡が生じていることをも含めて、この制度が非能率的であることは、一八九七年に王立調査委員会によって公けにされているのである。

（4）　甜菜糖の進出に脅かされた西インド諸島の農園主がかれらのイギリス砂糖市場での地位を守るために支払った努力

一八三九年に、砂糖戦争の火ぶたが切って落とされた。この年、フランス本土の甜菜糖業者が、仏領産甘蔗糖にたいして強力な反対運動を開始したからである。甜菜糖産業は、各国政府の援助の下に、フランスばかりでなく、ドイツ、ベルギー、ロシアなどのヨーロッパ諸国でも急速に広まり、合衆国でも伸張した。一八九六年になると、ドイツは世界一の砂糖産出国となった。同じ頃、キューバ、クイーンズランド、ナタル、エジプトの各地では甘蔗糖産業がいちじるしく発展し、インド、フィジー、モーリシャスにおいても甘蔗糖の生産量が増大した。イギリスの自由貿易政策は終わり、アダム・スミスが激しく非難した西インド諸島の独占体制も、砂糖関税の格差解消措置によってついに崩壊したのである。一八五三年のイギリスにおける輸入砂糖の内訳は、外国産甘蔗糖六九パーセント、甜菜糖一四パーセント、英領植民地産甘蔗糖一七パーセントであった。一八九六年の内訳は、外国産甘蔗糖一五パーセント、甜菜糖七五パーセント、英領植民地産甘蔗糖一〇パーセントであった。すでにイギリスは、西インド諸島の砂糖独占体制廃止の補償として、奴隷所有者だった農園主に二千万ポンドを支払うとともに、主に輸入税を財源として、解放奴隷のために用意されていた公費を、農園主がインドからの年季契約労働者――かれらを半奴隷状態におくことは法に定められていた――の導入資金に充てることを認めていたのである。

（5）　カリブ海の他の諸地域における奴隷制の廃止

カリブ海の他の諸地域の奴隷制廃止は、イングランドが奴隷を解放したのち半世紀の間に行なわれた。しかし、このばあいの解放は、奴隷解放をはさむ前後の期間と奴隷解放実施中に、人道主義と委託論《トラスティシップ》〔黒人の文明化〕について、御託《ごたく》をならべたイギリスの奴隷解放とは異なり、そういうことはいっさいなかった。

仏領植民地の奴隷解放は最もきわだって進行した。一八四八年に実施された奴隷解放は、急進的民主主義者ヴィクトル・シェルシェル〔一八〇四―九三〕を長とした調査委員会報告書にもとづいて行なわれた。この報告書は、ラス・カサス〔一四七四―一五六六〕の活動を別にすれば、西インド諸島史上、植民地本国がとるべき責任をのべたものとしては最もすぐれたものである。かつての奴隷に、フランス市民と同じ政治的平等を解放後ただちに認めたことは、仏領西インド諸島史と英領西インド諸島史とのきわだった相違点である。

デンマーク領ヴァージン諸島の奴隷解放は、一八四八年に、奴隷の反乱をおそれた総督が自発的に実施したものであった。〔このため、〕総督は、植民地に既得権をもつ本国業者たちの反感を買い、本国召還を命じられたが、奴隷制復活をあえて唱える者はだれ一人いなかったのである。奴隷制にかわって、イギリス型の年季契約労働制が導入され、一八七八年の労働者の反乱によって廃止されるまで実施されたのである。

プエルト・リコの奴隷解放は、プエルト・リコ人自身が要求した結果実施されたものである。奴隷の労働力は、労働力の全体の五パーセントにも満たなかったから、プエルト・リコ人たちは、アダム・スミスが喜ぶような論法で奴隷労働にたいする自由労働の優位を強調したのである。

キューバの奴隷制もまた、本国〔スペイン〕からキューバの白人社会に強制的に押しつけられたものであった。しかし、少なくとも、タバコ産業にかんする限り、キューバの白人社会も奴隷制に反対していたのである。スペインが奴隷制を押しつけた狙いは、一つには本国による植民地支配を継続することにあった。したがって、〔キューバの〕奴隷解放運動は、独立運動の不可欠な部分であった。一八六八年にセスペデス〔一八一九—七四〕が反旗をひるがえしたさいに民族主義者たちのとった最初の行動が奴隷制廃止の布告であった〔のはそのためである〕。独立軍を率いた黒人将軍アントニオ・マセオ〔一八四八—九六〕こそ、さまざまな人種間の連帯を立証するものであり、西インド諸島史のなかでこれに匹敵する例は他にみられないのである。

（6）　西インド諸島における政治的発展

カーライルとトロロプ、またその追随者であるフルードは、いずれも直轄植民地統治に賛成していた。トリニダードの植民者たちは早くも、一八五〇年に、ジャマイカやバルバドスと同じような自治を要求していた。しかし、イギリスは、一八六五年のジャマイカ反乱後、まずウィンドワード諸島において、そして最後にはジャマイカにおいて、昔から続いた自治を破壊する政策を執拗に追求していたのである。一八七六年には、バルバドスをもこの方向に引き込もうとしたイギリスは、小八島連邦を主唱したが、バルバドスは、これをぶしつけにも断わり、むしろカナダの一州にくみ込まれることを希望したのである。

以上が、奴隷解放後の英領西インド諸島史の概略であるが、そこには、委託という語はみあたらない。もっとも、委託という意味を、白人大農園主層の支配を委託ということにすれば話は別であるが。

メラーが、かれの奇妙な二つの章のなかで弁護しようとしていたのは、まさに、この委託をめぐる問題であったのである。〔ところで、〕かれの脚註と文献目録のなかには、先ほど列挙した六つの特徴点を分析するさいにわたくしが言及した諸文献の一部(たとえば、移民労働者についてのエルギンの見解、スタンレーのピール宛書簡、一八九七年のイギリス下院における王立西インド諸島委員会の諸決議)が含まれてはいるが、かれは、それらの諸文献を知らなかったか、あるいは、かれは、それらの文献のうちから、自分の委託説を正当化できると考えたものだけを取りだして単純に満足していたか、それともまた、先に引用した奴隷貿易の国際的な廃止、西インド諸島における自由労働の受けたきびしい試練、カーライル、トロロプおよびフルードの著作、ジャマイカ反乱史、甜菜糖産業の興隆、英領植民地以外の植民地における奴隷解放の記録、西インド諸島での自治要求闘争にかんする文献等々については、かれは、あまりよく知っていなかったか、であろう。なぜなら、メラーの論文のなかには、〔わたくしが〕先に示したような分析がまったくみられないからである。

農民問題を取り上げてみよう。メラーは、一八五〇年に、英領ギアナから〔英領ジャマイカへ〕着任した総督バークレイ〔一八一五―九八〕の言葉を引用しているが、ここで総督は、労働者が小農として独立するために農園労働をやめることを、「内出血」にたとえているのである。では、なぜメラーは、カナダにおけるエルギンの、インディアン首長にたいする贈物問題で示した態度に言及しておきながら、ジャマイカにおけるエルギンの、一八四五年の態度を無視するのか、またそれではなぜメラーは、一八九七年の王立委員会勧告の基調を無視しながら、トバゴの分益小作制にかんする個所をその勧告から引用するのか。またなぜメラーは、ハウイク卿がポーランド人の民族的自由獲得闘争にふれた言葉を引用しておきながら、解放後の、黒人奴隷による民族の自由獲得闘争を阻止することを狙った土地税について、卿が書いた覚え書きを引用しないのか。

こうした農民問題を論ずるなかで、メラーは、一八四九年に出版されたカーライルの『黒人問題にかんするエセー』にはまったくふれていない。メラーの研究が一八五〇年で終わっていることは事実である。しかし、だからといってこのことは、トロロプ――かれの著作は一八五九年にだされ、またこの時点でのかれの主要な争点のひとつが委託概念にもとづいて農民をみる態度でないことはたしかであるにしても――を省略する口実としては不十分である。カーライルにもトロロプにも、委託概念はまったくない。もしもメラーが、シューエルの『自由労働の試練』を読んでいたとしたら、あるいは実際に読んでその内容を十分に理解していたとしたら、かれが一八五〇年の西インド諸島の状態を要約するにあたって、まるで自分が〔その島々の〕開発と福祉制度にかんする専門家でもあるかのように、全世界に向けて気楽に次のように書くことはできなかったであろう。

「地形、耕作可能な土地の割合、土壌の疲弊度、土地保有の形態、人口数とその密度、利用可能な労働力、農園主対旧奴隷との関係といった諸条件は、島々によってまちまちであるから、本書で扱った時期〔一七八三―一八五〇〕の最終期における西インド諸島の状態については、きわめて一般的な評価しかできないのである。」

この農民問題は、ただちにジャマイカ反乱へとつながっていく。メラーの研究対象となった最後の年〔一八五〇年〕から一五年後には、土地要求に端を発したジャマイカ反乱が勃発した。この反乱は、英植民地史上最も恐るべき残虐行為のひとつとなった事件にまで発展し、この事件は、当時のイギリス世論を真二つに分裂させたのである。しかしメラーの著書のなかには、こうした事態を予測させるような徴候はなにひとつあらわれていないのである。

このような農民の所有権をめぐるすべての問題のなかで、ジャマイカの宣教師たち――とくにニッブ、バーチェル、フィリッポ――は重要な役割を演じている。メラーはかれらにたいして一顧だに与えていないが、かれらは一八五〇年以前の十年間におけるイギリスの委託説を代表するすぐれた人びとなのである。

メラーは、奴隷解放後の西インド諸島の教育についてふれてはいるが、その叙述は、次のようにみもふたもないものである。すなわち、一八三五年にイギリスは植民地教育のために二万ポンドの支出を議決した、しかしこの金額はその後しだいに削減され、ついには六千ポンドの助成金を最後に一八四五年をもって打ち切られ、教育の責任は植民地議会に移された、と。「将来解放される予定の黒人のために、宗教・道徳教育を行なう」と、一八三三年の奴隷解放令のなかで仰々しく宣言された二万ポンドの経費と、奴隷所有者への補償金として議決された二千万ポンド――二万ポンドの千倍――との間の差違についてはひとこともふれていないのである。また、植民地議会によって解放黒人の教育よりも農園主のための移民労働者補助金が優先され、移民労働者の教育を受ける便宜がいっさいはかられなかったことについてもまったく言及していないのである。本国の大臣によって学費の父兄負担を狙った教育特別税が計画されていた一八四七年に、この計画に関連して、リーワド諸島総督はいくつかの教育にかんする提案を行なっているが、これについてはメラー自身次のようにのべている。

「本書の考察対象となった時代〔一七八三―一八五〇〕は、この教育にかんする提案後、わずか四年足らずで終わっているが、この提案の四年足らずの期間にもたらされた影響が、取るに足りないものであったことは驚くには当たらない。〔なぜなら、〕統治責任者である白人は、自己保存という当面の問題にエネルギーを吸いとられており、植民地財政は、概して健全というにはほど遠い状態にあったからである。このメモには、「黒人住民の間に土着の中産階級を徐々に創出し、それによって所有権の保護に関心をもち、また社会秩序を律する下級地方行政にたずさわるに足るだけの知性を備えた人物を育成し、究極的には自由な諸制度を完成させていくという、万が一の見込ですら、賢明な植民地政府ならば無視しないであろう」という暗黙の勧告が行なわれていたのである。しかし、労働人口の大部分は、明らかに強情な連中であったから、この勧告の鋭い指摘をきき捨てにしたことはたしかである。」

この教育問題についていえば、メラーの考察対象となった期間〔一七八三―一八五〇〕中に提唱された最も遠大な提案――すなわち、奴隷を奴隷制の下で虐げてきた償いとして、イギリス政府から財源を調達し、ジャマイカにユニバーシティ・カレッジを設立しようというフィリッポの提案――については、メラーは完全に沈黙している。いやしくも、委託〔の理念〕を追求しようとするならば、これこそまさに委託〔の具体化〕であったのだが、イギリス政府もメラーと同じように、この提案をそっけなく無視しているのである。

次には、年季契約労働者の移民問題についてのメラーの取り上げ方をみてみよう。委託〔問題〕をのべた論文のなかで、かれが、「クーリー」という不快な蔑称を用いていることは、とくに残念なことである。メラーは、かれの偏見に満ちた委託概念を正当化するためにつねに注意をおこたらない。にもかかわらず、「政府が移民の福祉にかんするすべての問題でみせた監督的態度は、敵意ある批評家からはいらざるおせっかいと呼ばれるだろう」とかれはのべているが、こうした言葉は人をまどわすだけである。メラーが、一八九九年のインド人移民にかんするトリニダード法に目を通していないことはきわめて明白である。

しかし、年季契約労働者の募集・輸送・雇用のさいにみられたかずかずの虐待は、一八五〇年においてすら歴然たるものであった。こうした虐待は、一八五〇年以降、まえにも増して知られるようになったのである。したがって、メラーの委託説も守勢に立たされざるをえなくなるのである。次の文章は、砂糖関税の特権を廃止したかわりに、イギリスが農園主階級に譲歩して認めた制度〔年季契約労働制〕を擁護するためにメラーがもちだした支離滅裂な弁明である。

「政府が後楯となり外国から移民を受け入れるとなると、それは奴隷制であるとのそしりをとくに受けやすい。一九〇六年の総選挙で、「シナ人奴隷」反対の声があがったのは有名である。移民は、労働力として受け入れられるのであり、人間として導入されるのではない。したがって、移民が荷車をひくたんなる動物同然の扱いをうけないようにかれを保護する必要はあるが、それと同時に、かれにも働く義務があるのである。移民初期の経験から、多くの移民者が、気まぐれな労働者かあるいは浮浪者になってしまうことは知られていた。そのため、規則と制裁の必要があったのである。いまからふり返ってみると、当時の規制や制裁は、やや苛酷にすぎたと思われるかも知れない。しかし、時代が違えば風俗も異なるのである――イングランドにおいても、一八七五年(38 a 39. Vict. c. 90.)になってはじめて、主人と召使が雇用者と被雇用者として、民事契約の対等の当事者となり、契約不履行による投獄が廃止されたのである。」

一九五一年に出版されたメラーの著作の意義を十分に知るためには、同じく西インド諸島を論じた別の歴史家の業績について、手短かに考えてみるのが一番良いであろう。W・L・バーンの、これまた一九五一年に出版された『英領西インド諸島』がそれである。この書物は、メラーの著作にくらべると、内容の充実という点で劣りまた野心的でもないが、重要なものである。

バーンの著書も、イギリスが一九世紀半ばまでに西インド諸島にたいする自国の責任をますます認識するにいたったとする基本的主題において、メラーの著作に近い。バーンが執筆した時期は、一方で西インド諸島連邦化計画が進行中であり、他方で合衆国がカリブ海域のヨーロッパ植民地にたいして自己の権益を主張していた時期でもあった。そして、バーンは、英領植民地の発展と福祉計画に関連させながら西インド諸島自治に反対するという結論をだしているが、これは別段驚くべきことではない。なぜなら、バーンは次のように書いているからである。

「一、二論点を明確にしておきたい。カリブ海域並びにアメリカ大陸の英領〔植民地〕をさらに拡大することは、道徳的に望ましくはないし、また政治的に可能でもない。だからといって、このことは、この地域の英領植民地の全部あるいは一部を放棄せよということでもない。またカリブ海域のわが同胞臣民がそのような放棄策を望んでいるわけでもない。大英帝国がカリブ海域以外の植民地を「清算」したときに用いた理由や口実は、この地域の住民にはあてはまらない。このことはまた、カリブ海域の植民地ばかりでなくラテン・アメリカ植民地についても同様である。この最近西インド諸島で開始された壮大な計画は、まず成功する見込みはない。この計画を挫折させるためには、たんにもう一つの要素——すなわちイギリスの主権が放棄される可能性——をもちだせば足りる。」

この論点は、他の個所でもさらに明確にされている。しかしこのことは、こと西インド諸島にかんしてみれば、いまからほんの一三年前の一九五一年の時点でさえ、イギリス帝国主義がいかに根深くまた現地住民の能力にたいする侮蔑がいかに根強いものであるかを示すものにすぎないのである。バーンは次のように書いている。

「なかんずく、西インド諸島が自分の運命を決定しそれに形を与えていく役割をやや誇張してのべることもできよう。しかし、西インド諸島史を考察すればするほど、イギリスが、いかに数多くのイニシアティブをとったか、またイギリスの政策転換が社会・経済の両分野においていかに重要であったかがますます明確になってくるのである。キングストンやブリッジタウンやポート・オブ・スペインで考えられ行なわれることが、ロンドンで考えられ行なわれることよりも大きな影響力をもつ時代が将来到来するかも知れない。万一そうした事態が生ずれば、西インド諸島の将来はきわめて興味深いものとなるだろう。しかし、まだそうした事態は起きてはいないが。」

ところが、すでに、そうした事態は起きているのである！　二つの独立国家の首都キングストンとポート・オブ・スペインで考えられ行なわれることと、その独立が目前に迫っているバルバドスのブリッジタウンで将来考えられ行なわれることとは、ロンドンで考えられ行なわれることよりもはるかに大きな影響力を及ぼしている。バーナムの森は、すでにダンシネインの丘にまで迫っている〔『マクベス』にでてくる言葉〕のである。

昔ながらの偏見はなかなか消滅しないし、昔から存在する習慣も、当初それが発生した条件が消滅したのちにも長いこと持続して生き残るものである。戦後の歴史研究を分析し考察している本章のなかでも、昔ながらの伝統が根強く残存していることを最も良く示しているのは、アメリカ版委託説である。ここでは、一九四七年に公刊されたフランク・タンネンバウム〔一八九三―一九六九〕の著作『奴隷と市民――両アメリカ大陸における黒人』を考察する。かれは、この著作の出版に先立つ一九四六年三月に、『ポリティカル・サイエンス・クォータリー』誌上で、合衆国、ラテン・アメリカ、カリブ海域をわずか一二八ページで扱った論文、題して「西半球における黒人の運命」を発表している。タンネンバウムの同誌一九四六年六月号に掲載された「歴史の経済的解釈をめぐって」

のなかでは、エリック・ウィリアムズ著『資本主義と奴隷制』が論評され、タンネンバウム自身の奴隷制解釈が入念に展開されているのである。

タンネンバウム教授自身の言葉を借りて、その分析の核心をのべてみよう。

「奴隷制とは、法的関係であったばかりでなく、道徳的関係でもあったのである。奴隷制のなかには、道徳的方向づけと人間の諸価値をめぐる体系が含まれていた。そして奴隷制は、おそらく人類のいかなる経験にもまして、道徳哲学の重要性を簡潔に例証しているのである。というのは、奴隷制研究からはっきりでてきたことの一つは、奴隷を扱うやり方について考察するばあいも、奴隷制を廃止していくばあいにも、ともに人間を道徳的存在と定義することが最も重要な影響力を与えているからである。……万人は精神において平等であるという理念が受けいれられたことは、平和裡に社会的変化が可能となるような友好的で弾力性に富む環境形成に寄与したのである。」

タンネンバウム教授の意見によれば、黒人奴隷貿易とは、大規模な投機的事業であり、アフリカとヨーロッパとの合弁事業であった。強制的な移住であったとはいいながら、これは、「黒人の側からみても安全な投機」であった。いまでは黒人は、「顔の黒い白人」といわれるほどに西洋文明に順応している。これにたいして、アメリカ・インディアンは、依然として頑固で打ち解けず、自分自身の言語世界のなかに閉じこもったままである。白人はこれまで黒人を好遇してきた。熱帯地方は

「黒人帝国」となった。黒人は、いわばタナボタ式にこの地を相続したのである。黒人は、みずからの意志に反して連れてこられた新しい故郷で、精神的にも道徳的にも「〔それにふさわしい〕地位を獲得」したのである。

ニューヨークには黒人の行政長官がいるし、ワシントンにはたまに黒人議員もいる。——また、ヨーロッパ帝国主義下のカリブ海域では、さらに多くの黒人官吏たちが輩出している。しかし、こうした人びとの存在も、新世界の多数の黒人がこれまで体験した経済的困窮や政治的無権利や、人種差別という現実を背景にして考えなければならないのである。タンネンバウム教授の論評は、一八世紀の「高貴な黒人」への感傷的な関心を想起させるものである。黒人は道徳的にも物質的にも、〔それにふさわしい〕地位をいまだ獲得していない。カリブ海域と合衆国南部の諸州では、黒人はかれを隷属化した農園の庇護下に、いまもなお生活している。黒人は十二指腸虫とマラリアには「免疫性になっている」とタンネンバウム教授はのべているが、しかし西インド諸島のいかなる植民地であれ、最近までの死亡統計をみるならば、教授の主張の誤りがわかるであろう。熱帯地方では黒人が優勢であり、黒人の地位は向上したという教授の議論にはなにも目新しいものはない。これらの議論は、奴隷所有者と奴隷貿易商人を実質的に弁護するものであり、一八世紀に流行した議論の二〇世紀におけるむしかえしである。

次にラテン・アメリカの黒人問題を素材にして、タンネンバウムの方法と、その方法から導きだされる大上段にふりかぶった結論とその方法のもつ陥穽についてみることにしよう。

タンネンバウム教授は次のようにのべている。

「……まさにこの奴隷制の本質は、異なる道徳的・法的環境のなかで形づくられてきたのであるが、その本質は、次々に政治的・道徳的偏見――この偏見という点では、合衆国と新世界の他の地域とでは明確に異なっていたが――の影響を受けたのである。この相違こそは、両地域の道徳的レヴェルにかかわっているのである。……さまざまな発生の仕方をした異なった奴隷制から、ひじょうに対照的な結果が生みだされたのである。いわばラテン・アメリカの環境は、黒人にたいして包容力と柔軟性に富んでいた。……法律が奴隷に道徳的人格があるとの原則を認め、また――この原則に含意されていることでもあるが――、奴隷も徐々に自由を獲得しうると考えた国々では、奴隷制の廃止は平和裡に行なわれた。奴隷の道徳的人格を否定し、したがって奴隷は自由にはなりえないと考えた国々では、奴隷制の廃止は暴力――すなわち革命――によって完成されたのである。」

タンネンバウム教授は、この相違についてさらにさまざまな説明を加えている。

(a)「イベリア半島の人びとがアフリカを発見したとき、かれらはすでに奴隷制を知っていたし、またユスティニアヌス法典〔ユスティニアヌス一世の作った「ローマ法大全」のこと〕を経て伝えられてきた奴隷法の長い伝統が存続していた。その結果、「……アフリカからスペインあるいはポルトガル領植民地に及ぶ地域での奴隷化にさいして、〔奴隷の〕人格という基本的要素が失われることはなかったのである。」このような事態は、英領植民地にはまったくみられなかった。イギリス法は奴隷制を知らなかったからである。「法的困惑は実に大きかった。」このような状態のなかで、英領植民地の農園主たちが奴隷は家畜であるときめつけ、それによって問題解決をはかったことは、「不合理なことではなかったのである」。」

(b)「「……奴隷制の在り方は、奴隷解放にたいしてどのような態度をとるかによって決定される。というのは、この態度をみるならば、奴隷の道徳的地位をどうみているかがわかるし、また自由の身になった奴隷の役割もあらかじめ予想できるからである。」ラテン・アメリカ諸国の奴隷法は、奴隷解放を奨励したし、奴隷が自由になることを歓迎する傾向があった。奴隷解放は名誉ある伝統であったし、また奴隷制は、実質的には、雇主と被雇用者との「契約的合意」であり、奴隷の側の経済的能力の問題でもあったのである。アングロ・サクソン系植民地のばあいは、まったく逆で、そこでは奴隷制が歓迎され、解放は奨励されず、さまざまの法的障害に取り囲まれていたのである。」

(c)「黒人の生活のなかで教会の占めた役割も異なっていた。そしてこの差異は、二つの地域の対照をさらにきわだたせたのである。ラテン・アメリカ系教会はキリスト教信者の黒人に扉を開放していた。しかし、アングロ・サクソン系植民地の教会は黒人にはピシャリと扉を閉ざしていたのである。「大きな謎として残る」のは、「キリストの教えと……、奴隷が家族をもつことを禁止したり、奴隷の道徳的地位を無視したりすること」が両立しないことであるにもかかわらず、アングロ・サクスン系植民地ではどのように調和させられたのかという問題である。」

ラテン・アメリカ系植民地とアングロ・サクスン系植民地との違いは、実際はタンネンバウムの所論とは異なり、基本的には経済的な問題であり、奴隷を道徳的にどうみるかという問題ではなかったのである。アングロ・サクスン系植民地の奴隷制は、世界市場向けの商品生産と結びついていたが、その二大商品とは砂糖と木綿であり、この主要商品はともに、他の農産物をはるかにしのぐ規模の、かなりの資本投資と機械の使用とを要する産業であった。したがって両商品の生産には、ブラジルとプエルト・リコのコーヒー、ベネスエラのココアのような、比較的軽労働ですむ経済機構にはみられない劣悪な労働〔条件〕をともなったのである。コーヒーとココアは、本質的には小農経営による生産が可能な産物である。奴隷解放後、ハイチが砂糖生産からコーヒー生産へと転じたのは象徴的である。トリニダードもまた実質的にはココア植民地にふさわしかったが、イギリスの援助下に年季契約労働者を移民させることによって、砂糖産業が、イギリス人投資家にとって利潤のあがる産業にまでなったのである。

タンネンバウム教授の結論は、ラテン・アメリカの奴隷制が、コーヒーと小規模生産に結びついていた限りでは有効である。しかし、ラテン・アメリカの奴隷制が、世界市場向け生産にその方向を転ずるや否や、奴隷を動産同様に考える奴隷制の形態をとったのである。その顕著な例は、仏領サン・ドマングであり、一七八九年のサン・ドマングはこの世の地獄であった。フランス人は、人種的にはラテン系であり、アングロ・サクスン系ではないにもかかわらず〔そうなったのである〕。これと同じことはキューバでも起こったのである。タンネンバウム教授が引用しているキューバ総司令官に与えられた一六九三年の勅令も、世界市場向けの砂糖を生産していた一八四〇年のキューバではいまや反古同然になっていた。この一九世紀のスペイン領キューバは、一八世紀の仏領サン・ドマングや一七世紀の英領バルバドスと同様に、なによりもまず第一に農園《プランテーション》植民地であったのである。一八三八年に、イギリスの奴隷解放令によって奴隷を失ったトリニダードの奴隷所有者たちは補償金を与えられた。この補償金を分析すれば、アングロ・サクスン系植民地とラテン・アメリカ系植民地との奴隷制の基本的な違いがはっきりとわかるのである。一七九七年までのトリニダードは、ココアを生産するスペイン領植民地であり、大農園主の大多数はフランス人であった。一七九七年以降、イギリス人資本家がこの島へ押し寄せ、かれらは砂糖産業の開発をはじめたのである。奴隷解放補償金名簿によれば、一人で百人以上もの奴隷を所有していた農園主はすべてイギリス人であった。一人で一〇人以下——ときには奴隷一人のばあいもあった——の奴隷を所有していた農園主は、フランス人とスペイン人であった。

ラテン・アメリカ経済が資本主義的世界市場の必要に支配されている度合が大きければ大きいだけ、その四囲の状況は柔軟性を失うようになり、教会も無力化するか奴隷制の付属物となり、奴隷解放はますます困難となっていったのである。サン・ドマングのフランス系農園主とキューバのスペイン系官僚――合衆国南部諸州の農園主も同様であるとタンネンバウムは主張してはばからないのだが――は、「静的で制度的な理念」を展開し、それに「強い倫理的色彩を与えつづけた」のである。イギリスの自由貿易政策の結果、奴隷が、官吏と農園主との間の暗黙の合意、公然たる黙認、また条約無視という形でキューバとブラジルに流入し続けたのである。

タンネンバウム教授は、ラテン・アメリカの奴隷制廃止は、「いかなるばあいであれ、暴力、流血、内乱をともなわないで達成」されたと主張している。しかしこの所論は、検証に耐えうるものではない。ハイチ革命は、合衆国の内戦〔南北戦争〕に似ている。合衆国以外の国々では、内戦に「奴隷廃止のため」というレッテルが張られていなかったかも知れない。しかし、ボリーバァル〔一七八三―一八三〇〕やサン・マルティン〔一七七八―一八五〇〕やセスペデスとともに闘った黒人たちは、重商主義廃止のためではなく、奴隷制廃止のために闘ったのである。キューバ革命に参加する以前の一八六八年に、セスペデスは、その奴隷を解放した。このかれの行動は、キューバのすべての人びとにたいして、黒人奴隷社会の存続する限り、白人の自由の確立は不可能であると表明した象徴的な行動であったのである。キューバの黒人将軍アントニオ・マセオがのべたように、白人の自由のために戦場で「なたを振って」闘った黒人が、おとなしく奴隷制と砂糖園主のなたの力に屈服することはないであろう。

タンネンバウム教授は、さらに、ラテン・アメリカ系の奴隷制とアングロ・サクスン系のそれとの違いは、奴隷解放後の黒人の状態を決定した、とのべている。ラテン・アメリカでは、「奴隷解放前すなわち法的平等をかちとる以前から奴隷には道徳的人格が与えられ、このことは隷属から自由への移行を容易かつ当然のものとしたのである。……そこには、西インド諸島と合衆国の人びとがひとしく危惧した奴隷解放の危険性とか、奴隷には自由への適応性が欠けているかどうかといったような問題はまったくなかったのである。」他方、アングロ・サクスン系植民地では——と、タンネンバウムは続けている。——奴隷は動産であると定義されていたから、黒人を本質的には道徳的人格として再定義することはきわめて困難となり、黒人・白人いずれの側も、自由への準備ができていないことが奴隷解放によって明らかとなった。「奴隷解放は、黒人を法的に解放したかも知れない。しかし、白人を道徳的偏見から解放することはできなかったのである。そのために、法的自由の前提である道徳的地位は、黒人には拒否されたのである。」

ここでもまた、タンネンバウム教授は重大な誤りを犯し、事態のみせかけをその本質と取り違えたのである。奴隷解放問題は、奴隷制のばあいと同様に、道徳問題ではなく経済問題であり、奴隷制の基礎は、黒人奴隷を土地から切り離すことにおかれていたのである。

奴隷解放があっても、白人の道徳的偏見からの解放はなかったのであり、奴隷解放が大農園主経営になんの打撃も与えなかった――これが真相であったのである。政治権力は、依然として旧奴隷所有者の手中に握られたままであった。しかもかれらは、単一作物経済を維持し、黒人を賃金労働者あるいは物納小作人として土地にとどめおくために、社会全体を犠牲にして情容赦なくその権力を行使した。西インド諸島の英領・仏領・蘭領植民地の頼みの綱は、インド、中国、ジャワから公費を使って連れてきた契約労働者であった。

キューバのばあいも、別の形ではあったが、同一のことを教えているし、同じ話をひきたてているのである。一八九八年の合衆国資本主義による熱帯地方侵略が再開されるとともに、キューバの黒人解放奴隷は、貧窮化した白人たちと同じように、以前の奴隷制を特徴づけていた土地をもたない農園労働者へと逆戻りしたのである。解放黒人が労働を拒否したところでは、ハイチとジャマイカから黒い肌をした契約労働者が運び込まれた。プエルト・リコでは、事態はさらに進んだ。一八九八年以降、合衆国は砂糖産業に大規模な投資を行ない、黒人解放奴隷の運命は、貧窮した白人と同様に、コーヒー栽培時代ののどかな家父長制的奴隷制の時代とくらべてはるかに苛酷なものとなったのである。解放後の黒人は、それまで免れていた資本主義生産の渦中に巻き込まれたのである。このために――アングロ・サクスン文化のラテン・アメリカへの強制のためではなく――、バルバドスやキューバのばあいと同様に、プエルト・リコの労働者の地位の低下がもたらされたのであった。

タンネンバウム教授の未来への展望は、かれの歴史的方法と過去の生活ならびに社会にたいする分析からおのずと決定されている。かれの展望とは以下の通りである。

「問題の本質を規定しているのは、黒人がその法的人格にふさわしい道徳的人格を獲得するのに要する時間である。……一般に黒人問題の「解決」といわれているものは、本質的には、白人社会の目から見て、黒人を白人社会の構成員としてふさわしい人間に育成するという問題である。」

タンネンバウム教授は続ける。この点で、ラテン・アメリカ系の人びとは、アングロ・サクスン系の人びとよりも大きな利点をもっている。なぜならかれらは、アングロ・サクスン系の人びとにくらべて、はるかに長期にわたって黒人と一緒に暮らしてきたからである、と。タンネンバウムは、アメリカ人がこんにちのラテン・アメリカ人と同じ長さの接触を黒人とするためには、二一二二年までかかるであろう、と概算している。しかし、内戦〔南北戦争〕以来、アメリカの環境は、自分の価値を立証しようとする黒人にとって、「寛容な状況」を提供してきた。このように、「アメリカには明らかに柔軟な環境」があり、また機会均等の信念の実践が論証されている。したがって、この二つの状況から、「われわれの内にあっても、より大きな機会に恵まれている合衆国の黒人が、道徳的にわれわれと同じく望ましい状態となり、また経済的にもより良い状況を作りだすのにかかる時間は、イベリア半島出身の植民者の間で〔黒人たちが〕費やす時間よりもはるかに短いものと考えても必ずしも的はずれでは……ない」であろう。

かくして〔タンネンバウムによれば〕、合衆国では、黒人の完全な平等を求める黒人とリベラルな人びとの要求が達成されるためには、白人が〔黒人にたいして〕道徳的な承認を与えていくというプロセス――それはあまりはっきりしたものではないが――にかかっているわけである。ありていにいえば、これが達成されるには、一七五年間もかかるのである。気の遠くなるような長い長い道のりではないか。

確実にいえることは、このことを、マルティン・ルーサー・キング〔一九二九―六八〕もブラック・ムスリムズ〔アメリカの黒人回教徒運動。マルコムX（一九六五年暗殺）が指導者〕も、どちらも納得しないであろう。加えるに、奴隷解放以来の黒人の歴史全体は、黒人が経済的・政治的地位を獲得しない限り、かれは道徳的地位をも獲得できないことを証明しているのである。黒人の経済的・政治的地位獲得の程度に応じて、黒人の道徳的地位もそれに付随して向上するのであって、このことは、ジャマイカとトリニダード・トバゴの独立が確証しているのである。

アメリカ労働運動には、ゆうに百万人を超える黒人が参加している。この分野におけるかれらの地位は、合衆国社会の他のいかなる分野におけるよりもはるかに高い。このような合衆国生活内部における黒人の経済的・社会的統合は、黒人と他の基本的な社会諸勢力をつなぐ強力な手段であるばかりではなく、そのことによって、黒人は刺激され、かれらがこれまで以上にその民主的諸権利を要求する強力な闘争を行なう手段ともなっているのである。黒人は、圧倒的にプロレタリアであり、半プロレタリアであり、あるいは小農である。合衆国のこれらの諸階級が、社会的ひろがりとより完全な生活への要求を獲得すればするほど、かれらは合衆国内部の黒人生活の未来を決定するであろう。かれらが、黒人の道徳的地位を認めるのは、鉱業・鉄鋼業・自動車・産業等の労働闘争において、黒人の参加なしには労働側の成功はありえないという事実とかたく結びついているのである。

これは、二一二二年まで待てる問題ではない。事実、合衆国——ならびに他の各国——の黒人問題全体の解決は、その問題を、呻吟する世界経済全体の視野に入れて考えることなしには、おそらく解決不可能であろう。もしもその問題が解決され、人類すなわち普通人《コモン・マン》のまえに、平和と繁栄の時代が明け染めるとするならば、黒人の進歩には急速なるものがあろう。しかし、もしも世界が、二〇世紀をこれまでずっと特徴づけてきた対立抗争をこととするならば、増大する敵対と混乱のなかで、平等を求める黒人の要求は、以前にもまして熾烈な形で闘われることになるであろう。目下、合衆国で行なわれている公民権論争は、このことをきわめて明瞭にあらわしている。

タンネンバウム教授は、黒人を劣等視する問題は議論の本筋とは無関係であると考えているが、見当違いもはなはだしい。当時の社会の、しかも奴隷制下におかれた黒人について書きながら、黒人を劣等視する問題を本筋とは無関係であるなどと考えるとすれば、それはまったくの抽象論を書くことに等しいであろう。この問題は、奴隷制から生じた問題であり、奴隷制論争にかかわった論客ならば、だれでもみなこの問題を論じなければならなかったはずである。すでにみてきたように、イングランドでは、断固たる奴隷制廃止論者であったアダム・スミスやクラークスンは、当時の人びとにとっては当りまえのことであった黒人への中傷から黒人を弁護し、黒人の能力とその潜在的な可能性について感銘深い文章をつづっているのである。これにたいして強硬な奴隷維持論者であった農園主たちは、それとは別の態度を取り、かれらと立場を同じくする歴史家たち、たとえばロングやエドワーズは、黒人を中傷し、黒人の品位を落とす機会を決してみのがすことはなかったのである。このように、論者たちのもつ展望いかんによって、黒人の道徳性を認めるかどうかがきまったのである。タンネンバウム教授は、この問題をとりあげずにおくようにせよ、と主張しているように思われる。換言すれば、当時まさしく問題になっていたこの問題を、タンネンバウム教授――黒人問題を倫理的に取り扱うことの当の主唱者――は、われわれに無視してほしいというのである。

黒人を劣等視する問題は、奴隷制をめぐる問題に完全にくみ込まれた歴史的に重要な問題であるばかりでなく、まさに今日的問題でもある。タンネンバウム教授が多大の注意を払った倫理をめぐる争いの本質こそ、合衆国における黒人がいまもなお、余りにも多くの人びとから劣等視されまたそのように取り扱われているという事実と無関係ではないのである。この〔黒人劣等視という〕問題は、独立したアフリカでもひじょうに重大視され、インドにおいても、この人種的劣等視という問題は、インド民族運動が勃興するまで、またインドネシアにおいてもインドネシアが独立するまで、ひじょうに重大なものとして受けとられていたのである。

このように、タンネンバウム教授の方法〔の良否〕は、その結論から判断されなければならないが、過去の奴隷制がおかれていたいかなる状況からみても、あるいはこんにちの黒人のおかれている生活から展望してみても、教授の方法によって有意義な照明が当てられているとはとうてい思えないのである。

結　語

しかし、と幼いピーターキンはたずねた。ブレニムの戦いからどのような利益がもたらされたのか、と。

さまざまな歴史的予言はいまだに実現されてはいない。しかし、これまで受動的であったもろもろの民族はいまや能動的になってきている。インドは解放され、独立国家となり、ガンジーの教育理念、ラダクリシュナン〔一八八八―一九七五〕の哲学、タゴール〔一八六一―一九〇五〕の詩は、いまでは世界文化の一部となっている。スエズ運河の維持は、ナセル〔一九一八―七〇〕の反対を押し切っては不可能であった。アフリカ統一機構〔OAU〕はアフリカの独立を象徴しているが、しかも、この独立は、いかなる意味においても、ウィルバフォースやその他の人びとのイギリス的伝統の遺産を継承していない。ジャマイカとトリニダード・トバゴはカリブ海域での独立国家である。そして、この独立は、〔文明からの〕退行や裸の生活を意味しなかった。地方長官と黒人の首相と内閣の下での独立は、野蛮状態への復帰を意味するものではないのである。

とはいえこのことは、イギリスの大学に一世紀半にわたって西インド諸島をはずかしめてきたことの痕跡が残っていないということではない。イギリスの〔植民地にたいしてとってきた〕二重の規準、すなわち白人植民地には自治を、黒人植民地には直轄植民地の地位をという二重の規準、またジャマイカの黒人暴動にたいする態度とイングランドの白人暴動にたいする態度との違いは、おそらく、西インド諸島人を移民法と結びつける肌の色と人種にたいする態度と切り離しては考えられないであろう。

イギリスの歴史家たちは、イギリスが黒人奴隷制を導入したのは、〔のちになって〕まるで奴隷制度を廃止する満足を手にするためでもあるかのように書いている。またかれらは、西インド諸島人にたいする負債を帳消しにするものとして、イギリスが農園主に与えた補償金を、奴隷制の観点から盛んに書き立てている。したがって、一世紀と四半世紀以上にわたって展開し宣伝してきたこの態度からして、イギリス政府の対西インド諸島経済援助と西インド諸島砂糖産業にたいする優遇措置についての説明が、〔かれらの著作のなかで〕展開されていないものはまずないのである。

以上の結論は、政治的な結論である。〔しかし、わたくしは、〕イギリスの歴史家たち自身がひきだした政治的結論にたいして正当に回答したまでである。かれらは、大学教授であり、総長ですらあり、イギリス人の生活のなかで重要な位置を占めていた。クープランドはそれ以上の存在で、インドとパレスチナ問題のイギリス政府の顧問であった。したがって、歴史学の分野は、帝国主義の政治学とナショナリズムの政治学がたたかっている戦場なのである。

西インド諸島とかつての植民地宗主国との関係――西インド諸島とアメリカ合衆国との関係でさえ――をみると、数世紀間にわたって西インド諸島は衛星国とみなされ、この上なく屈辱的な宣伝材料にされてきた。この事実がそれら諸国家間の関係をゆがめていることはまったく疑いの余地はないし、またそうした事実は、ジャマイカとトリニダード・トバゴが独立したのちにも、日々たしかめられているのである。キューバのカストロ〔一九二七―〕の登場は、カリブ海全域が、〔世界から〕まったく忘れ去られていたことから救いだしたのである。そしてパナマでは、民族的諸権利の承認を要求する圧力が、あるいは合衆国では黒人の公民権を要求する圧力がしだいに強まってきている。アフリカ民族主義の声が高まっている世界では、これらの圧力によってだけでも、西インド諸島の地位を高めることを可能にしているのである。

一つのきわめて大きな危険が、かれらのまえに立ちはだかっている。――すなわち、歴史的経験が十分に論証しているように、植民地独立のこんにちの気運が、それほど遠くない将来において、植民地体制の復帰を求める、同じように強い運動にとってかわられるかも知れないという危険である。

とくにこの意味で、将来の西インド諸島人歴史家は、かれら自身の歴史を書き、宗主国歴史家たちの書く虚偽性、無定見、偏見を容赦なく暴露し、西インド諸島人民を教育する重大な役割を荷なっているのである。

文献目録

本研究は、数々のイギリス人歴史家たち——スタッブズ主教、フリーマン、アクトン卿、マコーレー卿、J・R・グリーン、カーライル、シーリー、フルード、レッキー、エジャトン、クープランド、バーン、メラー、トインビー、そしてまたアダム・スミスとクラークスン——の著作、講義、論説に依拠している。トロロプ、キングズリ、そしてアメリカ人シューエルの西インド諸島についての論評も使用した。

本書で使用した一般的研究のうちで重要な研究を以下にあげておく。

G. P. GOOCH, *History and Historians in the Nineteenth Century*. London, 1913.
W. F. FINLASON, *The History of the Jamaica Case*. London, 1869.
H. HUME, *The Life of Edward John Eyre*. London, 1867.
D. FLETCHER, *Personal Recollections of the Honourable George W. Gordon, late of Jamaica*. London, 1867.
D. HALL, *Free Jamaica*, 1838–1865. *An Economic History*. New Haven, 1959.
B. SEMMEL, *Jamaican Blood and Victorian Conscience*. Cambridge, 1963.
F. TANNENBAUM, *Slave and Citizen. The Negro in the Americas*. New York, 1947.
R. PARES, *A West-India Fortune*. London, 1950.

解　説
――新しい世界認識の再構成を求めて――

一

一九七六年のモントリオール五輪で、無名の黒人選手ヘイズリー・クロフォードが、陸上の花一〇〇メートル決勝において優勝し、「黒い疾風」と謳《うた》われる瞬間まで、南米ベネスエラのすぐ真上に近接して位置する、紺碧のカリブ海上に浮かぶケシ粒のように小さな二つの島国、トリニダード・トバゴの国名を知る者はほとんどいなかったであろう。

カリブ海域諸列島については、トリニダード・トバゴは別としても、プエルト・リコ、キューバ、ジャマイカ等々の名前は、カリプソの「バナナ・ボート」、映画「ハバナの男」、カストロとゲバラの名によって知られる「キューバ革命」、コーヒーの「ブルーマウンティン」などを通じて、わが国でも必ずしもなじみがうすいわけではない。しかし、そうした知識も、せいぜいのところ、カーニバルの期間中にサンバのリズムに合わせながら夜を徹して踊り狂う南海の島々として、われわれのロマンと情熱をかき立てる程度以上のものにすぎず、これら大・小アンチル列島が、一六世紀に起点をおく近代資本主義の発展史上、最初の凄惨きわまりなき奴隷貿易や奴隷制生産の主戦場であったことにまで思いをいたす者はまずいないであろう。

本書は、トリニダード・トバゴ出身のすぐれた黒人歴史家であり、また同国が長い英領植民地支配から脱して一九五六年に独立を達成して以来現在にいたるまで、約二十五年間以上も首相の地位にあるエリック・ウィリアムズが、独立後八年を経過した一九六四年に、建設途上にあるトリニダード人民にたいして、その国民意識《アイデンティティ》の覚醒をうながし、また同国民の主体性の確立を目指すために、近代初期から現代までの世界史の発展のなかで占めるトリニダードのあるいはより広くは西インド諸島全体のおかれてきた状況を一八世紀以来のイギリス歴史学批判という方法を通じて明らかにしようとしたものである。

しかし、このことによって、われわれは、本書が、通常しばしば見受けられるような、きわめて煽情的で独断に満ちたすぐれて政治的色彩の濃い啓蒙書であるなどと即断してはならない。それどころか、本書は、西インド諸島が、イギリスおよびヨーロッパ主要諸国と並んで、近代資本主義成立期の他方の極における重要な拠点であったという有利な歴史的・地理的条件を最大限に生かして、一八世紀から現代にいたる世界史の全展開過程を、約二世紀間にもわたる長大な時間的経過のなかで、また地球全体を視野に入れた広大な空間《グローバル》を舞台にして、政治・経済・社会・思想というトータルな観点から、カーライル、マコーレー、アクトンなどの多数の歴史学者たちの歴史叙述を素材にして、まことにみごとなまでの分析をわれわれに示してくれているのである。この意味から、本書は、近年ますます自己の狭い専門領域に埋没し、広汎な対象を設定してその実証的解明と理論的普遍化をはかる作業をとかく回避する傾向にあるわが国の社会・人文諸科学の研究者にたいして、「社会科学とはなにか」、「歴史学とはなにか」、「思想とはなにか」といった問題を現時点においてあらためて深刻に考えさせるおそらくは、二〇世紀後半期における最良の歴史書の一つに数えることができよう。

ウィリアムズの略歴および主要著作等々については、本書を含めてその三部作ともいうべき『資本主義と奴隷制』(一九四四年、中山毅訳、理論社、一九六八年)、『コロンブスからカストロまで』(一九七〇年、川北稔訳、岩波書店、一九七八年)の「解説」や「あとがき」にくわしいし、また本書の内容については、著者自身が、豊富な資料を縦横無尽に引証しつつ、かつ正確な論理構成と平明な筆致によって展開しているので、いちいちその詳細にわたって触れる必要はない。本書のようなばあいこそ、まさに、「著者自身をして語らしめよ」ということで十分であろう。ここでは、訳後感を簡単に記すにとどめる。

二

三十数年前に、敗戦ショックから日本がいまだ完全に立ち直り切っていない異常な戦後の混乱期に軍の学校を中退して旧制高校へ入学したわたくしは、同世代の学生たちが共通に抱いていた新生日本の民主化、日本近代化という問題関心から、大学では、近代思想原理の把握を求めて哲学を専攻し、対象としては、まず近代社会や近代国家の出発点となった一七世紀イギリス市民革命期の思想史研究を選択する。卒業後は、政治思想の分野に転進したものの、研究生活を開始した最初の十数年間は、当初の目標通り、近代政治原理の形成者たち、ホッブズ、ハリントン、ロック等々の思想史研究を継続し、それは、現在にいたるもわたくしの思想史研究上の主要な柱となっている。その後、わたくしは、近代デモクラシーの全体像を求めて、とりあえずは、その典型としてのイギリスの思想・制度の発展過程を現代まで通して把握する作業をも漸次進めてはきていた。しかし、このさい、つねにわたくしの念頭にあって離れないままに気がかりになっていたことは、一七世紀中葉にデモクラシーの母国として出発した輝かしい伝統をもつかのイギリスと一九世紀後半以降の帝国主義国家イギリスとが思想史的にみていったいどのようにつながるのか、という問題であった。もちろん、常識的には、ある程度の推論は可能ではあったが、この問題を本格的に解明するには、なお分析のためのさまざまな座標軸の確定が必要とされたのである。

しかし、一九六〇年代後半からはじまった勤務校での筑波新大学構想をめぐる十数年余にわたる紛争と、ようやくその頃より目にみえてはっきりしてきた日本の政治状況の保守化・右傾化とが重なり合って、デモクラシーの問題をこれまでとは違った視点からあらためて問い直す必要性をわたくしに痛感させ、とくにデモクラシーの名による事実上のファッショ的支配や高度に発達した資本主義国家における独裁政成立の可能性をめぐる問題、またそれらの基盤をなす精神構造とはなにかという問題を考究する意味から、一時期、ワイマール共和国からナチス政権成立にいたる時代の思想史研究に専念せざるをえなくさせたのである。

こうした回り道があったにもかかわらず、近代デモクラシー形成期のイギリス思想と二〇世紀大衆デモクラシー時代に発生した狂気の病理現象としてのファシズム思想とを少しでも関連づけて考察しようとしたことは、「正常」と「異常」、「通例」と「例外」、「安定」と「危機」といった二つの側面から政治現象やデモクラシーの問題を捉えていく方法の重要性をわたくしに認識させ、それはそれなりに今後の思想史研究を進めていく上で有益であったと思っている。

しかし、先ほどのべた近代社会の形成から現代にいたるデモクラシーの発展途上にみられるいわば光と闇の二つの側面をどのように統一的に理解すればよいのか、という疑問や関心はその後ますます強まる一方であった。もちろん、いまのべたような近代デモクラシーの思想と実践に内在する矛盾が、近代社会や近代国家の成立期と時を同じくして生じたものであったことは、イギリス革命やフランス革命の経過や結末のなかに、つまりブルジョア革命の不徹底性のなかに十分にうかがい知ることはできた。

さて、こうした近代デモクラシーの発展途上におけるさまざまな矛盾を解明するためには、先に指摘したような一九世紀中葉以降の政治・経済・社会・思想状況を素材にして分析してみることが最も適切であるようにわたくしには思えたのである。なぜなら、この時代においてこそ、デモクラシーと帝国主義をめぐる問題が最も鋭い亀裂をみせて露呈され、しかもこの問題は、たんに特殊イギリス的な問題であったばかりでなく、一九世紀中葉以降の資本主義国家であればいかなる国家であれ否応なく逢着せざるをえなかった問題でもあったからである。そもそも一八六八年の明治維新後、数年を出でずして早くもわが国で起こることになるいわゆる「国権論」か「民権論」かをめぐる論争にしてからが、日本が資本主義国家としての道を歩みはじめたことにより世界の資本主義体制の一環に組み込まれたことから生じた必然的結果であった。

こうして、資本主義が世界的に確立され、あらゆる方向にその強い影響力を与えはじめてくる一九世紀中葉以降、各国において生起する問題はすべて世界史的連関と性格をもたざるをえなくなったのであり、したがって、デモクラシーと帝国主義をめぐる思想的諸問題の解明こそは、市民革命期の思想とファシズム期の思想、あるいは資本主義の思想と社会主義の思想といった歴史的にみてもあるいはその思想内容からいっても一見まったく異質なもののように思える両思想間に連関をつけまたこれらを統一的に把握することを可能にするものであるといえよう。

ところで、近代市民革命期から現代にいたるまでの思想史を、いまのべたような視点から分析するとなると、ことがらは、しかく簡単なものではない。さまざまな試行錯誤をくり返してきたが、先年たまたま岩波書店編集部の石原保徳氏より本書の翻訳をすすめられ、この本書との出会いが、わたくしのこれまでの疑問にたいして、思いもよらない有益な示唆を与えてくれることとなったのである。

三

さて、本書の著者ウィリアムズは、「資本主義と奴隷制」という視点からではあるが、デモクラシーと帝国主義をめぐる諸問題を統一的に把握する上での重要な手掛りと方法をわれわれに提示している。

ウィリアムズによれば、イギリス資本主義の発展にきわめて大きなかかわりをもつ一七世紀以来の英領西インド諸島における砂糖プランテーションが、一九世紀に入って英本国から見棄てられ、奴隷解放令(一八三三年)が実施されるにいたったのは、奴隷制生産がもはやイギリス資本主義にとって役立たなくなったという経済的理由に求められている。これにたいして、現代イギリスの歴史学者たちの多くは、奴隷の解放は、イギリス伝統のヒューマニスティックな精神にもとづくものであるとして、この「ウィリアムズ・テーゼ」に猛然と反撥し、イギリスにおける華々しい奴隷制解放運動の事例をあれこれと列挙してみせる。

たしかに、一九世紀イギリス史上、数々の奴隷制反対運動が存在したこと、またイギリスが他国に先んじて奴隷解放を実施したことも事実である。しかし、「ウィリアムズ・テーゼ」の突きつけた問題は、イギリスの歴史学者たちがやっきとなって反論しているようなたんに奴隷制の存続・廃止を問題にしているだけではなく、それらをめぐる問題を通じて、現代にいたるまでいまだになお根強く残存している奴隷制を生みだしたような経済構造＝資本制そのものにつきまとうさまざまな国内外にわたる封建的・暴力的・抑圧的・非民主主義的な政治支配や経済政策、さらには帝国主義的な思想体系の全面的な克服を問題としているのである。だからこそ、かれは、本書だけでなく他のすべての諸著作においても、奴隷制の廃止をめぐる短期的時点にだけ、あるいはその廃止にいたるまでの歴史的経過にだけその関心と注意を払うことなく、一六世紀から二〇世紀現代までを広く視野に入れて問題を展開しているのである。かれにとっては、奴隷解放後一世紀以上経過した現代においても、いまなお人間が人間として真に解放されていない現在の世界史的事実こそ重要であったのである。そのために、かれは、まず綿密な経済史研究を通じて、資本制の構造それ自体を分析し(『資本主義と奴隷制』)、他方では、一六世紀から現代にいたるまでの長大な歴史研究(『コロンブスからカストロまで』)をふまえて、さらには、本書(『帝国主義と知識人』)のように、奴隷制擁護論者と反奴隷制論者、人種差別論者と人種差別反対論者、帝国主義者と反帝国主義者、植民地主義者と反植民地主義者との対抗関係を軸にして、いわば近・現代全体をおおう時間的経過と世界大の空間的広がりのなかで、その思想史研究を深めつつ、デモクラシーと帝国主義の関連について分析の光を当てているのである。そして、この観点から眺めるとき、当然なことながら、「反奴隷制」、「反人種差別主義」、「反植民地主義」、「反帝国主義」の思想は、相互に密接に結びつきつつ、世界におけるデモクラシーの進展とともにしだいに強まっていったことがわかるのである。

すなわち、広く近代政治原理の形成とイギリスにおける近代国家の確立、またそのデモクラシーの発展に決定的な影響を与えたホッブズ、ハリントン、ロックなども、こと奴隷制や人種差別・植民地問題についての認識の度合ははなはだ弱い。このことは、当時にあっては資本主義社会の形成がいまだ十分に成熟していなかったこと、それ故にかれらもまた国内民主主義の確立と国外における悲惨な奴隷貿易や黒人奴隷制の問題とを結合させて総体的に考察する材料を欠いていたことを示すものといえよう。しかし、さすがにホッブズやロックには、本質的な意味での人種差別観や奴隷制擁護の表明はみられないし、ハリントンもまた、植民地はいずれ本国から分離して成長するであろうと鋭く予示していたのである。

しかし、産業革命がほぼ達成されてくる一八世紀七〇年代のイギリスになると、重商主義批判の立場から、経済学の祖スミスのように、植民地貿易や奴隷制生産に反対し、近代デモクラシーの発展史上に正しく位置する思想家が登場すると同時に、他方では、社会契約説や近代自然法・近代自然権思想に反対した政治的保守主義者ヒュームが、黒人を徹底的に劣等視しているのをみるのである。そして、ウィリアムズは、そうした一八世紀中葉以降の思想状況を、当時の思想家たちの諸著作からさまざまに引用しつつ立証してみせているのである。

ところで、ホッブズやロックと並んで社会契約論者として一括されるルソーが、とくに近代デモクラシー原理の大成者として現代においてもなおたえず言及されるのは、かれがホッブズやロックと同じく、自然状態における人間の自由・平等という原理に立ちながらも、たんに黒人奴隷制に反対しただけではなく、文明社会における人間自体もまた奴隷状態にあることを鋭く洞察しえていたためである。これによってはじめてデモクラシーと奴隷制の問題が統一的な観点から把えられることが可能となり、それは、その後のデモクラシーの深化に決定的な問題点を投げかけることとなったのである。それかあらぬか、はからずも、近代イギリスにおける最初の政治的保守主義者といわれたルソーの批判者バークにみられる黒人蔑視観が、ペイン、プリーストリ、プライスなどの自然権思想にもとづく選挙権拡大要求や海の向うの大陸で勃発したフランス大革命の尖鋭化にたいする階級的恐怖心と深く結びついていたことを知るべきである。以上にのべたようなスミス、ルソー、ペイン、ヒューム、バークなどの提起した問題こそ、続く一九世紀にますます階級対立が鮮明化するなかで、政治・経済・社会・思想をめぐる中心テーマとなり、以後、ベンサム、トクヴィル、ミル、マルクス、エンゲルスなどがこの問題の解明に真正面から立ち向かっていくことになるのである。

さて、奴隷解放後も、黒人問題・人種差別問題・植民地問題等々が依然として未解決のままであったことは、一九世紀イギリスにおいて、当時、巨大な影響力を与えていた著名な思想家たち、また文学者や歴史学者たちの著作をみれば一目瞭然である。そして、そうした歴史事実を、現代において文学の形でみごとに昇華させている作品に、最近わが国でもテレビ放映や翻訳を通じて数千万人の人びとに深い感動を与えたアレックス・ヘイリーの『ルーツ』がある。このことは、こんにち、奴隷解放後のイギリスにおいてさまざまなヒューマニスティックな反奴隷制運動があったという例証を数え上げることによって「ウィリアムズ・テーゼ」に反対する試み（たとえば Anstey, Roger T., *Capitalism and Slavery: a Critique?* E. H. R. 21. 1968. H. Temperley, *British antislavery. 1833–1870.* London. 1972 をみよ）がなされているにもかかわらず、もしも、奴隷解放後にもそうした反奴隷制運動がイギリスにおいて依然としてますます強化されなければならなかったという事実が存在していたとするならば、そのことは、逆に言って、イギリスの奴隷解放は、ウィリアムズが指摘しているように、基本的にはまさに経済的利害による政治的便宜主義にもとづいて実施されたという性格がきわめて濃厚であったことを証明しているものといえないだろうか。なぜなら、奴隷解放が真に民主主義的な解放としてなされたのであれば、そもそも、解放の時点において、その問題にかんする精神や意識の変革が国民の間に広汎に達成されているはずだからである。しかし、一九世紀イギリスの思想潮流をみれば、そこでは依然として黒人蔑視観や人種差別観が色濃く残存していたのである。

こうした一九世紀中葉のイギリスにおける抜きがたい黒人蔑視観や人種差別観については、ウィリアムズはそれを、トマス・カーライルの思想によって代表させている。それによると、労働者階級の擡頭とチャーティスト運動の高揚に強い恐怖心を抱いたプロイセン英雄主義の崇拝者カーライルの思想のなかで、かれの労働者蔑視観と黒人蔑視観とがぴったりと重ね合わさっていることがわかるのである。このことは、とりもなおさず、黒人問題や奴隷解放問題は、資本主義国家における事実上の奴隷＝労働者階級の問題と本質的にその根を同じくするものであり、したがって、黒人問題や人種差別問題の真の解決は、労働問題や帝国主義・植民地問題の解決と軌を一にするものであることを示しているといえよう。さらに、上記のような黒人や労働者にたいする人種的・階級的蔑視観は、なにも英雄待望論者、独裁政の信奉者、極端な保守主義者カーライルをわざわざ引き合いにだすまでもなく、一九世紀中葉のヴィクトリア朝最盛期のウィッグ史観に立つオクスフォードやケンブリジの権威と栄光に包まれた歴史学教授たちをはじめとする、著名な歴史家たち、たとえば、スタッブズ、ハラム、フリーマン、リチャード・グリーン、アクトン、マコーレーたちにさえ共通にみられること、また桂冠詩人の栄誉に輝くテニスン、またラスキン、ディケンズ、キングズリ、キプリングなど英文学史上に燦然と輝く地位を占める文学者たちをも深く汚染していたことを、ウィリアムズは、かれらの絢爛たる著作のなかから縦横無尽に引用しつつ明らかにしているのである。明治維新後、近代日本が最初に接触した一九世紀の花のヴィクトリア朝期は、また帝国主義イデオロギーが最高潮に達した時代でもあったのである。

四

さて、デモクラシーと帝国主義をめぐる論戦の白眉は、一八六五年の「ジャマイカ反乱」とそれにたいするイギリス知識人の対応のなかにみられる。この事件において、黒人暴動弾圧の責任者であるジャマイカ総督エアが辞任に追い込まれたことは、その後のイギリスにおけるデモクラシーの発展にとって、一条の明るい展望を与えたのである。まことにこの「エア事件」こそは、第三共和制下のフランスにおいて、エミール・ゾラが断乎として起ち上りその闘争の勝利が以後のフランス・デモクラシーの確立への方向を決定づけたかの「ドレフュス事件」(一八九七—九九年)にも対比できるほどの重大な政治的・思想的事件であったといえよう。

この事件をめぐっては、通常の人文・社会諸科学の教科書などで、イギリス民主主義思想史上にその名を連ねているミル、スペンサー(後年保守主義者となるが)、T・H・グリーン、ダイシー、ダーウィン、ハクスリなどの著名な政治学者、経済学者、法学者、自然科学者たちが、それを実証するかのようにジャマイカ黒人の側に立っており、カーライル、テニスン、ディケンズ、ラスキン、キングズリ、フルードなどの文学者や歴史学者たちがエア側にくみしている。そして、この事件のもつ重要性は、ジャマイカ反乱がたんに西インド諸島にかかわる問題であっただけではなく、まさにこの反乱をめぐる対応が、実は、イギリス本国の政治・労働問題、アイルランド問題、さらには広く資本主義体制にとっての根本問題ともいうべき植民地問題、帝国主義問題、アメリカ問題、アフリカ問題等々の解決方法と密接に結びついていたことである。いまやこの時点にいたると、黒人問題、人種差別問題、植民地問題、帝国主義問題は、国内における労働・社会問題との関連を抜きにしてはその真の解決ははかれないということがいよいよ明確になってきたものといえよう。

ジャマイカ反乱の起こった同じ年には、一九世紀後半最大の歴史的事件ともいうべき南北戦争が終わり、北部の勝利はアメリカに奴隷解放をもたらした。そして二年後の一八六七年には、イギリスおよびビスマルク下のプロイセンにおいて、都市労働者にもようやく選挙権の拡大がはかられている。いわゆる大衆デモクラシーの開幕であり、独占資本主義と帝国主義時代への本格的突入である。こうした事態を考えれば、当時、労働者階級の全面的解放を目指して新しい社会主義理論を営為構築しつつあったマルクスやエンゲルスが、およそこの地球上のいたるところで生起していたあらゆる同時代史的問題について大胆に分析のメスを入れ、それらの諸問題をトータルに把握するために真に科学的な政治・経済・社会理論を飽くことなく追求しようとしていたことはまことに当然なことであったといえよう。一九世紀における資本主義体制の矛盾の激化と顕在化こそ、現代社会科学の真の知的源泉であったのである。

しかし、以上にのべた諸問題は、なお全世界の人びとが狂暴なファシズムの脅威と第二次世界大戦の悲惨さを骨の髄まで味わうまでほとんど未解決のままに持ち越されたのであった。第二次世界大戦後、アジア・アフリカ地域において旧植民地が続々と独立をかちとり、西インド諸島植民地もそうした機運のなかで次々にその独立を達成した。しかし、ウィリアムズが率直にのべているように、独立しただけではその国民は真に解放されたとはいえず、新興国家は、世界の資本主義と接触するや否や、たちまち、その真の独立と解放を阻げるさまざまな政治的・経済的・思想的障害物に遭遇させられるのである。

五

そうした認識を深く自覚していたが故に、ウィリアムズは、建設途上にあるトリニダード・トバゴの真の独立達成のために、首相という激職の合い間を縫って、自国民の主体的な国民意識《アイデンティティ》を覚醒しようとして、自国の世界史上における境位と意義をトリニダード人民のまえに明らかにしたのである。

トリニダードは、カリブ海の最南端に位置するまことに狭小な一島国にしかすぎない。しかし、このような小国の歴史研究であっても、ウィリアムズがなしたように、近代社会の構造、歴史、思想の三つの分野にわたって、しかも、世界史の発展と地球大の広がりをもつ舞台と関連させて取り扱うというスケールの大きい学問研究の方法を用いるならば、そこに近代初期から現代にいたる、あらゆる政治的・経済的・社会的・思想的諸矛盾がきわめて鮮明な形で浮かび上がってくるのを読みとることができよう。それは、まるでトリニダードを、扇の要《かなめ》の位置において全世界史的問題を考察したものといってよく、本書は、まことに壮大なる歴史叙述批判の典型である。世界史は、その歩みはきわめて遅くとも、数世紀の幅をとってこれをみるならば確実に進歩の軌跡を示している。新しい歴史叙述は、こうした方向に寄与するものでなければなるまい。その意味で、われわれは、ウィリアムズの本書から汲めども尽きぬ貴重な教訓を学びとることができよう。

最後に、翻訳上の問題として一言付け加えておけば、訳文中の〔　〕は訳者の補足である。また本書がようやくここまでに漕ぎつけることができたのは、新井明・金井和子両氏のひとかたならぬ御尽力によるものであり、また編集部の石原保徳氏の忍耐強い御協力がなければおそらくこの訳業は完成しなかったであろう。記して厚くお礼を申し上げたい。

一九七八年十月二十三日

田中　浩

索　引

ア 行

カ 行

サ 行

タ 行

ナ 行

ハ 行

マ 行

ヤ 行

ラ 行

ワ 行

■岩波オンデマンドブックス■

帝国主義と知識人
——イギリスの歴史家たちと西インド諸島　E. ウィリアムズ

1979 年 4 月20日　第 1 刷発行
1999 年 7 月 7 日　モダンクラシックス版発行
2014 年 5 月 9 日　オンデマンド版発行

訳　者　田《た》中《なか》　浩《ひろし》

発行者　岡本　厚

発行所　株式会社 岩波書店
〒 101-8002 東京都千代田区一ツ橋 2-5-5
電話案内 03-5210-4000
http://www.iwanami.co.jp/

印刷／製本・法令印刷

ISBN978-4-00-730102-5　Printed in Japan